항공객실업무론

김윤숙 정영미 공저

AIRLINE CABIN SERVICE

양 성 원

머리말

제2차 세계대전 중 항공기술의 획기적인 발전으로 항공기의 대형화와 장거리 비행이 가능하게 되었으며, 항공운송의 안전성, 경제성, 쾌적성, 정시성을 향상시킴으로써 항공수요가 증가하게 되었다. 이로인해 항공운송산업은 제2차 세계대전 이후를 기점으로 비약적인 발전을 하여 현재는 세계를 연결하는 필수 교통수단으로 자리매김하게 되었다.

국내 항공운송산업 또한 1969년 대한항공과 1988년 아시아나항공 출범이후 2000년대 초반 많은 저비용항공사가 설립되면서 항공의 대중화가 급속히 확산되었다. 이러한 국내 다양한 저비용항공사의 설립은 항공사 간 경쟁을 유발하였으며 이로인해 항공사별 고객 중심의 서비스 제공으로 차별화, 특성화 전략과 경쟁력을 향상시키기 위한 방법을 모색하고 있다.

이러한 국내외 항공운송산업의 발전으로 항공전문인력의 필요성이 대두되었으며, 그로 인해 국내 많은 대학교에서는 항공전문서비스인을 양성하기 위한 학과가 운영되고 있는 실정이다. 항공관련학과에서는 항공 객실승무원으로 필요한 기본적인 전공지식과 실무능력을 함양하기 위한 교육과정을 운영하고 있으며 이러한 교육과정은 항공실무 현장에서 적용가능한 전공역량 향상을 위한 교육이라고 할 수 있다. 따라서 항공객실승무원으로서 기본 이론과 실무역량 향상을 위한 교육에 도움이 되고자 항공객실업무의 총체적인 이론과 항공기 객실서비스 절차에 따른 실무교육을 바탕으로 이 책을 집필하였다.

이 책은 항공 객실서비스의 개요와 객실서비스 절차에 관한 내용으로 총 6장으로 구성되었다.

1장은 객실승무원의 정의로 객실승무원의 임무와 근무형태, 객실 근무환경의 내용을 세부적으로 설명하였다.

2장은 항공 객실서비스의 개요로 항공기 객실 구조와 시설 중심으로 항공사에서 제공되는 객실서비스 내용으로 구성되었다.

3장과 4장은 국제선 객실서비스 절차와 국내선 객실서비스를 비행준비 업무, 이륙 전 객실서비스, 비행 중 객실서비스, 착륙 후 객실서비스로 비행의 흐름에 따라 제공되는 객실서비스에 대해 살펴보았다.

5장은 여객운송서비스로 항공 여객의 출 · 입국 수속 절차와 CIQ의 내용으로 구성되었다.

마지막 6장은 효과적인 고객응대로 항공 객실승무원이 갖추어야 할 기본적인 서비스 기본자세와 상황별 대화법 예시 중심으로 실무에 적용 가능한 객실서비스에 중점을 두었다.

이 책은 국내 항공사 객실서비스를 기초로 집필하였으며 항공 서비스 전문인 양성을 위한 교육에 지침서가 되길 바란다. 또한 항공 서비스 전문인 양성에 부단한 노력으로 학생들을 지도하는 항공관련학과 교수님들의 노고에 감사드린다.

끝으로 어려운 시기에 이 책의 출판을 위해 많은 격려와 도움을 주신 양성원출판사의 모든 관계자분들께 깊은 감사의 마음을 전한다.

2021년 3월

저자 일동

차 례

Chapter 3

국제선 객실서비스 절차

Chapter 4

국내선 객실서비스 절차

Chapter 5

여객운송서비스

Chapter 6

효과적인 고객응대

Chapter

1

객실승무원의 정의

학습목표

1. 객실승무원의 자질과 자격 및 책임에 대해 정의할 수 있다.
2. 객실승무원의 직급체계에 맞는 직책별 임무를 구별할 수 있다.
3. 객실승무원에 적합한 규정을 준수할 수 있다.
4. 객실승무원로서 필요한 건강관리를 실천할 수 있다.

1. 객실승무원이란?

1) 객실승무원의 정의

객실승무원을 플라잇 어텐던트(flight attendant) 또는 캐빈 크루(cabin crew)라고 부르며, 성별에 따라 여성은 스튜어디스/에어 호스티스(stewardess/air hostesses), 남성은 스튜어드/에어 호스트(steward/air hosts)라고도 한다. 객실승무원은 항공기의 안전 운항을 위해 기장과 협조하여 승객의 안전과 비상 탈출에 관한 임무를 수행하고, 안전하고 쾌적한 비행을 위해 최상의 서비스를 제공해야 하는 책임을 가지고 있다. 「항공안전법」에서는 객실승무원을 항공기에 탑승하여 비상 시 승객을 탈출시키는 등 승객의 안전을 위한 업무를 수행하는 사람으로 정의하고 있다.

「항공안전법」[시행 2020. 6. 9.] 제1장 제2조 제17항

"객실승무원"이란 항공기에 탑승하여 비상 시 승객을 탈출시키는 등 승객의 안전을 위한 업무를 수행하는 사람을 말한다.

2) 객실승무원의 유래

최초의 객실승무원은 남성이었다. 여객기의 수요가 증가하면서 승객들의 요구 또한 많아졌고, 오랜 비행시간에 식사나 음료 등을 요구하게 되어 승무원이 탑승하게 되었다. 그러나 여성이 아닌 남성이 맡았던 이유는 그 시대 서양 문화의 고급 서비스는 주로 남성이 맡아왔기 때문이다. 그로 인해 초기의 승무원은 모두 남성이었다.

세계 최초의 항공승무원 하인리히 쿠비스(Chief Steward Heinrich Kubis)는 독일의 델라그[1](DELAG)비행선[2] Schwaben(슈바벤)에서 1912년 3월부터 체펠린(Zepplin)

---

1) 세계 최초로 상업 운항을 시작한 항공사
2) 정력학적 부력을 이용하는 경항공기 일종으로서 기구와는 달리 자유롭게 항행할 수 있도록 추진장치와 조종장치를 가지고 있다(출처: 항공우주용어사전)

승객에게 서비스를 시작했다. 쿠비스(Kubis)는 1888년 6월 16일에 태어났으며 런던의 칼튼(Carlton)과 파리의 리츠(Ritz) 같은 유럽의 가장 세련된 호텔에서 일을 했었고, 그러한 경험을 바탕으로 객실 내 손님들에게 식사 등을 서비스하는 업무를 충실히 맡아했다.

하지만 서비스만을 요구하는 사회는 1937년 5월 6일에 변화를 겪게 된다. 뒤셀도르프(Dusseldorf)에서 쿠비스가 탑승했던 힌덴부르크 비행선이 착륙하는 순간 대폭발을 일으키고 말았다. 이 대형 참사로 승객 중 35명이 사망했다. 원래 힌덴부르크 비행선은 불이 붙지 않는 불활성 기체 헬륨가스를 사용하도록 설계되어 있었으나 당시 최대의 헬륨가스 공급처인 미국과 독일의 관계가 악화되기 시작하던 중이었다. 헬륨을 생산할 수 있는 미국이 독일에 헬륨을 공급하지 않자 독일은 헬륨 대신 수소 기체를 사용하였고, 대형 참사는 비행선을 착륙시키는 과정에서 일어났다. 1937년 나치 독일의 비행선 힌덴부르크호의 참사는 수소가스를 사용한 것이 큰 원인이었다. 사고 당시 여객기 안은 아수라장이 되었지만 침착하게 쿠비스는 마지막 남은 승객까지 다 대피시킨 후 탈출했다. 이 사고를 계기로 쿠비스는 현재의 항공 안전과 관련된 임무와 역할을 제시하게 된다.

그 이 후 1928년쯤 독일의 루프트한자(Lufthansa)에서도 객실전담 남성 승무원을 탑승시켜 객실서비스를 하였다. 수하물 운송과 비행 중 발생할 수 있는 기상악화, 기체이상의 위험 등에 대처하려면 체력이 강한 남성 승무원이 필요했기 때문이다.

▲ **세계 최초의 항공승무원 하인리히 쿠비스(가운데 정장을 입고 서 있는 사람)**

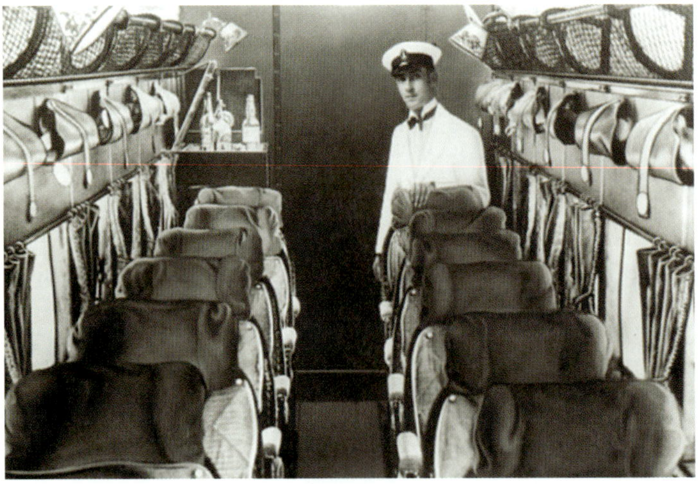

▲ 독일의 루푸트한자(Lufthansa) 객실전담 남성 승무원

그 이후 처음으로 여성 승무원을 탑승한 것은 현재 유나이티드 항공의 전신인 보잉 항공수송회사(Boeing Air Trasport Co.)가 1930년 간호자격증을 소지한 8명의 간호사를 채용하면서 시작되었다. 항공 사상 스튜어디스 1호가 된 이 여성은 미국 아이오와(Iowa) 주 출신의 젊은 간호사 앨런 처치(Ellen Church)였다. 그녀는 당초 보잉사에 조종사로서 취업하길 희망했지만 제안이 거절당하자 '간호사가 승객들과 같이 탑승하면 그들의 비행 공포를 줄이는 데 큰 도움이 될 것이며, 멀미와 구토를 하는 승객들에게도 도움을 줄 수 있다.'는 아이디어를 제시하여 타협안으로 객실에 탑승하게 된 것이라고 한다. 보잉사는 객실 탑승을 1개월 조건부로 그녀를 탑승시켰다. 그러나 승객들은 상냥하고 친절한 앨런의 서비스에 호평을 보내게 되자 보잉사는 본격적으로 여성 승무원을 채용하는 제도를 도입하게 된다. 그리고 불과 2년이 되지 않아 미국 내 20여 개의 항공사가 모두 경쟁적으로 여성 객실승무원 제도를 실시하기 시작한다. 이러한 사실이 유럽에 전해지면서 에어프랑스의 전신인 파아망 항공사가 국제선에 스튜어디스를 탑승시키게 된다. 1934년 스위스 항공이 그 이듬해에는 네덜란드의 KLM이 여성 승무원 탑승 제도를 도입한다. 1938년에는 유럽 최대 항공사인 루프트한자가 이 제도를 운용함으로써 유럽 전역에 여성 승무원들의 활약이 본격화된다.

그 당시 여성 승무원들의 호칭은 '에어 호스테스(Air Hostess)' 또는 '에어 걸(Air

Gir)'이라고 불렸다. 자격 조건은 간호사자격을 소지하여야 하고, 성격이 원만하며 교양이 있는 20~26세의 독신 여성으로 키는 162cm 이하에 몸무게 52파운드(51.189kg)이하여야 했다. 지금과 신장의 기준이 다른 것은 당시 운항되던 프로펠러 항공기의 객실이 좁고 천장이 낮았기 때문이다. 또 지금과는 달리 스튜어디스가 탑승수속 업무까지 담당하여 승객의 탑승 여부를 일일이 대조해가며 몸무게와 수하물의 무게를 측량하고 탑승을 시켰다. 무게를 재는 일은 당시 안전 운항의 최우선 조건이기 때문이었다. 여성 승무원들의 보편적인 복장은 간호사에서 유래했기 때문에 하얀색 가운에 하얀색 모자였다. 세계대전을 거치면서 군복을 변형하여 여성 특유의 맵시를 살린 제복이 선보였고, 현재는 각 나라의 문화와 전통과 항공사들의 특성을 살린 실용적 유니폼을 입는 것이 보편적이다.

▲ 1930년대 여성 승무원들의 제복(출처: 유나이티드 홈페이지) 최초의 여성 승무원 엘렌 처치(Ellen Church)

우리나라 최초의 여성 승무원은? (출처: 중앙일보 기사)

"우리나라에서는 1953년 10월 대한항공이 공사체제로 있던 시절 2명을 공개 채용한 것이 그 효시다. 그 후 1969년 대한항공으로 민영화되면서 20명을 공개 채용함으로써 스튜어디스 대량채용의 문이 열렸다."

▲ 대한항공 유니폼 변천사

3) 객실승무원의 자질

(1) 항공사별 인재상

객실승무원은 항공사를 대표하는 서비스인으로서 친절하고 세련된 매너를 바탕으로 확고한 직업의식이 없이는 진정한 의미의 서비스인이 될 수 없다. 서비스인은 꾸준한 자기 개발과 이미지 메이킹을 통해 만들어질 수 있다. 이미지 메이킹이란 외적 이미지뿐만 아니라 내적 이미지 또한 갖추어져야 한다.

어느 기업에서나 인적 자원은 중요한 요소로 작용하고 있다. 그래서 기업은 저마다의 요구하는 인재상을 가지고 있다. 그러나 항공사의 인재상은 서비스와 안전 두 가지 모두를 사업수행의 요체로 보고 있으며, 그러한 가운데 다양한 국적의 사람들을 접하고, 기내라는 특수한 환경에서 장시간 근무를 해야 하는 업무이기에 더 많은 자질을 요구하게 된다. 각 항공사별 인재상을 요약하면 다음과 같다.

대한한공의 인재상은 조직 문화의 특성을 고려하여 '보다 강한 회사', '보다 나은 인재'로 거듭나기 위한 몇 가지 실천적인 명제를 제시하고 있다. 이는 조직의 구성원으로서 가져야 할 바람직한 생각과 행동, 태도를 규정하고 있으며, 이러한 규정이 향후 조직생활에서 길잡이 역할을 할 수 있다고 한다. 그 인재상의 첫째, 진취적 성향의 소유자로서 주어진 일에 대해 항상 무언가 개선하고자 하는 의지를 가지고 고정관념의 틀을 깨뜨리는 미래를 관리할 수 있는 성향의 사람이다. 둘째, 국제적인 감각의 소유자로서 세계의 여러 나라를 다니는 만큼 자기중심적 사고에서 벗어나 세계의 다양한 문화를 이해하고 능숙한 어학실력뿐만 아니라 열린 마음과 넓고 깊은 문화적 지식을 겸비한 자이다. 셋째, 단정한 용모와 깔끔한 매너, 따뜻한 가슴으로 고객을 배려하고, 주인정신과 직업의식 및 전문성을 소유한 서비스 정신과 올바른 예절을 갖춘 자이다. 넷째, 작은 일이라도 책임감을 가지고 완수하며, 원만한 대인관계를 유지해 나가는 성실한 조직인으로서 책임감, 팀워크 향상, 조직 내에서의 협력과 조화 등은 임직원 평가 시 주요 평가항목으로 자리 잡고 있다.

아시아나의 인재상은 직업에 대한 윤리의식을 가지고 맡은 직무에 대한 책임의식을 갖춘 프로페셔널로서 업계최고 1등 기업가치 창출을 위해 매진하는 성실하고 부지런한 사람, 연구하고 공부하는 사람, 진지하고 적극적인 사람을 요구하고 있다.

제주 항공은 신선한 서비스와 부담 없는 가격, 안전하고 즐거운 비행으로 고객과의 약속을 지키겠다는 신념을 가지고 신선함, 신뢰, 배려, 팀워크, 저비용의 핵심가치를 실현시키기 위해 최선의 노력을 다하고 있다. 또한, 동북아 넘버원 LCC(Low Cost Carrier)로 안전, 저비용, 팀워크, 도전, 신뢰를 중시하고 있으며, 이 핵심가치가 제주항공이 원하는 인재상과도 같다.

티웨이항공은 첫째도 안전, 둘째도 안전, 가족같이 편안한 서비스, 화합하고 배려하는 기업문화를 실행목표로 삼고 있다.

에어부산은 고객을 위해 최선을 다하는 고객중심의 서비스와 열과 성의를 다하는 열정, 솔선수범, 협동과 끊임없이 연구하고 도전하는 사람을 인재상으로 채용하고 있다.

객실승무원은 업무 수행에 있어 기본원칙을 준수하고 책임을 다하며, 구성원 상호 간에 원활한 관계를 유지하는 것이 매우 중요하다. 안전을 위해 맡은 바 역할을 제대로 수행하기 위해서는 철저히 기본원칙과 규정을 따라야 한다. 또한 맡은 구역에 탑승한 승객의 안전과 편안한 여행을 위해 책임을 다해야 하며, 비상사태와 응급

상황 시 승무원들과 조직적으로 상호 협력하여 신속하게 대응으로 할 수 있어야 한다.

대한항공의 인재상

인재상	내용
진취적 성향	• 항상 무언가 개선하고자 하는 의지를 가진 사람 • 고정관념의 틀을 깨뜨리는 미래를 관리할 수 있는 사람
국제적인 감각	• 자기중심적 사고에서 벗어나 세계의 다양한 문화를 이해할 수 있는 사람 • 어학실력뿐만 아니라 열린 마음과 넓고 깊은 문화적 지식을 겸비한 사람
서비스 정신과 올바른 예절	• 단정한 용모와 깔끔한 매너, 따뜻한 가슴으로 고객을 배려하는 사람 • 주인정신과 직업의식 및 전문성을 소유한 서비스 정신을 갖춘 사람
성실한 조직인	• 작은 일이라도 책임감을 가지고 완수하는 사람 • 원만한 대인관계를 유지해 나가는 사람

아시아나의 인재상

인재상	행동 실천 양식
직업에 대한 윤리의식	성실하고 부지런한 사람
맡은 직무에 대한 책임의식을 갖춘 프로페셔널	연구하고 공부하는 사람
업계최고 1등 기업가치 창출을 위해 매진하는 사람	진지하고 적극적인 사람

LCC 항공의 인재상

항공사	인재상
제주항공	팀워크, 도전, 신뢰
티웨이항공	첫째도 안전, 둘째도 안전 가족같이 편안한 서비스 화합하고 배려하는
에어부산	고객 중심, 열정, 협동, 도전과 창의

신설 LCC 항공

항공사	자본금	노선계획	기종	채용규모
AIRPREMIA 에어프레미아 (2017년 설립)	370억 원	하노이, 호치민, 도쿄(나리타), 홍콩, LA, 산호세, 밴쿠버, 하와이	B787-9	2020년 상반기~3년 내 930명

항공사	자본금	노선계획	기종	채용규모
FLY GANGWON 플라이 강원 (2016년 설립)	400억 8천만 원	양양-대구, 양양-김포, 양양-제주, 양양-울산, 광주, 김포, 동북아(동남아 4개 노선)	B737-800	2019년 상반기~3년 내 700명
Aero-K 에어로케이 (2015년 설립)	480억 원	청주-칭다오, 나고야, 타이베이, 하이퐁 등	A320	2019년 상반기~ 3년 내 500명

(2) 바람직한 객실승무원이 되기 위한 요소

① 직업의식

승객을 직접 대하는 서비스 최일선에서 근무하므로 서비스인으로서의 직업의식이 가장 절실히 요구된다. 승객의 다양성, 전 세계를 무대로 하는 근무지의 범위를 볼 때 객실승무원의 업무는 가장 어렵고 가치 있는 전문적인 업무이다. 따라서 객실승무원으로 근무하기 위해서는 서비스인으로서의 투철한 직업의식이 요구되는 것이다.

② 주인의식

객실승무원은 승객과 접하는 시간이 가장 많으므로 승객은 승무원의 서비스를 통해 그 항공사의 이미지를 갖게 된다. 객실승무원 한 사람 한 사람이 모두 주인이라는 의식을 가지고 최선을 다해 서비스할 때 회사의 이미지는 높게 평가될 것이다.

③ 자기관리

유니폼을 입고 있는 동안에는 공항, 출퇴근 시 대중교통, 해외 체재 시 모든 공공장소에서는 그 항공사의 객실승무원이라는 것이 확연히 드러나게 되어 있다. 직무의 특수성으로 인해 항상 관심의 대상이 되므로 다른 직종에 비해 더욱 세심한 자기관리가 필요하다.

④ 인간관계

직장생활에서의 인간관계는 수직적이고 종적인 관계이며 개인의 이익보다는 공동체의 이익을 추구해야 한다. 항공운송사업은 다양한 분야의 지상직원, 운항승무원들과의 협력이 이루어져 업무가 진행되는 분야이기에 동료승무원들뿐만 아니라 사내 부서 직원 모두와 원만한 인간관계 유지가 중요하다.

⑤ 업무지식

항공기라는 특수한 환경에서 최종 일선의 서비스를 하는 곳으로 승객들은 궁금한 모든 것을 객실승무원에게 물어보고 해답을 얻으려고 한다. 따라서 다양한 국적 및 각종 계층의 승객 요구에 따라 답을 하려면 다방면에 걸친 정확한 업무지식을 구비해야 한다.

⑥ 업무협조

직장은 계층, 연령, 지식, 성격, 사고방식 등이 다른 사람들이 모여 하나의 목표를 달성하기 위해 서로 협력하며 조직적으로 일하는 곳이다. 특히 항공운송사업은 다른 어떤 분야보다 상호협조가 필요한 분야이다. 승객이 탑승하기 전에 예약, 발권, 운송, 정비, 운항 등 많은 부서의 연계서비스가 바탕을 이루고 있다. 따라서 모든 직원이 연대의식을 가지고 부서 간의 원활한 업무협조가 필요하다.

(3) 다듬고 발전시켜야 할 모습

항공사가 요구하는 인재상에 부합하는 직원으로 거듭나기 위해 다음 사항을 체크한 후 어떠한 역량을 개발해야 할지 본인의 계획을 세워보자.

- 단정한 용모와 환한 미소
- 친절한 음성
- 내가 먼저 인사하는 습관
- 선배에 대한 예우와 후배에 대한 사랑
- 자기개발을 위해 끊임없이 노력하는 자세
- 항상 새로운 아이디어를 구상하며 노력하는 자세
- 공과 사를 확실히 구분하는 태도
- 모든 일에 적극적이며 긍정적인 사고방식
- 시간을 엄숙하게 지키고 약속을 정확하게 지키는 정확성
- 겸손한 마음가짐

- 튼튼한 체력과 어려움을 극복하는 인내심
- 맡은 임무를 성실히 완수하는 책임감
- 공공의 모든 물품을 내 것처럼 소중하게 여기는 도덕성

4) 객실승무원의 자격

(1) 객실승무원의 자격 기준

객실 업무 수행을 위한 신입 전문 훈련과정을 이수하고 심사에 합격을 한 자이어야 한다. 객실승무원은 항공기의 안전 운항을 위해 또는 비상 시 필요 조치를 취할 수 있는 지식과 능력을 갖춰야 하며, 이를 습득, 유지하기 위하여 '객실승무원 안전훈련 매뉴얼'을 이수하고 심사에 합격한 자이어야 한다. 또한 항공기 탑승 근무에 적합한 신체 및 건강 조건을 유지해야 하며 그 조건이 미비되거나 미달될 경우에는 승무원 자격이 일시 정지 또는 상실된다.

① 발병이나 부상 등 신체 건강상의 사유로 근무에 적합치 않은 경우 승무원 자격이 일시 정지 또는 상실되며, 회복 후 근무 복귀 시에는 항공보건의료원의 점검을 반드시 받은 뒤에 비행 여부를 결정한다.

② 얼굴은 타인에게 혐오감을 주는 외적 손상 또는 병리적 훼상이 있을 경우 회복 시까지 그 자격이 일시 정지된다.

③ 개인별 적정 체중의 판단 기준인 '객실승무원 항공 신체 기준'에 의한 적정 체중을 유지하도록 해야 한다.

(2) 객실승무원의 항공 신체 기준

과소체중 및 초과체중 대상자는 항공보건의료원과 개별 상담하여 신체조건에 부합한 개별 체중조절 스케줄을 작성하고 체중조절 계획을 성실히 이행하도록 해야 한다. 신체검사 결과 적정체중으로 분류되었지만 외견상 비만으로 인정될 경우에는 수시로 항공보건의료원의 점검을 받아 관리하는 것이 좋다.

① 여성 승무원 신체 기준

신장(cm)	과소체중(kg)	적정체중(kg)	과체중(kg)	초과체중(kg)
160	43.1 이하	43.2~50.2	50.2~54.2	54.2 이상
161	43.6 이하	43.7~50.7	50.7~54.7	54.7 이상
162	44.1 이하	44.2~52.2	52.2~55.2	55.2 이상
163	44.6 이하	44.7~52.7	52.7~55.7	55.7 이상
164	45.1 이하	45.2~53.2	53.2~56.2	56.2 이상
165	45.6 이하	45.7~53.7	53.7~56.7	56.7 이상
166	46.1 이하	46.2~54.2	54.2~57.2	57.2 이상
167	46.6 이하	46.7~54.7	54.7~57.7	57.7 이상
168	47.1 이하	47.2~55.2	55.2~58.2	58.2 이상
169	47.6 이하	47.7~55.7	55.7~58.7	58.7 이상
170	48.1 이하	48.2~56.2	56.2~59.2	59.2 이상
171	48.6 이하	48.7~56.7	56.7~59.7	59.7 이상
172	49.1 이하	49.2~57.2	57.2~60.2	60.2 이상
173	49.6 이하	49.7~57.7	57.7~60.7	60.7 이상
174	50.1 이하	50.2~58.2	58.2~61.2	61.2 이상
175	50.6 이하	50.7~58.7	58.7~61.7	61.7 이상
176	51.1 이하	51.2~58.7	58.7~62.2	62.2 이상
177	51.6 이하	51.7~59.7	59.7~62.7	62.7 이상
178	52.1 이하	52.2~60.2	60.2~63.2	63.2 이상
179	52.6 이하	52.7~60.7	60.7~63.7	63.7 이상
180	53.1 이하	53.2~61.2	61.2~64.2	64.2 이상

출처: 항공보건의료원

② 남성 승무원 신체 기준

신장(cm)	과소체중(kg)	적정체중(kg)	과체중(kg)	초과체중(kg)
165	50.6 이하	50.7~65.7	65.7~68.7	68.7 이상
166	51.1 이하	51.2~66.2	66.2~69.2	69.2 이상
167	51.6 이하	51.7~66.7	66.7~69.7	69.7 이상
168	52.1 이하	52.2~67.2	67.2~70.2	70.2 이상
169	52.6 이하	52.7~67.7	67.7~70.7	70.7 이상
170	53.1 이하	53.2~68.2	68.2~71.2	71.2 이상
171	53.6 이하	53.7~68.7	68.7~71.7	71.7 이상
172	54.1 이하	54.2~69.2	69.2~72.2	72.2 이상
173	54.6 이하	54.7~69.7	69.7~72.7	72.7 이상
174	55.1 이하	55.2~70.2	70.2~73.2	73.2 이상
175	55.6 이하	55.7~70.7	70.7~73.7	73.7 이상
176	56.1 이하	56.2~71.2	71.2~74.2	74.2 이상
177	56.6 이하	56.7~71.7	71.7~74.7	74.7 이상
178	57.1 이하	57.2~72.2	72.2~75.2	75.2 이상
179	57.6 이하	57.7~72.7	72.7~75.7	75.7 이상
180	58.1 이하	58.2~73.2	73.2~76.2	76.2 이상
181	58.6 이하	58.7~73.7	73.7~76.7	76.7 이상
182	59.1 이하	59.2~74.2	74.2~77.2	77.2 이상
183	59.6 이하	59.7~74.7	74.7~77.7	77.7 이상
184	60.1 이하	60.2~75.2	75.2~78.2	78.2 이상
185	60.6 이하	60.7~75.7	75.7~78.7	78.7 이상

출처: 항공보건의료원

2. 객실승무원의 직급체계와 직책별 임무

1) 객실승무원의 직급체계

객실승무원의 직급체계는 항공사마다 차이가 있지만 일반적으로 단계별로 구성되어 있으며 항공 업무의 특성을 살려 각 직급별 호칭을 별도로 정하여 사용하고 있다. 직급별 호칭 또한 항공사마다 차이가 있으며, 직급별로 요구되는 직무역량 및 경영관리 능력 배양을 위해 필수적으로 이수해야 하는 과목을 정하고 해당 과목을 통과한 직원에 한해 상위 직급으로의 승격대상 자격이 주어진다. 또한 직급별 요구되는 것들은 영어자격, 방송자격, 근무평가, 근무경력, 성취업적 등을 종합적으로 평가하고 합산하여 승급을 결정하게 된다.

대한항공 객실승무원 직급체계

직위	직급	승급기간
상무대우 수석 사무장 VP(Vice President Purser)	상무대우	-
수석 사무장 CP(Chef Purser)	객실승무 1급	-
선임 사무장 SP(Senior Purser)	객실승무 2급	4년
사무장 PS(Purser)	객실승무 3급	4년
부사무장 AP(Assistant Purser)	객실승무 4급	3년
남 · 여 승무원 SD · SS(Steward · Stewardess)	객실승무 5급	3년
여성 승무원 SS(Stewardess)	객실승무 6급 인턴 여성 승무원	2년

대한항공 인턴 여성 승무원에서 정규직으로 전환 시 충족 요건

영어 ST(Speaking Test) 3급 이상, LT(Listening Test) 3급 이상, 방송자격 B 이상, 근무성적 80점 이상

승무직책

국제선	국내선
객실사무장 객실부사무장 일반승무원	객실사무장 일반승무원

현지 여성 승무원(Regional Stewardess) 직급체계

직위	승급기간
CR(Chef Supervisor)	–
PR(Supervisor)	5년
SR(Senior)	3년
JR(Junior)	3년

아시아나 객실승무원 직급체계

직위	직급	승급기간
캐빈 서비스 담당임원	임원	23년차 이상
수석 매니저	Chef Purser	18년차 이상
선임 매니저	Senior Purser	13~17년차
캐빈 매니저	Purser	8~12년차
부사무장	Assistant Purser	4~7년차
퍼스트 선임여성 승무원	First Senior Stewardess	6~7년차
비즈니스 선임여성 승무원	Business Senior Stewardess	4~5년차
시니어 여성 승무원	Senior Stewardess	2~3년차
주니어 여성 승무원	Junior Stewardess	1년차
수습 여성 승무원	Intern Stewardess	1년

2) 객실승무원의 직책별 임무

(1) 객실사무장 · 캐빈 매니저

객실사무장 · 캐빈 매니저는 비행 전에 승무원의 업무를 배정하고 비행 관련 정보 및 서비스 방침을 정하며, 객실브리핑을 주관하는 임무를 맡으며 구성원들의 서비스 역량이 고객 지향적인 관점으로 지향될 수 있도록 관리하며, 객실 안전과 승객 편안을 위해 지휘하고 총괄하는 역할을 주관한다.

① 업무 배정(Duty Assignment)

승객 수, 비행시간, 객실승무원의 자격과 경력 등을 고려하여 최고의 업무 효율을 기할 수 있도록 업무를 배정한다. 차상위 업무 수행 능력 배양을 위해 승무원 간에 적절한 업무 순환이 이루어지도록 해야 하며, 모든 객실승무원은 할당된 업무를 책임감을 가지고 성실히 수행해야 하며, 임의로 자신의 업무를 다른 승무원에게 맡기거나 상호 변경할 수 없다. 승무원들의 완벽한 비행 준비를 위해 업무 배정은 비행 전날 완료되며 컴퓨터로 미리 확인할 수 있다.

② 객실 브리핑(Cabin Briefing) 주관

비행에 필요한 정보자료를 수집하여 효과적으로 재편성한 것을 공유하고 해당 편 서비스 방향을 제시하되 간결하고 명확하게 전달한다.

③ 환영/작별 인사(Welcome/Farewell)

퍼스트 클래스(FR: First Class) 및 상위 클래스에 주요 승객 탑승 시나 이륙 직후에 먼저 자기소개를 한 다음 인사를 건넨다. 인사 시에는 승객의 성명 및 직위 호칭을 사용하며, 승객의 여행 목적에 맞는 정보에 대해 간단히 주고받는다. 대화도중 승객의 요구 상황을 접수했다면 담당 승무원에게 전달하여 서비스에 차질이 없도록 지시한다.

착륙 직전에도 또 다시 이용해 줄 것을 바라는 마음의 표현을 인사로서 건넨다. '수고하셨습니다!', '고생하셨습니다!'라는 표현은 사용하지 않는다.

④ 운항 승무원과의 의사소통(Communication)

- 승객 탑승 전에 승객 탑승 시작을 보고하며, 승객 탑승이 완료되고 항공기 Door를 닫을 때 승객 인원수를 알려주며 전원 탑승이 완료되었음을 보고한다.
- 객실 내 안전 시범(Safety Demonstration)이 끝나고 승객 안전벨트 점검 등 이륙 준비가 완료되었을 때 이륙준비 완료 보고를 한다.
- 비행 중 비상사태 및 응급상황 등 필요 시 운항승무원과의 의사소통(Communication)을 실시한다.

⑤ 기내 서비스 수행

맡은 서비스 업무를 수행하고, Economic Class의 구역별 서비스 흐름을 주시하여 적절하게 조절하고, 승객들의 서비스 만족도에 대해 확인한다.

⑥ 점검 및 보고와 승무원 관리

- 비행 전 객실 설비의 기능 점검 확인
- 장비 및 보안 장비 점검 결과 보고
- 항공기 출·입항 서류 및 Ship Pouch 관리
- 기내 방송(위임 가능)
- VIP, CIP 및 Special Passenger에 대한 처리
- 비행 중 발생하는 비정상 상황 점검, 해결 및 보고
- 비행 종류 후 특이 사항, 인계사항, 기재사항, 보고사항별 확인 및 조치
- 해외 체재 시 승무원 관리 및 현지 지점과의 업무 연계

(2) 객실부사무장

- 객실사무장·캐빈 매니저의 업무를 보좌하고, 객실사무장·캐빈 매니저가 업무 수행이 불가능한 경우 업무를 대행한다.
- 비행 전에 객실 브리핑을 준비하고 입·출항 절차를 점검한다.
- 객실승무원의 비행 준비 상태를 확인하고 Economic Class 서비스를 총괄하며, 서비스 용품 탑재를 확인한다.
- 수습 승무원의 훈련을 지도하고 평가한다.
- Economic Class에 탑승한 특별 승객(VIP, CIP, UM, 유아 동반 승객, 장애 승객 등)을 Handling하도록 담당자를 지정하고 확인한다.
- 전반적으로 기내 면세품 판매 업무를 지원하고 진행하며, 점검한다.
- 기내 AVOD-Entertainment Procedure를 진행한다.
- 입국 서류 배포 및 작성을 지원하고 확인한다.
- 목적지 도착 전 면세품을 점검하고 Sealing 상태를 확인한다.
- 비행 종류 후 기내 유실물, 분실물을 확인한다.

(3) 일반 승무원

비행 전 안전 및 보안 점검을 실시하고, 비행 중에는 할당된 서비스 업무를 수행하고 맡은 구역의 승객에 대해 최상의 서비스를 하도록 한다.

(4) 현지 여성 승무원(Regional Stewardess)

비행 전 안전 및 보안 점검을 실시하고, 비행 중에는 할당된 서비스 업무를 수행한다. 또한 중국 노선, 일본 노선, 태국 노선, 인도네시아 노선, 싱가포르 노선, 러시나 노선 등에 투입되어 해당 언어권 승객과의 의사소통을 담당하며, 비행 중 실시되는 안내방송을 해당 국가 언어로 실시한다.

3. 객실승무원의 근무 형태 및 규정

1) 객실승무원의 근무형태

(1) 객실승무원의 근무

객실승무원의 근무는 일반적인 근로와 동일한 개념이며, 비행근무, 지상근무, 공항대기, 교육훈련 등이 포함된다.

비행근무란 비행 임무를 위하여 출근한 시점부터 해당 임무가 종료된 시점까지를 말한다. 비행근무에 대한 산정 시간은 브리핑 시작 시점부터 목적지 공항에 착륙하여 엔진이 완전히 멈춘 시점에서 30분까지로 정하고 있다. 비행시간 산정기준은 항공기가 이륙하기 위하여 게이트로부터 Push Back하여 움직이기 시작한 시점부터 비행 완료 후 엔진이 완전히 멈춘 시점까지의 총시간을 말한다.

객실승무원은 각 나라마다 기종별(출입문 수), 승객 수, 비행시간에 따라 최저승무인원 및 승무시간이 법령으로 정해져 있다. 통상적으로 승객 약 50명당 1명 이상, 항공기의 출입문 수에 따라 적정한 인원이 승무하도록 되어 있다. 그리고 상위 클래스 서비스와 A380 등 서비스 차별화에서 더 많은 객실승무원들이 탑승하기도 한다. 승무인원수는 항공사마다, 노선마다, 승객 수에 따라 다르지만 B737이나 A320의 경우 보통 3~5명, B767과 A300은 6~10명, B747은 국내선일 때 12명 정도, 국제선은 14~20명 탑승하며, A380은 16~23명 정도가 승무한다.

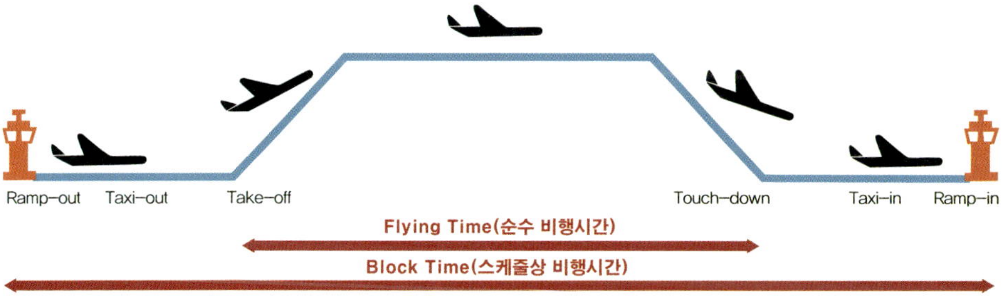

출처: 항공위키

- **램프 인(Ramp in):** 비행기가 착륙하는 순간 멈추는 것이 아니라 주기장까지 들어와서 엔진이 완전히 멈추는 시간
- **램프 아웃(Ramp out):** 게이트로부터 Push Back하여 비행기가 움직이기 시작하는 시간
- **블록 타임(Block Time):** 비행기가 램프 아웃(Ramp out)하여 목적지 공항에 착륙 후 램프 인(Ramp in)한 시점까지의 시간

(2) 편승

편승(Extra Flight)은 출발지가 모기지가 아닌 곳에서 비행 임무를 시작할 때 자사 또는 타사 항공기를 이용해 이동하는 것과 타 지역에서 비행 임무를 마치고 할당된 비행 임무 없이 모기지 공항으로 자사나 타사 항공기를 이용해 이동하는 것을 말한다. 편승승무원에 대한 지휘 책임은 편승 팀의 사무장 또는 캐빈 매니저에게 있으며, 비상 시에는 해당 편 기장의 지휘를 받는다.

항공기 탑승은 해당 편 승무원이 탑승한 후 승객탑승 전에 이루어지며, 비행기에 탑승한 후 사복으로 갈아입어야 한다.

(3) 대기

대기(Stand-By)는 공항에 직접 출근하여 대기하는 공항대기(Airport Stand-By)와 거주지에서 대기하는 자택대기(Home Stand-By)로 구분한다. 이는 정기적인 항공편이거나 부정기편에서 객실승무원의 결원이 발생하거나 항공기 기종변경으로 인원 충원이 필요할 때 즉시 보완하기 위하여 정해진 장소에서 대기하는 근무이다. 공항대기 시에는 비행 임무에 즉시 임할 수 있는 완전한 용모(Appearance)를 갖추고 있어야 하며, 해외체류를 위한 준비까지도 하여야 한다.

대한항공 경우는 3조로 나누어 대기 근무를 배정하고 있다. 국내선은 오전 06:00~11:00, 11:00~16:00, 16:00~국내선 최종 비행 편까지, 국제선은 오전 07:00~10:00, 10:00~15:00, 15:00~20:00까지이다.

(4) 지상 근무

객실승무원이 비행 근무를 중단하고, 일정기간 사무실에서 객실 업무와 관련된 비행 스케줄 계획, 객실서비스 계획, 교육훈련, 상담 등으로 지상에서 근무하는 것을 말한다.

(5) 교육훈련

객실승무원으로서 업무수행에 필요한 전문적인 지식을 배우고 안전과 보안을 위한 훈련 과정을 이수해야 한다. 신입전문훈련, 정기안전훈련, 리더십훈련, 재임용안전훈련, 기종전문훈련 등을 이수해야 한다.

▲ 신입 교육 현장

2) 비행 근무시간 및 승무 인원 할당

(1) 비행 근무시간

객실승무원의 비행 제한 시간은 월 100시간이며 연 1,100시간을 기준으로 하되, 연간 3개월은 110시간까지로 되어 있다. 1일 최대 비행근무는 20시간이지만 이는 기상 악화, 정비문제, 천재지변, 비상사태 등으로 인하여 비행 근무시간이 초과할 경우를 대비하여 규정된 비행 근무시간이다. 실질적으로는 1일 13시간을 초과하지 않도록 비행 근무시간을 배정하고 있다.

(2) 승무 인원 할당

객실승무원 탑승 인원은 승객 좌석 50석당 1명을 할당하되 기종별, 노선별 그리고 효율적인 서비스를 위해 Class별, 비행 안전 등을 고려하여 탑승 인원을 추가 탑승하기도 한다.

대한항공 비행 일정표

Roster Summary from 01OCT15 -- 31OCT15

(Times shown are in Port Local times)

Actual Flight Times

Latest 30 Days: 92:10 **Current Month:** 92:10 **Latest 90 Days:** 276:02 **Latest 1 Year:** 1087:26

DeadHead Times

Latest 30 Days: 00:00 **Current Month:** 00:00 **Latest 90 Days:** 01:46 **Latest 1 Year:** 56:29

Page 1 of 1

Sunday	Monday	Tuesday	Wednesday	Thursday	Friday	Saturday
				Oct 01 LO 0000 FCO FCO 2035 KE 0932 2145 FCO ICN 2359	Oct 02 KE 0932 0000 FCO ICN 1555	Oct 03 ATDO 0000:2359 ICN
Oct 04 ATDO 0000:2359 ICN	Oct 05 KE 0017 1500 ICN LAX 1010 LO 1010 LAX LAX 2359	Oct 06 LO 0000 LAX LAX 2220 KE 0012 2330 LAX ICN 2359	Oct 07 KE 0012 0000 LAX ICN 2359	Oct 08 KE 0012 0000 LAX ICN 0440	Oct 09 ATDO 0000:2359 ICN	Oct 10 ATDO 0000:2359 ICN
Oct 11	Oct 12	Oct 13 KE 0073 1015 ICN YYZ 1020 LO 1020 YYZ YYZ 2359	Oct 14 LO 0000 YYZ YYZ 2359	Oct 15 LO 0000 YYZ YYZ 2359	Oct 16 LO 0000 YYZ YYZ 1110 KE 0074 1220 YYZ ICN 2359	Oct 17 KE 0074 0000 YYZ ICN 1510
Oct 18 ATDO 0000:2359 ICN	Oct 19 ATDO 0000:2359 ICN	Oct 20 KE 0845 0810 ICN TAO 0840 KE 0846 0945 TAO ICN 1210	Oct 21 DO 0000:2359 ICN	Oct 22 KE 0831 0805 ICN SHE 0855 KE 0832 1015 SHE ICN 1305	Oct 23 KE 0901 1305 ICN CDG 1820 LO 1820 CDG CDG 2359	Oct 24 LO 0000 CDG CDG 2359
Oct 25 LO 0000 CDG CDG 1950 KE 0902 2100 CDG ICN 2359	Oct 26 KE 0902 0000 CDG ICN 1555	Oct 27 ATDO 0000:2359 ICN	Oct 28 ATDO 0000:2359 ICN	Oct 29	Oct 30	Oct 31

Found 5 items, showing **1-5**

비행 일정표 용어

- Actual Flight Time: 이달 비행시간
- Dead Head Time: 편승(Extra Flight)
- Current Month: 이달
- Latest 30 Days: 최근 30일
- FCO: 로마-피우미치노 국제공항(Rome-Fiumicino International Airport)
- ICN: 인천국제공항(Incheon International Airport)
- LAX: 로스앤젤레스 국제공항(Los Angeles International Airport)
- YYZ: 토론토 국제공항(Toronto International Airport)
- TAO: 칭다오 국제공항(Qingdao International Airport)
- SHE: 심양 국제공항(Shenyang International Airport)
- CDG: 파리 샤를드골 국제공항(Paris Charles de Gaulle International Airport)
- KE(Korean Air): 대한항공
- ATDO(Add Day-Off): 추가 휴일

3) 객실승무원의 비행 중 휴식과 지상 휴식시간

(1) 객실승무원의 비행 중 휴식(Crew Rest)

장거리 비행에서 비행 예정시간이 8시간 이상인 경우 승무원에게 휴식시간을 부여한다. 그러나 비행 예정시간이 8시간 이상 10시간 미만인 경우에는 휴식을 할 수 있는 좌석이 확보되었거나 승무원이 쉴 수 있는 침대가 있는 공간(Bunk)이 있는 기종에 한해 휴식을 부여할 수 있다. Bunk는 객실승무원이 쉴 수 있는 침대가 대략 6~8개가 있고, 휴식시간은 2개 조로 나누어 편성 운영한다.

휴식시간 동안 여가 활동을 해서는 안 되며 다음 일정업무를 위해 충분한 휴식을 취해야 한다.

휴식이 끝나고 업무에 복귀하기 전 비행 임무에 적합한 용모(Appearance) 상태인지 점검하고 근무에 임해야 한다.

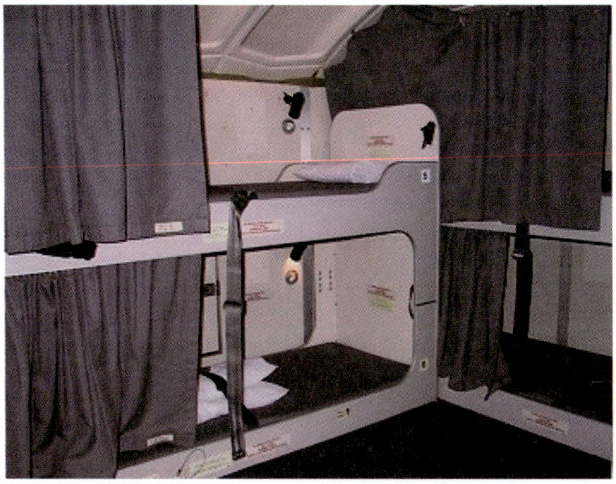

▲ Bunk(객실승무원이 쉴 수 있는 침대가 있는 공간)

(2) 객실승무원의 지상 휴식시간

국제선 비행을 마치고 모기지에 돌아왔을 때 객실승무원은 비행 근무시간의 2배 이상의 지상 휴식시간을 부여 받는다. 해외체류 시 36시간 이상 휴식시간을 취한 경우 모기지에서 출발한 비행시간은 휴식시간 산정을 위한 총 비행 근무시간 산출 시 제외된다.

객실승무원의 휴일은 1주일에 평균 연속 24시간의 휴식을 부여 받는다.

객실승무원의 비행 근무시간 및 휴식시간기준(「항공법 시행규칙」 제143조의2)

객실승무원 수	비행 근무시간	휴식시간
최소 객실승무원 수	14	8
최소 객실승무원 수에 1명 추가	16	12
최소 객실승무원 수에 2명 추가	18	12
최소 객실승무원 수에 3명 추가	20	12

비고: 항공운송업자는 객실승무원이 연속되는 7일마다 연속되는 24시간 이상의 휴식을 취할 수 있도록 해야 한다.

4) 객실승무원의 유니폼

객실승무원의 유니폼은 다른 항공사와 차별화할 수 있는 서비스 중 하나이다. 승객들은 항공사를 평가할 때 항공사의 서비스만 보고 평가를 내리지 않는다. 객실승무원의 태도나 이미지 등 외적인 것에도 관심을 많이 가진다. 그 중에서도 객실승무원이 항공사 이미지에 큰 영향을 미치기 때문에 유니폼의 디자인은 승무원의 외적 이미지에서 가치 있는 이미지로 결정된다. 따라서 항공사에서는 승객들의 마음을 얻기 위해 객실승무원의 유니폼에 투자를 많이 하는 편이다.

출퇴근 하는 객실승무원의 유니폼만 보아도 어느 항공사 객실승무원인지 승객들은 알 수 있다. 유니폼을 입었을 때는 개인이기보다 회사를 대표한다고 볼 수 있다. 따라서 객실승무원은 유니폼을 착용했을 때는 태도, 자세, 언행 등을 더욱 조심히 해야 할 필요가 있다. 항공사에서도 객실승무원의 용모복장 규정에 대해 엄격한 편이다. 유니폼 착용수칙, 착용 시 유의사항, 착용 기준에 대해 알아보자.

(1) 유니폼 착용수칙

- 회사에서 지급한 형태나 규격을 임의로 변경할 수 없다.
- 항상 깨끗한 상태를 유지해야 하며, 다림질하여 완전한 상태로 착용해야 한다.
- 규정된 부착물 이외의 개인적인 부착물을 착용해서는 안 된다.
- 매매, 기부, 양도 등을 해서는 안 된다.

(2) 유니폼 착용 시 유의사항

- 유니폼을 착용하고 껌을 씹는 행동은 삼간다.
- 유니폼을 착용하고 주류를 판매하는 장소에 출입하여 음주를 해서는 안 된다.
- 유니폼을 착용하고 대중교통 이용 시 큰소리로 장시간 통화하지 않는다.

(3) 유니폼 착용 기준

- 여성 승무원의 Jacket 단추는 반드시 채운다.
- 여성 승무원의 목 뒤의 Collar를 세워서는 안 된다.
- 여성 승무원의 Jacket 주머니는 메모지 보관 용도로만 사용하고 핸드폰이나 키홀더 등을 넣지 않는다.
- Skirt 길이는 무릎 선을 유지하며, 임의로 길이 수선은 하지 않는다.
- 여성 승무원의 Blouse 소매를 걷어 올려 입지 않는다.
- 명찰과 Wing은 반드시 패용한다.
- 남성 승무원은 바지나 Jacket 주머니에 불룩해질 정도로 많이 넣지 않는다.
- 남성 승무원의 Jacket 단추는 맨 아래 단추까지 채우지 않고 2번째 단추까지만 채우거나 가운데 단추만 채우도록 한다.
- 남성 승무원은 White Shirt 소매를 걷어 올려 입지 않으며, 목 부분의 단추까지 반드시 채우도록 한다.
- 남성 승무원의 바지 길이는 구도와 구두 굽 사이의 경계선까지 닿을 정도가 적당하다.
- 구두는 광택이 나도록 깨끗이 손질한다.

5) 객실승무원의 준수사항

(1) 거주지 및 전화번호 변경 시

객실승무원은 거주지의 주소와 전화번호 변경 시에는 3일 이내에 변경 내용을 회사에 통보해야 한다.

(2) 지시 및 공지 확인

항상 반드시 지시 및 공지내용을 확인 및 숙지하여 비행 근무에 차질이 없도록 이행하여야 한다.

(3) 기내 물품 반출 금지

기내에 탑재된 물품이나 허가되지 않은 회사의 용구를 개인적인 목적을 위해 임의로 반출해서는 안 된다.

(4) 승객 기록 비밀 유지

승객에 관한 어떤 것과 관련된 모든 기록을 비밀로 해야 하며, 이와 관련된 어떤 정보도 외부에 공개해서는 안 된다.

(5) 향정신성 약물

습관성 또는 중독성이 있어 정신 기능에 영향을 미치는 성질의 약물을 복용하고 비행에 임할 수 없다.

6) 해외 체재 시 준수사항

- 해외 체재 시 지정된 숙소 이외의 장소에서 허가 없이 숙박해서는 안 되며, 체재 지에 속해 있는 행정구역 명칭상의 경계선을 넘어 이동할 수 없다.
- 장시간 외출 시에는 사무장 · 캐빈 매니저에게 행선지, 연락처, 귀환시간 등

을 보고하고 허가를 받아야 한다.

- 객실승무원은 다음 비행을 위해 Pick-Up 12시간 전부터 호텔에 머물며 휴식을 취해야 한다.
- 객실승무원은 어떠한 형태의 도박도 하여서는 안 된다.
- 호텔 룸에서 취사 행위를 해서는 안 된다.
- 호텔 룸 사용 시 정돈된 상태를 유지하며, 팁(Tip)을 하는 나라에서는 반드시 그에 준하는 팁(Tip)을 하도록 한다.
- 회사와 승무원의 이미지를 손상시키는 행동을 해서는 안 된다.

4. 객실승무원의 업무기준

1) 객실승무원의 책임

객실승무원은 항공기의 안전을 위해 기장과 협조하여 운항 중에 승객의 안전과 비상 탈출에 관한 임무를 수행해야 하는 안전의 책임과 승객의 요구를 만족시키고 쾌적한 비행 환경을 조성하고 유지해야 하는 서비스의 책임을 진다. 객실승무원은 비행 근무 시 항공기 운항에 대한 최종적인 권한이 기장에게 있으므로 운항과 관련하여 중대한 사항인 항공기 지연, 승객 탑승거절, 긴급환자 처리, 기내 불법 난동 승객 처리, 항공기 보안, 항공기 정비, 비상상황 발생 시 기장과 협의하여야 하고 필요시 그 지시에 따라야 한다. 항상 이러한 상황이 발생하면 기장에게 즉시 통보해야 할 책임이 있다.

객실승무원은 비행 근무 전에는 최근 업무 지시를 숙지하고 비행에 임해야 하며, 비행 근무 시에는 필요시 사용할 수 있도록 업무교범 내용을 휴대하여야 한다.

(1) 안전의 책임

항공기의 안전 운항을 위해 기장과 협조하여 운항 중의 승객 안전과 비상탈출에 관한 임무를 수행하여야 한다. 안전하고 쾌적한 비행 환경을 조성, 유지하는 데 대한 책임을 진다.

(2) 서비스의 책임

제반 규정과 서비스 절차가 준수되어 승객에게 최상의 서비스가 제공되도록 최선을 다해야 한다.

2) 객실승무원의 교육

(1) 안전교육

① 신입안전훈련

신입 객실승무원을 대상으로 객실승무원으로서의 자격을 취득하기 위한 최초 훈련 과정으로 초기훈련과 기종전문훈련을 받게 된다.

② 정기안전훈련

정기안전훈련은 신입안전훈련을 이수한 후 모든 승무원을 대상으로 실시하며, 기존의 승무자격을 유지하기 위하여 매 12개월마다 안전업무 수행능력에 대해 점검 받는 훈련이다. 자신의 생일 달에 실시하게 되며, 훈련적격기간인 실시해야 할

월 전 후 1개월을 합산한 총 3개월 이내에 이수하지 않으면 객실승무자격을 상실하게 된다.

③ 재임용안전훈련

재임용안전훈련은 각종 휴직, 병가, 공상, 사상 등으로 훈련적격기간 내에 정기안전훈련을 이수하지 않은 객실승무원을 위한 과정으로서, 정해진 재임용안전훈련을 이수한 경우 승무자격을 복원할 수 있다. 그러나 최종 교육 이수 월로부터 만 36개월을 초과한 경우에는 신입안전훈련을 다시 이수해야 한다.

④ 리더십 훈련

리더십 훈련은 객실승무원에서 부사무장 직급으로 승급한 자를 대상으로 객실사무장으로서 안전업무에 대한 직무수행능력을 배양하기 위하여 실시하는 훈련이다.

제주항공 객실승무원, VR로 비상훈련

교육종류		교육대상	교육시간	교육내용
산업안전훈련	초기훈련	산업객실승무원 * 정기안전훈련 36개월 경과 시	159시간 20일	항공기지상훈련 I, 일반안전훈련 항공보안훈련, 위험물처리훈련 승무원자원관리, 항공기지상훈련 II
	기종전문훈련	신입 객실승무원 * 신기종 도입 시		ATQ A330, ATQ B777 ATQ B747, ATQ A380
정기안전훈련		모든 객실승무원	1일 (12개월 마다)	비상장비, 비상절차 비상훈련, 승무원자원관리 위험물, 보안/안전
재임용안전훈련		휴직 객실승무원 * 정기안전훈련 12~35개월 경과 시	3일 (12개월 초과 시)	당해연도/전년도 경기안전훈련 운항경험
리더십훈련		사무장 진급자	2일	
교관/심사관/삼독관 초기훈련		안전강사 안전심사관 운항경험 Supervisor	159시간 20일	항공기지상훈련 I, 일반안전훈련 항공보안훈련, 위험물처리훈련 승무원자원관리, 항공기지상훈련 II
교관/심사관/감독관 보수훈련			2일	비상장비, 비상절차 비상훈련, 승무원자원관리 위험물, 보안/안전

제주항공은 비상상황 대응력을 높이기 위해 객실승무원들이 객실훈련센터에서 VR(가상현실)을 통한 안전훈련을 실시하고 있다. 훈련은 VR기기를 착용 후 난기류 상황이나 비상착륙을 했을 때 승무원의 비상탈출 지휘, 최종점검 및 반출품 확보, 객실승무원 탈출순으로 진행된다.

VR 훈련은 객실승무원 정기훈련 및 초기훈련, 재자격훈련, 교관훈련 등으로 기존의 안전훈련에 VR 훈련을 추가해 현장경험이 중요한 객실승무원의 학습 집중도를 높이고 상호작용을 통한 체험형 교육의 효과를 극대화한다는 방침이라고 한다(출처: 파이낸셜 뉴스).

▲ **가상현실(VR: Virtual reality)로 비상훈련**

3) 객실승무원의 안전 업무기준

객실승무원의 기본 안전 업무는 「항공안전법」 제1장 제2조 제17항에 의해 항공기에 탑승하여 비상 시 승객을 탈출시키는 등 승객의 안전을 위한 업무를 수행하는 자로서 비행 중 승객의 안전과 쾌적한 여행을 위해 기본적인 업무기준을 준수해야 한다.

(1) 기본 안전 업무

① 필수 휴대품은 항상 사용 가능하도록 관리하여 비행 근무 시 반드시 휴대해야 한다.

② 승객이 가지고 온 짐에 대한 규정 준수 여부를 확인하고 또한 보관 상태가 안전한지를 확인해야 한다.

③ 비상구 좌석 열에 앉아 있는 승객의 기준을 확인하고 비상 시 도움 요청에 대해 설명해야 한다.

④ 항공기 출발 전과 도착 시 안전 점검 절차를 숙지하여 점검항목에 맞게 실시하도록 한다.

⑤ 유아 동반 승객, 노약자, 특수고객 등의 탑승 시 적합한 도움을 제공한다.

⑥ 이륙 전 모든 유동물질을 고정하고 승객의 좌석벨트 착용 상태를 확인한다.

⑦ 이착륙 시 정해진 승무원 좌석(Jump seat)에 착석해서 좌석벨트를 착용한다.

⑧ 비행 근무 시 스테럴 칵핏 룰(Sterile Cockpit Rule)을 숙지하고 준수한다.

⑨ 터블런스(Turbulence) 시 승객에게 안전규정을 안내하고 조치한다.

⑩ 비행 중 표준절차를 숙지하고 기장 및 객실 사무장 · 캐빈 매니저의 지시 또는 정해진 신호에 따라 업무절차를 준수한다.

⑪ 승객이 모두 하기한 후 유실물을 확인하고 담당구역의 이상 유무를 확인한다.

⑫ 승객과 승무원의 안전에 위해하다고 판단되는 사항은 즉시 보고한다.

Sterile Cockpit Rule

항공기 조종사가 오로지 조종에만 집중할 수 있는 비행 중요 단계로 '무균의 조종실' 환경으로 만든다는 것이다. 항공기 운항에 있어서 가장 위험한 시간이 이륙할 때 3분과 착륙할 때 8분간으로 이를 Critical eleven minutes라고 한다. 이 11분간에 사고가 집중되어 있다는 것이 통계적으로 밝혀져 있기 때문이다. 이 시간에는 조종실 내에서는 업무 이외의 그 어떤 대화도 금지되어 있다. 객실승무원도 긴급사태가 아니면 조종실에 연락하면 안 된다.

(2) 추가 안전 업무

① 비상 시 승객 브리핑을 실시할 경우 정확한 동작으로 정보를 전달해야 하며, 소그룹으로 나누어 정확하게 인지하였는지를 재차 확인하도록 한다.

② 승객의 불법 방해 행위 발생 시 필요한 조치를 즉각 취할 수 있어야 한다.

③ 기내 물품 보관 규정을 준수하고, 휠체어(Wheelchair)나 유아 침대(Baby Bassinet) 사용법 및 안전규정을 확인한다.

④ 기내 전자기기 사용에 대한 정보를 숙지하고 승객의 준수 여부를 확인한다.

불법 방해 행위(『항공보안법』 제2조 제8항)

① 지상에 있거나 운항 중인 항공기를 납치하거나 납치를 시도하는 행위

② 항공기 또는 공항에서 사람을 인질로 삼는 행위

③ 항공기, 공항 및 항행안전시설을 파괴하거나 손상시키는 행위

④ 항공기, 항행안전시설 및 보호구역에 무단 침입하거나 운영을 방해하는 행위

⑤ 범죄의 목적으로 항공기 또는 보호구역 내로 무기 등 위해물품(危害物品)을 반입하는 행위

⑥ 지상에 있거나 운항 중인 항공기의 안전을 위협하는 거짓 정보를 제공하는 행위 또는 공항 및 공항시설 내에 있는 승객, 승무원, 지상근무자의 안전을 위협하는 거짓 정보를 제공하는 행위

⑦ 사람을 사상(死傷)에 이르게 하거나 재산 또는 환경에 심각한 손상을 입힐 목적으로 항공기를 이용하는 행위

⑧ 그 밖에 이 법에 따라 처벌받는 행위

항공기내 보안요원 임무(항공운송사업자의 항공기내보안요원 운영 지침 제3조 3항)

① 승객 탑승 전 항공기 객실 내 보안 점검 및 수색
② 최초 출발공항 또는 중간경유지 공항에서 항공기에 탑승하는 승객 또는 재탑승하는 승객과 휴대수하물에 대하여 의심스러운 경우 수색 및 점검
③ 운항 중 항공기 객실 내 보안 순찰
④ 운항 중 및 경유지에 있는 동안의 객실 내 보안 감독
⑤ 불법 점거 또는 파괴 행위 제지
⑥ 객실 내 폭발의심물체가 발견된 경우 최소위험폭발물위치 사용절차에 따른 수행
⑦ 불법행위 발생 시 녹화 실시 및 불법행위 승객 도착공항 경찰관서에 인도
⑧ 기타 승객의 안전 및 항공기 보안에 필요한 사항

항공기 이착륙 시, 기내에서 휴대용 전자기기사용 규정(국토교통부, 2014년부터 시행)

항공기 이착륙 시 휴대폰은 "비행기 모드상태"에서 사용 가능하며, 노트북과 같이 부피가 큰 전자기기는 항공기가 지상 이동 또는 이착륙 중일 때는 사용할 수 없으며, 선반이나 좌석 아래에 보관하여야 한다.

* **휴대용 전자기기:** 스마트폰, 태블릿, 전자책, MP3 플레이어 등

** **비행기 모드:** 통화나 메시지 전송이 불가하나 그 외 기능은 사용 가능

리튬배터리 관련 기준

리튬배터리 용량 규격		휴대수하물	위탁수하물
	160Wh 이하 배터리가 장착된 기기	허용	허용
	160Wh를 초과하는 배터리가 장착된 기기	금지	금지
	100Wh 이하 보조배터리	허용	금지
	100Wh 초과 160Wh 이하의 보조배터리 * 1인당 2개 이하	허용	금지
	160Wh 초과하는 보조배터리	금지	금지

리튬배터리 용량 규격		휴대수하물	위탁수하물
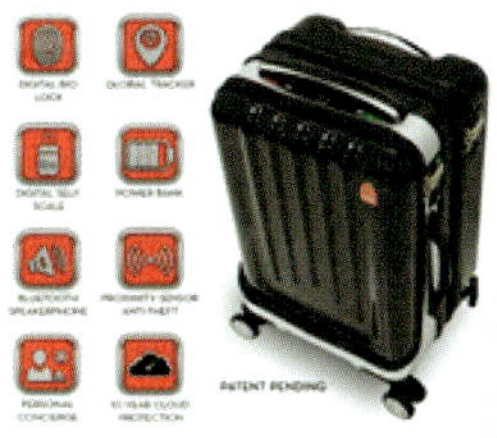	160Wh 이하인 배터리가 가방에서 분리된 경우 * 분리된 가방은 휴대 · 위탁수하물 허용	허용	금지
	160Wh 이하인 배터리가 가방에서 분리 안 된 경우	허용	금지
	160Wh를 초과하는 배터리가 장착된 가방	금지	금지

출처: 국토교통부

리튬배터리 용량이 160Wh(와트시)를 넘으면 비행기에 가지고 탈 수 없게 된다. 용량이 과도한 리튬배터리가 기내에서 폭발을 일으킬 수 있기 때문이다. 국토교통부는 160Wh를 초과하는 보조배터리 및 배터리가 장착된 기기를 휴대수하물(기내반입)과 위탁수하물(부치는 짐)에 모두 허용하지 않는다. 최근 스마트 캐리어 등 배터리 용량이 큰 기내수하물이 증가하면서 대응방안 마련 필요성이 커졌기 때문이다. 스마트 캐리어란 내부에 리튬배터리를 내장하고 GPS 위치 추적, 캐리어 무게 측정, 전동이동, 자동 잠금, 스마트 기기 충전 등 다양한 부가기능을 갖춘 여행용 캐리어다. 일부 스마트 캐리어는 사람이 타고 이동할 수 있을 정도로 배터리 용량이 크다. 100~160Wh 보조배터리는 1인당 1개만 허용된다. 스마트 캐리어는 배터리 분리 여부와 상관없이 위탁수하물로 부칠 수 없다. 일상에서 사용하는 대부분의 전자기기는 이 기준을 넘지 않아 항공기 이용에 큰 어려움은 없을 것으로 보인다. 기기별 배터리 용량은 대략 스마트폰 10Wh, 보조배터리 10Wh, 노트북 50Wh 내외다. 스마트 캐리어도 위치추적 등 간단한 기능만 있는 경우에는 용량이 50Wh 수준이다.

4) 승객에 대한 업무기준

객실사무장 · 캐빈 매니저는 기내가 항상 쾌적한 상태가 되도록 온도 및 조명 상태를 체크해야 하며, 객실승무원들이 자신감을 가지고 고객응대를 할 수 있도록 필요한 정보를 정확하고 간략하게 제공해야 한다. 또한 객실승무원이 고객지원에 최선을 다하도록 가장 적질하게 임무를 배정해야 한다.

(1) 서비스 관리(Service Management)

① 승객 탑승(Boarding) 시 담당구역에서 승객 좌석 안내와 짐정리를 도와주며, 탑승이 원활하게 되도록 지원한다.

② 항상 승객이 볼 수 있는 범위 내에 위치한다.

③ 안전 규정에 반하지 않는 범위 내에서 승객의 요구를 수용하도록 최선을 다한다.

④ 개별적인 승객의 요구를 미리 예측하고 확인하며 서비스를 제공한다.

⑤ 승객 Call이 울리면 즉각적으로 응대하고, 최대한 즉시 해결하도록 한다.

⑥ 승객 탑승(Boarding) 전에 SHR(Special Handling Request)의 내용을 숙지하고 특별한 도움이 필요한 승객에게 적극적인 도움을 제공한다.

⑦ 비행 근무 시에는 항상 친근하고 전문인다운 자세로 임한다.

⑧ 항상 정확하고 완전한 정보를 제공할 수 있도록 비행 준비를 철저하게 한다.

(2) 고객 만족 관리(Customer Satisfaction Management)

① 불만 및 우려 사항을 관심 깊게 경청하고 승객의 요구를 충족시키기 위하여 가능한 범위 내에서 모든 조치를 취하도록 한다.

② 승객의 국적별 특성이나 개인적인 성향을 고려해서 대응 조치를 강구하며, 절대 흥분하지 않도록 주의한다.

③ 고객의 불만이 기내 불법 방해 행위로 발전되지 않도록 적극적으로 조치한다.

④ 논쟁이 생길 수 있는 주제로 승객과 대화하지 않는다.

⑤ 승객과의 대화법에 필요한 기본 상식을 숙지해 둔다.

⑥ 불만을 가진 승객과 기내 불법 방해 행위를 하는 승객을 잘 구분하여야 하며, 불법 방해 행위를 하는 승객은 업무방해 행위의 정도에 따라 단계적으로 적용하여 조치한다.

기내 불법 방해 행위 발생 시 승무원의 대응 단계

① 단계 1: 설득과 요청

- 승무원은 합리적이며 이성적인 설득과 대화를 통해 승객의 업무 방해 행위를 중지하도록 요청한다.
- 승객이 승무원의 요청에 따르는 경우, 더 이상의 대응절차가 불필요하며 기장이나 관계기관에 보고할 필요가 없다.
- 승객이 승무원의 설득 및 요청에 불응하는 경우, 다음의 단계 2 대응절차를 취한다.

② 단계 2: 구두경고 또는 경고장 제시

- 승무원은 기장에게 보고하고 해당 승객에게는 구두경고 또는 '경고장'(Official Warning) 제시를 통해 행위중단을 유도하며, 상황에 따라서 선 조치 후 보고도 가능하다.
- 기장과 객실승무원은 상호 협조하여 상황을 진정시키도록 노력하여야 한다.
- 구두경고 또는 경고장 제시에도 불구하고 기내업무 방해가 지속되는 경우, 단계 3 대응절차를 취한다.

③ 단계 3: 경찰 인계(필요 시 강력 대응)

- 기장에게 진행상황을 보고하고 도착지 공항 관할 경찰의 대기를 요청한다.
- 기내업무 방해 행위 발생보고서 작성을 포함하여 가능한 한 각종 증거물을 수집하고 스마트폰 등을 이용하여 녹화 또는 녹음을 실시한다. 녹화를 우선적으로 하되 급박한 사정으로 불가한 경우 녹음을 실시한다.
- 목적지 공항에 도착하면 경찰(또는 관련공무원)에게 행위 승객을 인계하고, 경찰의 요청이 있을 시 동행하여 상세한 사건 개요를 서면으로 제출하고 제반 사항을 공항지점장 또는 대리인에게 인계한다.

5) 승무원 간의 협조(Crew Cooperation)

객실승무원(Cabin Crew)과 운항승무원(Cockpit Crew) 간의 협조는 비상 시뿐만 아니라 비행 근무 시 발생할 수 있는 모든 상황에서 매우 중요하다. 항상 적절하고 효율적인 의사소통을 할 수 있도록 표준화된 용어 및 신호를 사용하여 협조하도록 해야 한다. 운항승무원(Cockpit Crew)이 외국인일 경우 문화적 차이를 이해하고 정확한 의사소통 및 상황인지가 될 수 있도록 하며, 의사소통 및 지시사항에 대한 불분명한 부분에 대해서는 확인 작업을 절대 주저하지 말고 즉시 실시해야 한다.

(1) 객실승무원 간 협조(Cabin Crew Cooperation)

① 동료 승무원 간 예의를 갖추고 배려하는 자세로 대한다.

② 근무 시 융통성 있고 협조적인 자세로 적극적으로 임한다.

③ 서로의 업무 수행 능력에 대해 칭찬하고 우수한 부분은 인정해 준다.

④ 필요한 정보 및 많은 정보를 원활하게 공유한다.

⑤ 승무원 간의 문제점을 조기에 인지하고 해결하고자 노력한다. 필요시 상급자에게 보고하여 상황이 더 악화되지 않도록 최선의 예방조치를 취하도록 한다.

⑥ 객실사무장 · 캐빈 매니저는 객실승무원의 업무역량에 대해서 분명하게 알려주어 개별적으로 성과를 관리할 수 있도록 하고, 부족한 부분은 시정할 수 있도록 지원해 준다.

(2) 객실승무원(Cabin Crew)과 운항승무원 간의 협조

① 운항승무원(Cockpit Crew)과 원활한 의사소통을 통해 원만하게 협조하면서 근무한다.

② 합동 브리핑 시 운항승무원의 얼굴을 익히고 기장의 이름을 알아둔다.

③ Sterile Cockpit Rule을 준수하고 운항승무원의 업무를 이해하려고 노력한다.

④ 운항승무원과 문제가 발생하는 경우 근무 중에는 지휘계통을 준수하도록 하고 근무가 종료된 후 공식적인 방법으로 보고한다.

(3) 객실승무원과 정비사 및 운송직원 간의 협조

① 객실승무원은 정비사로부터 항공기 출발과 도착 시 필요한 정보 및 인수 인계 사항을 확인한다.

② 비행 전 준비과정에서 문제가 발생하는 경우 내용을 즉시 전달하고 신속한 조치가 될 수 있도록 협조한다.

③ 항공기 정비사항에 대해 전달 시 정해진 형식을 이용해서 상세하게 기록한다.

④ 예의를 갖추고 정비사 및 운송직원의 업무를 이해하도록 노력한다.

⑤ 운송직원의 업무 진행에 부당함이 발견되면 즉시 시정을 요구해야 한다. 단 승객이 있는 경우 비난하거나 논쟁하지 않도록 한다.

⑥ 고객과 관련된 좌석 재배치 등과 같은 업무가 진행될 때는 신속하게 처리 될 수 있도록 협조한다.

⑦ 승객의 휴대수하물과 관련된 업무를 진행하기 전에 운송직원과 협조해서 원활하게 규제가 이루어질 수 있도록 한다.

⑧ 도어를 닫기 전 운송직원과 충분한 의사소통을 하여 문제가 없도록 한다.

⑨ 운항승무원과 운송직원과의 의사소통을 원활히 할 수 있도록 협조한다.

▲ JAL 항공(여조종사도 스카프 착용)

항공종사자

항공기가 운항하는 데 필요한 항공종사자는 항공기를 조종하는 조종사, 객실에서 승객을 응대하는 객실승무원, 지상에서 항공기를 정비하는 정비사, 항공기가 운항하기 위한 항공교통관제사, 비행장 또는 항행안전시설을 설치 및 관리하는 업무에 종사하는 사람 등이 있다. 국제민간항공기구(ICAO: International Civil Aviation Organization)가 설립되고 현재까지 제정된 ICAO 부속서는 18권으로 구성되어 있으며 제1권은 항공종사자의 자격증명에 대한 내용이다. ICAO 부속서는 항공산업 전반의 기술과 규정을 표준화한 것으로 항공종사자의 면허업무가 국제적으로 통용될 수 있는 자격제도에 대한 기준이 명시되어 있다. 하지만 국가별 항공종사자 자격증명제도의 실질적인 운영방식이나 업무 등은 자국의 특성을 반영하여 운영하고 있다.

우리나라에서 항공종사자는 국토교통부장관이 시행하는 항공종사자 자격증명을 받은 사람을 의미하며 항공종사자자격증명을 받은 사람은 항공업무를 수행할 수 있는 법률적 자격을 갖추게 된다. 항공종사자는 10개의 자격으로 구분하고 있으며 운송용 조종사, 사업용 조종사, 자가용 조종사, 부조종사, 경량항공기 조종사, 항공사, 항공기관사, 항공교통관제사, 항공정비사, 운항관리사가 있다. 객실승무원은 항공종사자 자격증명이 발급되는 범위에는 포함되지 않는다.

1) 조종사

조종사는 항공기를 안전하게 승객을 목적지까지 정시에 도착하는 일을 담당한다. 조종사는 비행시간이 가장 중요한 경력이 되며 비행경력에 따라 운송용 조종사, 사업용 조종사, 자가용 조종사, 부조종사의 자격시험에 응시할 수 있다. 소형항공기를 제외한 대부분의 항공기는 두 명의 조종사가 항공기를 조종하며 항공사에서는 선임 조종사가 기장으로 승무원을 포함하여 승객과 비행에 관련된 모든 사항을 책임진다.

기장은 출발 전 운항로, 목적지, 비행시간, 기상조건 등 비행에 관련 사항을 검토하고 승무원에게 정보를 설명하고 공유한다. 항공기에 승객 탑승이 완료되면 탑승 인원을 확인하고 출입문 개폐를 허가한 후 목적지, 항로, 소속 항공사 등을 관제탑에 보고하고 이륙허가를 받는다. 비행 중에는 부조종사와 협력하여 자동항법장치와 자동운항장치를 조정하고 목적지에 도착하면 관제탑과 통신을 통해 착륙하게 된다.

부조종사는 비행에 필요한 제반 서류와 절차에 따라 준비하고 운항과 관련된 기상 및 자료를 확인하여 항로, 기상조건, 운항계획 등에 관하여 운항관리사와 협의한다. 항공기 이·착륙 및 비행 시 항공기 계기를 확인하고 기장에게 보고하며 기장을 도와 안전한 운항이 될 수 있도록 한다.

2) 항공정비사

항공정비사는 항공기가 비행 중이나 지상에서 발견된 결함을 정비하고 점검하여 안전한 상태를 유지하고 운항할 수 있도록 한다. 항공정비사는 항공기 정비 및 검사 등 항공기 전반의 정비뿐만 아니라 항공기 취급, 오일, 연료 보급, 세척 등의 업무도 수행한다. 항공사의 항공기 정비 업무는 항공기 비행 전·후 항공기를 점검 및 보수를 하는 라인 정비와 항공기를 일정 주기별 분해하고 점검하여 고장이 발생한 부분과 고장이 예상되는 부분을 수리하는 공장 정비로 구분할 수 있다. 항공정비업무는 분야별 기체관련 분야, 왕복발동기관련 분야, 터번발동기관련 분야, 프로펠러관련 분야, 전자전기계기관련 분야로 구분하여 전문지식과 기술을 유지하도록 하고 있다.

3) 운항관리사

운항관리사는 항공기가 안전하게 목적지까지 비행하는 데 필요한 비행거리 산출, 비행항로선택, 화물과 승객의 중량과 균형, 항공기 연료 소비량의 산출, 항공기 운항의 통제 및 감시 등 항공 정보를 확인하고 비행계획서를 작성한다. 운항관리사의 역할은 안전한 비행을 위해 조종사의 조종 능력도 중요하지만 각종 항공 정보를 확인하는 운항관리가 필요하다.

4) 항공교통관제사

항공교통관제사는 항공교통의 안전·신속 및 질서를 유지하기 위해 항공교통관제기관에서 항공기를 관제하는 업무를 한다. 항공교통의 흐름을 조절하고 조종사에게 활주로 상태, 기상 상황 등의 정보를 제공하여 항공기가 안전하게 이·착륙할 수 있도록 항공관제를 수행한다. 항공관제는 항공기와 항공기 간 또는 공항 내 항공기 이동 시 지상 장애물과 충돌 방지, 항공교통의 촉진 및 질서 유지, 항공기의 안전과 효율적 운항을 위한 정보 제공, 수색 구조 필요 시 항공기에 대한 정보 제공 및 협조 등을 의미한다. 또한 이러한 목적으로 항공기의 이·착륙 순서와 방법을 지상 이동 중인 항공기나 비행 중인 항공기에게 지시하는 일을 한다.

5. 객실 근무환경과 객실승무원의 건강관리

1) 객실 근무환경

기압이 낮고 완전히 밀폐된 공간이므로 잦은 환기가 필요하다. 또한 기체 내부의 부식을 방지하고 각종 전자기기와 수많은 배선의 오작동을 최소화하기 위해 매우 건조한 상태를 유지한다.

(1) 객실 여압

비행고도는 35,000~40,000feet로 대기압이 0.25기압 이하이나 객실은 여압 장치를 이용하여 0.8기압 정도로 가압을 하므로 객실 내에서 느끼는 고도는 7,000~8,000feet 정도이다. 항공기가 실제로 날고 있는 고도는 대기압이 낮아 산소가 희박하고 기온이 낮아 인간이 생존할 수 없으나 항공기 내부는 여압장치를 통해 기압변동으로 인한 불편함을 최소화한 0.8기압으로 조절한다.

(2) 환기

항공기 객실 내부는 완전히 밀폐된 공간이므로 최신 기술의 공기순환시스템(Air Conditioning System)을 통해 승객에게 쾌적하고 신선한 공기를 제공하여 편안한 여행을 할 수 있도록 한다. 이러한 신선한 공기는 거의 2~3분마다 환기가 이루어지고 있기에 오히려 지상의 환경오염지역의 탁한 공기보다 더 깨끗한 공기를 마실 수 있다. 환기 시스템으로 인해 엔진을 통한 압축 및 열교환기를 통한 공급 과정에서 완벽히 여과하여 멸균된 공기가 공급되고, 건조함으로 인해 세균 번식이 어려워 미생물 수준이 현저히 낮아 공기 오염으로 인한 호흡기 질환의 문제는 거의 없다고 볼 수 있다.

(3) 객실온도

객실 내 온도는 22~26℃ 정도로 유지한다. 그러나 편안함은 주관적이어서 승객들 각자가 원하는 온도를 조절하기가 쉽지 않다. 앉아 있는 승객의 편안한 온도범위는 신체 활동적인 승무원에게는 너무 따뜻할 수 있다. 이것은 실제로 측정 온도가 매우 다양하다는 것을 의미한다. 따라서 객실승무원은 통일된 디자인과 옷감이 중요하므로 필요에 따라 카디건이나 자켓 착용 및 탈복으로 승객이 원하는 온도에 쉽게 적응할 수 있도록 한다.

(4) 객실 상대습도

순항 고도에서 외부 공기는 상대 습도가 거의 0%에 가까울 정도로 건조하다. 환기를 위해 바깥 공기를 계속 끌어들이고 있기 때문에 습도가 낮고 매우 건조하다. 기내의 습도 조절은 승객이 호흡할 때 배출하는 몸속의 수분을 객실 공기 재순환 시스템에 의해 객실에 재공급함으로써 이루어진다. 2%의 습도를 가진 빈 항공기에 승객이 탑승하게 되면 습도가 10~20%로 상승하게 된다. 건조한 객실은 점막과 피부가 건조되어 눈, 코, 목에 불편함을 느낄 수 있다. 인체에 있어서 쾌적한 실내 습도는 50~60%이므로 수분을 많이 섭취할 필요가 있다.

(5) 항공기 소음과 진동

항공기 운항 시 주변 환경으로 많은 소음과 진동이 발생한다. 제트 엔진에서 나오는 마찰음(turbine-whine)과 제트 기류(jet stream), 즉 바람을 가르는 소리 때문에 중저음의 소음에 둘러 싸여 있다. 그러나 신형 항공기는 객실 흡음처리(acoustic treatment)와 엔진소음기(engine noise suppressor)의 사용으로 승객과 승무원이 인지하는 소음 수준을 급격히 감소시켜 객실 내 소음은 50~60dB 정도로 정상적인 대화가 가능하다.

(6) 불규칙적인 식사와 근무시간

세계 각국을 다니며 장거리 비행을 하는 직업의 특성상 불규칙적으로 식사를 하게 되므로 위장 장애를 많이 호소하기도 한다. 비행 중 식사 시간도 여유 있게 하기보다는 급하게 하는 편이며, 근무환경이 좁으니 서서 식사를 하는 경우가 많다. 최소한 규칙적으로 식사를 하도록 노력하는 것이 필요하다.

시차로 인해 생체 리듬의 상애로 불면증이 생길 수도 있으며, 이로 인하여 정신적으로나 신체적으로 능률이 저하되고 피로가 증가될 수 있다.

2) 객실승무원의 건강관리

(1) 규칙적인 식생활

객실승무원들은 세계 각국을 다니며 장거리 비행을 하는 직업의 특성상 불규칙적으로 식사를 하게 된다. 한국 시간에 맞추어 세끼 식사를 하기는 힘들어도 최소한 규칙적으로 하도록 노력하는 것이 필요하다. 현지 시간 아침일 경우에는 소화하기 쉬운 음식을 섭취하도록 하며, 늦은 밤 시간에는 과식하지 않도록 하는 것이 좋다. 배고픔이 오래 가지 않도록 식사를 잘 챙겨 먹도록 한다.

(2) 충분한 휴식과 수면

시차로 인해 생체 리듬에 문제가 발생할 수 있으므로 현지 시간에 맞추어 생활을 하는 것이 좋으며, 호텔 객실 내에서 쉴 때는 충분한 수면을 취하도록 한다. 관광 및 쇼핑 등 무리한 스케줄은 계획하지 않도록 하며 비행 전날에는 충분한 휴식을 취하도록 한다. 약물 복용이나 음주는 시차적응에 도움이 되지 않으므로 삼가도록 한다.

(3) 규칙적인 운동

즐겁고 원활한 비행을 위해 건강한 체력이 기반이 되어야 한다. 따라서 건강을 유지할 뿐만 아니라 체력을 보충하기 위해 1주일에 3~5회 30~60분씩 운동을 하는 것이 좋다. 가벼운 조깅이나 호텔 내에서의 수영, 휘트니스 센터에서 근력 강화 운동을 할 수 있도록 운동복과 운동화를 가지고 다니며 꾸준히 체력 관리를 하도록 한다.

(4) 정기 건강 검진 실시

내 몸에 이상 증상을 느끼거나 나타나면 즉시 병원을 내원하여 진료를 받아 보도록 한다. 항상 건강을 체크하며 식단 조절 등으로 적절한 체중유지와 해외에서의 불규칙적인 영양섭취에 대해 충분한 영양을 보충하도록 한다. 매년 정기검진을 통해 내 몸의 상태를 점검한다.

(5) 충분한 수분 섭취

항공기 객실 내의 습도는 10% 내외이므로 안구, 후두의 보호점막, 피부가 건조해지기 쉽다. 우리 몸의 70%는 물로 이루어져 있으니 수분 섭취를 충분히 하여 신체 필요수분양이 충족될 수 있도록 한다. 피부에 직접 분사하는 수분 스프레이로 건조함을 느끼지 않도록 사용하는 것도 도움이 된다.

(6) 상해 및 산업재해 예방

항공기 공간은 객실승무원이 업무를 수행함에 있어 매우 협소하다. 또한 난기류(Turbulence)가 발생할 수도 있기에 제한적이고 특수한 공간에서 무거운 물건을 들거나 뜨거운 음료를 다룰 때는 각별한 주의를 기울이도록 한다. 또한 객실 안전수칙을 준수하여 어떠한 상해나 재해가 발생되지 않도록 예방한다.

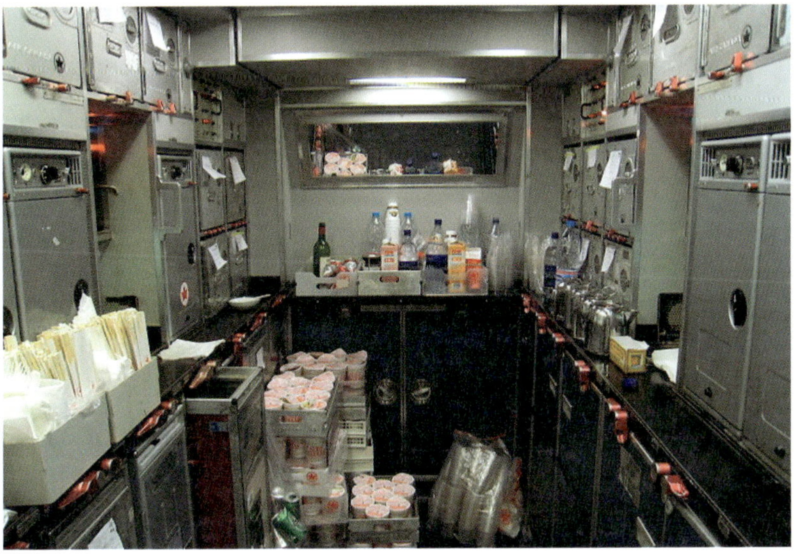

WORKSHEET

1. 객실승무원 정의에 대해 설명해 보세요.

2. 객실승무원의 유래에 대해 설명해 보세요.

3. 객실승무원의 자질에 대해 설명해 보세요.

4. 각 항공사별 인재상에 대해 설명해 보세요.

5. 객실승무원의 자격 기준에 대해 설명해 보세요.

6. 객실승무원의 유니폼착용 시 유의사항과 착용기준에 대해 설명해 보세요.

7. 객실승무원의 책임에 대해 설명해 보세요.

8. 불법 방해 행위에 대해 설명해 보세요.

9. 항공기내 보안요원 임무에 대해 설명해 보세요.

10. 기내 불법 방해 행위 발생 시 승무원의 대응 단계에 대해 설명해 보세요.

11. 객실 근무환경에 대해 설명해 보세요.

Chapter

2

항공 객실서비스 개요

● 학습목표 ●

1. 항공기 객실 내부 시설을 용도에 맞게 사용할 수 있다.
2. 객실승무원의 서비스 개념에 적합한 언행을 수행할 수 있다.
3. 기내에서 제공되는 모든 서비스를 수행할 수 있다.

1. 항공기 객실 구조와 시설

1) 항공기 객실 구조

항공기는 소형, 중형, 대형 기종으로 구분할 수 있다. 소형기종은 통로(Aisle)가 1개이고, 중 · 대형기종은 통로(Aisle)가 2개이다. 소형기종은 B737-800/900과 A220-300이 있으며, 중형기종은 A320, A330-200/300, B777-200, B787이 있으며, 대형기종은 B777-300, 앞부분만 2층 구조인 B747과 동체 전체가 2층 구조로 되어 있는 초대형 기종인 A380이 대표적이다.

항공기 객실(Cabin) 내부는 구역(Zone)으로 구분하며, 구역은 좌석등급별로 서비스, 기내식, 좌석 크기와 좌석 간의 간격 등으로 차별화하여 일등성, 비즈니스석, 일반형으로 구분된다. 각 구역에는 비상구, 주방(Galley), 화장실, 코트룸(Coat Room), 승무원 좌석(Jump Seat) 등이 배치되어 있다.

(1) 소형기종

① B737-800

소형기종 중 보잉 737은 보잉에서 개발한 쌍발 여객기이다. 처음에는 100석 남짓의 소형기였으나 꾸준한 개량을 거쳐 200석에 근접하는 중거리 기종이 되었다. 좌석수가 138~147석 규모의 B737-800, 좌석수가 188석 규모의 B737-900과 B737-300, B737-500, B737-700, B737-MAX 8 등 다양하다. 현재 아시아나항공과 그 계열인 에어부산, 에어서울을 제외한 국내 모든 항공사가 보유 중인 기종으로 대한항공, 제주항공, 티웨이항공, 진에어는 보잉 737 NG를 운용하고 있다.

보잉 737 NG 계열들은 이전 보잉 737들과 구분되는 특징을 보이는데, 그 중 하나가 바로 거대한 윙릿(Winglet)으로써, 보잉 747-400에 도입한 윙릿에 비해 폭이 좁고 곡선을 그리는 형태이다. 이는 혼합된 윙릿(Blended winglet)이라고 하는데, 윙릿은 연료 효율을 늘리는 반면 중량을 늘리는 단점이 있어 단거리 기체에는 선호되지 않는다. 737 NG에서는 737-600형은 윙릿이 장착되지 않았고, 737-700/800/900에도 윙릿은 옵션이다. 클래식인 737-300/400/500들도 개조를 통해 윙릿을 달고 다니는 기체들이 드물게 있다. 다만 윙릿만으로 보잉 737 NG와 클래식을 구별하기는 쉽지 않다.

객실 내부구조는 프레스티지 클래스(Prestige Class)와 일반 클래스(Economic Class)로 나누어져 있으며, 비상구는 도어(Door) 4개와 오버윙 윈도우 엑싯(Overwing Window Exit)이 양쪽 날개 위에 가각 2개씩 설치되어 있고, 칵핏 윈도우 엑싯(Cockpit Window Exit)이 조종실 양측에 각각 1개씩 총 2개가 있다. 갤리(Galley)는 앞 갤리(Forward Galley)와 뒷 갤리(After Galley) 2개가 있으며, 화장실은 앞쪽에 1개 뒤쪽에 2개가 있다.

윙릿(Winglet)

날개 끝에 발생하는 소용돌이에 의한 유도항력을 감소시키고, 동시에 이 작은 날개 위에 발생하는 양력을 추력으로 돌려서 항력의 감소를 도모한 것으로, 연료절감에 큰 효과가 있다.

▲ 윙릿(Winglet)

▲ B737-MAX

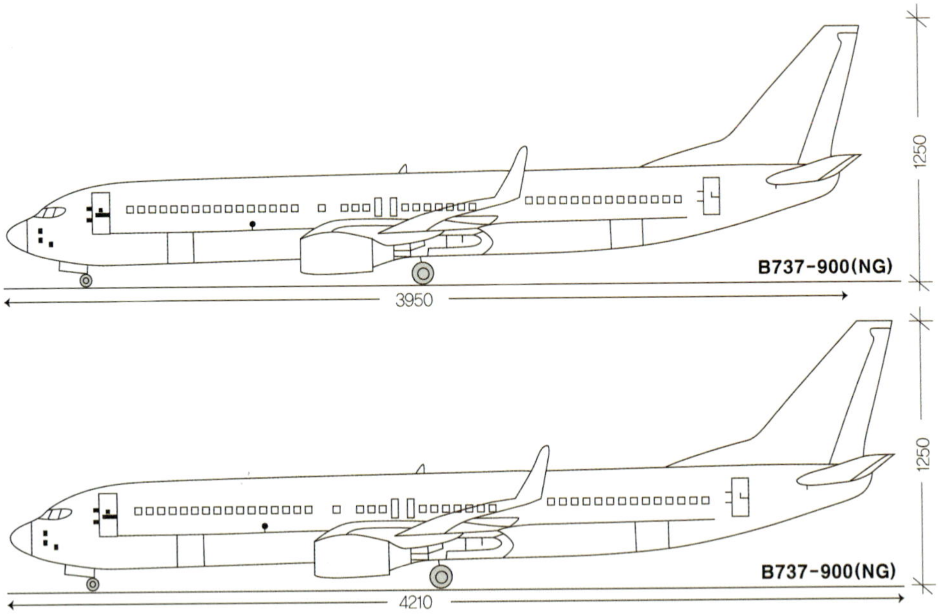

▲ B737-800/900 크기

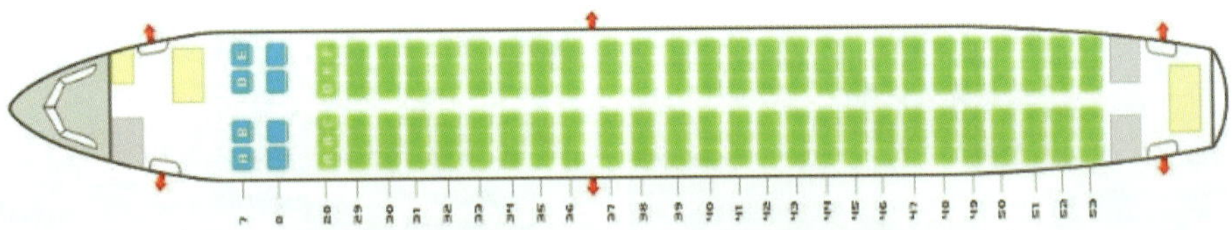

■ 갤리(Galley) ■ 화장실(Lavatory) ➡ 비상구(Exit)
■ 프레스티지석(Prestige) ■ 일반석(Economic)

▲ B737-800 내부 구조

▲ B737 프레스티지 클래스(Prestige Class)

▲ 일반 클래스(Economic Class)

② A220-300

A220은 에어버스(Airbus)사에서 제조하였으며, 승객 좌석수는 120~150석이며, 대한항공에서 2018년에 도입하여 인체공학적 설계의 좌석으로 보다 넓은 공간으로, 좌석 간 간격 76~78cm, 좌석 너비 47~48cm의 넓은 공간과 118°까지 젖혀지는 등받이로 보다 편안한 여행을 할 수 있도록 하였다. 좌석은 B737이나 A320 계열과는 다르게 2-3 배열 시트다. 개인 휴대기기(휴대폰, 태블릿)를 통해 기내 와이파이(wi-fi)에 접속하여 다양한 무선 AVOD(Audio-video on demand) 콘텐츠를 이용할 수도 있게 제작되었다.

▲ A220-300 외부

▲ A220 내부

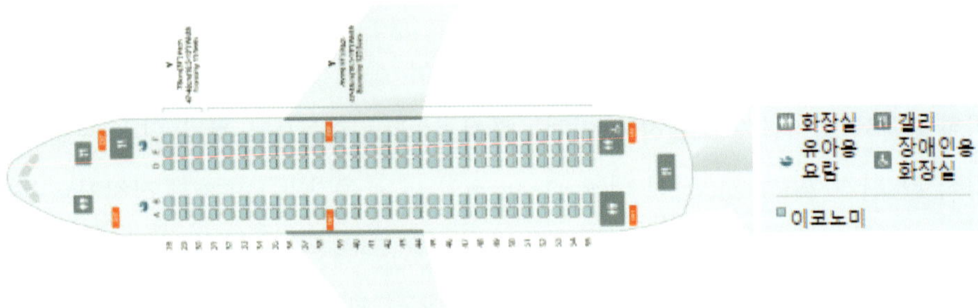

▲ A220 내부 구조

(2) 중형기종

중형기종은 A320, A330-200/300, B777-200이 대표적이며, A320은 단거리 대량수송을 목적으로 개발된 여객기이며, A330-200/300, B777-200은 중 · 장거리 여객기로서 적절한 항속거리와 적절한 수송량을 가지고 있다. 중형기종의 엔진은 좌 · 우에 1개씩 모두 2개가 장착되어 있다. 객실은 A, B, C 3개의 Zone으로 구성되어 있으며, 비상구 도어(Exit Door)는 양쪽에 각각 4개로 총 8개가 있다. 칵핏 윈도우 엑싯(Cockpit Window Exit)이 조종실 양측에 각각 1개씩 총 2개로 비상 시 탈출구로 사용 가능하다.

외형상의 특이점은 윙릿(Winglet)이 부착되어 있어 날개 끝에 발생하는 소용돌이 현상을 감소시켜 운항 성능의 향상과 연료절감의 이득을 가져오게 했다.

① A320

중 · 단거리 여객시장을 겨냥하여 개발된 최대 177석의 중형 여객기이다. A300과는 다른 좁은 동체의 쌍발기로 연비가 뛰어나고 저소음의 가벼운 엔진 2종을 선택할 수 있게 되어 있다. 모든 비행 시스템을 첨단 장치로 채용함으로써 미국의 최신기종조차 이를 따라오기가 쉽지 않을 정도의 선진형 항공기라는 평가를 받고 있다.

대한항공은 A320여객기를 30대 주문하였고, 2020~2025년에 도입 예정이다. 오래된 보잉 737-800, 737-900 기종을 일부 대체할 계획을 가지고 있으며, 주로 제주 출발 국내선 및 중앙아시아/괌/사이판/동남아시아 등 중거리 이하의 국제선 또는 부산 출발 다수요 국제선에 투입할 예정이다.

▲ 대한항공 A320

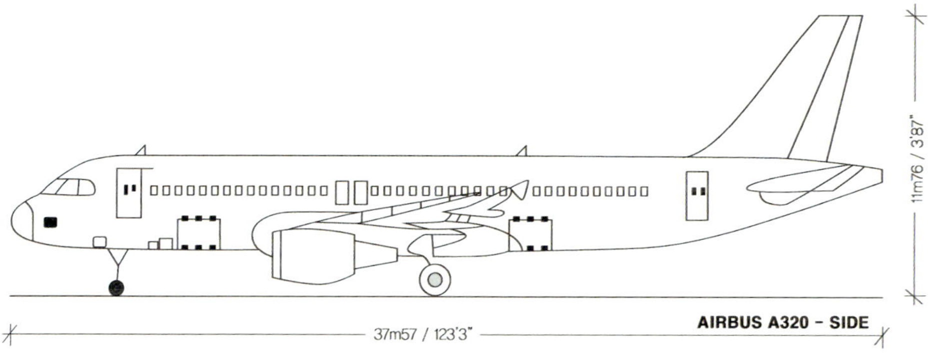

▲ A320 크기

② A330-200/300

A330은 에어버스(Airbus)사에서 제작한 항공기이며, A300의 후속 기종으로 나왔다. A330-200/300은 중·장거리 여객기로 개발되어 동남아, 대양주, 유럽 노선 등에 운항되고 있다. 대 당 가격은 A330-200이 2억 3,150만 달러(원화 약 2,757억 원)이고, A330-300이 2억 5,640만 달러(원화 약 3,053억 7천만 원)이다.

A330-200의 항속거리는 13,427km이고 A330-300의 항속거리는 11,760km로 A330-200의 항속거리가 더 길다. 이 이유는 같은 양의 연료를 탑재한 상태라면 동체가 짧은 쪽이 더 가벼워서 연료 소모량이 적기도 하고, 낮아진 중량만큼 연료를 더 탑재하므로 항속거리가 길다. 따라서 A330-200은 탑승객이 적은 장거리 노선에 주로 투입된다. 이 기종은 일반석 기본 배열이 2-4-2이기 때문에 어느 쪽에 앉든지, 안쪽에 앉은 승객이 화장실 등의 이유로 이동 시 2명 이상의 승객을 넘어가지 않아도 된다는 장점이 있다. 2020년 초 마지막으로, A330-300의 생산이 중단됐다

객실은 A, B, C 3개의 Zone으로 구성되어 있으며, A Zone 앞부분에 First Class, 뒷부분에 Prestige Class 그리고 B~C Zone에 Economy Class로 구분된다.

Galley는 Zone 또는 Class별로 설치되어 있다. First Class의 Galley는 객실 전방에 있고, 중간 Galley는 Prestige Class와 B Zone의 Economy Class가 함께 사용한다. C Zone의 Economy Class의 Galley는 객실 후방에 설치되어 있다.

화장실(Lavatory)은 객실 전방에 First Class용 1개, Business Class 후방에 2개, B Zone에 4개, C Zone에 2개 모두 9개의 화장실이 있다. 편의 시설로는 개인용 모니터(AVOD)가 장착되어 있으며, USB포트를 통한 충전기능이 제공된다.

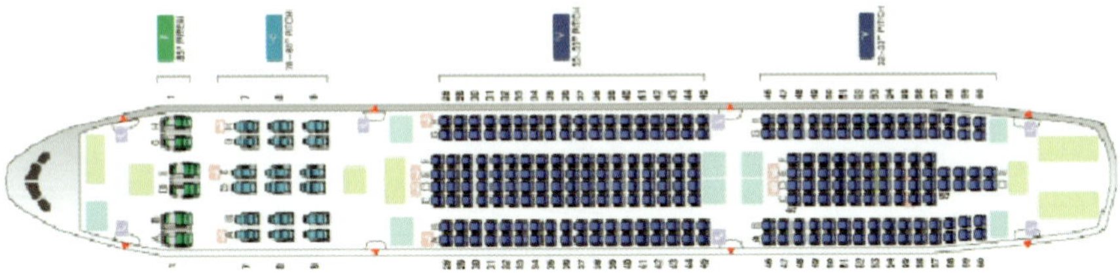

▲ A330-300 내부 구조

▲ A330-300 외부(대한항공)

▲ A330-300 내부

③ B777-200

B777은 미국의 보잉(Boeing)사에서 제작한 항공기로, 중·장거리용 항공기로 개발되었다.

미주, 구주, 대양주, 동남아 등에 주로 투입되고 있다. 국내에 도입된 B777항공기에는 B777-200과 B777-300의 두 기종이 있다. 엔진은 모두 2개가 장착되어 있으며, 바퀴(Wheel)는 Nose Gear에 2개, Main Gear 좌·우에 각각 6개씩 모두 14개가 장착되어 있다. 외형상의 특징은 양쪽 끝에 윙릿(Winglet)이 없다. B777-200의 최대 운항거리는 12,408km이며, 최대 운항시간은 14시간 50분 정도이다.

B777-200 객실은 A, B, C 3개의 Zone으로 구성되어 있으며, A Zone 앞부분에 First Class, 뒷부분에 Prestige Class 그리고 B~C Zone에 Economy Class로 구분된다. 비상구 도어(Exit Door)는 양쪽에 각각 4개로 총 8개가 있다.

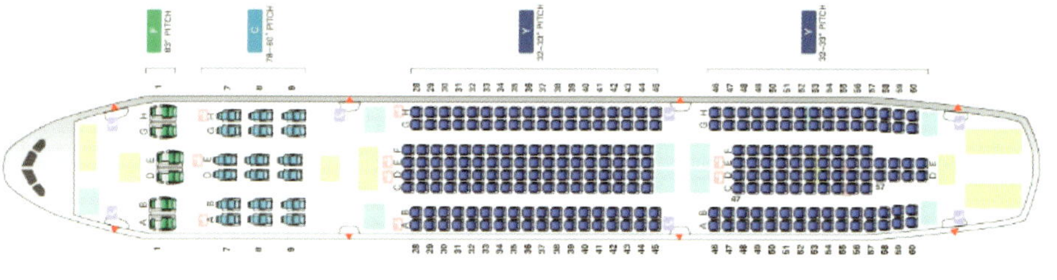

▲ B777-200 내부 구조

▲B777-200 외부

④ B787-8, 9, 10

B787은 B787-8, B787-9, B787-10 시리즈가 있으며, 보잉 787 드림라이너(Dreamliner)는 보잉이 만든 중형 여객기다. 보잉 내에서는 B757 및 B767(여객형)을 대체하는 기종이며, 항공사들은 A330, B767, B777-200(ER)을 대체하기 위해 B787을 도입했다. 항송거리는 13,620km이며, 좌석수는 최대 440석까지 장착이 가능하다.

기존의 항공기는 알루미늄이나 티타늄 합금 등으로 제작하는데, B787은 가벼우면서도 강도가 강한 탄소 섬유 강화 플라스틱(CFRP)을 사용하였다. 그러나 제작과정이 탄소섬유와 에폭시를 섞은 천을 여러 장 겹친 뒤 오븐에 굽는 방식으로 생산하여 이러한 제작과정에 의해 미세한 공기구멍이 무수히 생기게 된다. 항공기가 운항하면서 이 구멍 안에 있는 공기들이 수축과 팽창을 반복하게 되어 기체의 피로도가 높아지게 되고, 이는 결국 기체 파손을 유발하여 심각한 사고로 이어질 수 있다. 또한 탄소섬유는 완전히 탄소만으로 이루어진 것이 아니라 에폭시 수지 등을 섞은 것으로 금속보다 화재에 취약할 수 있다는 문제도 있다. 이러한 단점에 티타늄을 보강하였고, 2016년 이후로는 많은 문제점이 안정화되었다. 탄소섬유는 잘 휘어지기 때문에 B787 날개는 위로 휘어지는 것을 알 수 있다. 하지만 탄성이 높은 탄소섬유의 특성상 그 정도로 휘더라도 부러지진 않는다.

B787의 창문은 자동적으로 빛의 양에 따라 어두워진다. 또한 버튼으로 5단계 조절이 가능하며, B767 창문에 비해 30% 커졌다. 창문을 크게 할 수 있는 이유는 드림라이너의 동체가 탄소섬유로 제작되기 때문에 금속피로로 인한 파괴 문제로부터

자유로워서 금속피로가 집중되어 가장 취약한 창틀 부분의 크기를 늘릴 수 있었다. 금속제 항공기들은 창틀 부분에 금속피로가 집중되어 정비 소요를 늘리기 때문에 창을 일정 크기 이상으로 늘릴 수 없다. 또한 창문의 높이가 약간 높아져서 편하게 바깥 경치를 볼 수 있다. 수동으로 사람이 블라인드를 내리던 전통적인 비행기 창문과 비교하였을 때 이·착륙 시 객실승무원들이 돌아다니며 창문을 열어달라고 할 필요 없이 조종실에서 일괄적으로 유리창 밝기를 조절하면 된다. 단점은 빛의 양을 조절할 수는 있지만 완벽하게 차단할 수는 없고, 열 차단이 기존보다 덜 효과적이라서 만지기에 뜨거울 수 있다. 창문의 밝기는 원격으로 운항승무원이 조절 가능하며, 이 경우 각 좌석에서의 개별 조절은 불가능하다. 비행 중에 승객이 밝기를 자유롭게 조절할 수 있는 시간은 생각보다 많지 않다. 그래서 일부 항공사는 B787에 전통적인 방식의 창문을 사용한다고 한다.

▲ B787의 창문

▲ B787 외부

▲ B787 내부

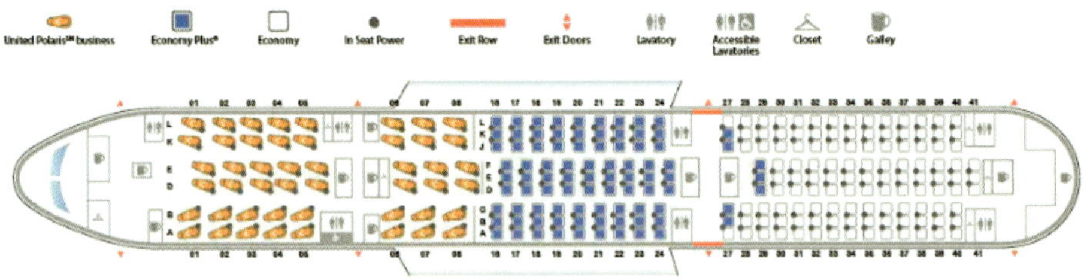

▲ B787-9 내부 구조

(3) 대형기종

대형기종은 B777-300, 앞부분만 2층 구조인 B747과 동체 전체가 2층 구조로 되어 있는 초대형 기종인 A380이 대표적이다. 대형기종은 활주로 건설 시 하중을 견딜 수 있는 두께와 이 · 착륙거리에 필요한 활주로 길이가 적합한 공항에서만 이 · 착륙이 가능하다. 인천국제공항의 활주로 길이는 3,750m이며 같은 길이로 2개의 활주로가 있다. 김포국제공항은 3,600m과 3,200m이 있으며, 김해국제공항의 활주로 길이는 3,200m과 2,743m이다. 제주국제공항은 3,180m와 1,910m가 있으며, 대구국제공항은 2,755m와 2,743m가 있다. 청주국제공항 활주로 길이는 2,744m로 1개의 활주로가 있으며, 양양국제공항도 2,500m의 1개의 활주로가 있다. 국내 공항에서 A380이 착륙 가능한 공항은 인천, 김포, 제주, 청주국제공항 4곳 뿐이며, B747-400은 이 · 착륙거리가 3,018m이고, A380의 착륙거리는 2.400m, 이륙거리는 3,250m가 필요하기 때문이다.

① B777-300

엔진은 모두 2개가 장착되어 있으며, 바퀴(Wheel)는 Nose Gear에 2개, Main Gear 좌 · 우에 각각 6개씩 모두 14개가 장착되어 있다. 외형상의 특징은 양쪽 끝에 윙릿(Winglet)이 없다. 최대운항 거리는 13,0805km이며, 이 기종은 기존의 보잉 747 Classic과 동일하게 최대 좌석수를 550석으로 설치할 수 있어 국내선 같은 단거리 대규모 수송에 적합하도록 설계되었다.

B777-300 객실은 A, B, C, D 4개의 Zone으로 구성되어 있으며, A Zone에 First Class, B Zone에 Prestige Class 그리고 C~D Zone에 Economy Class로 구분된다. 비상구 도어(Exit Door)는 양쪽에 각각 5개로 총 10개가 있다.

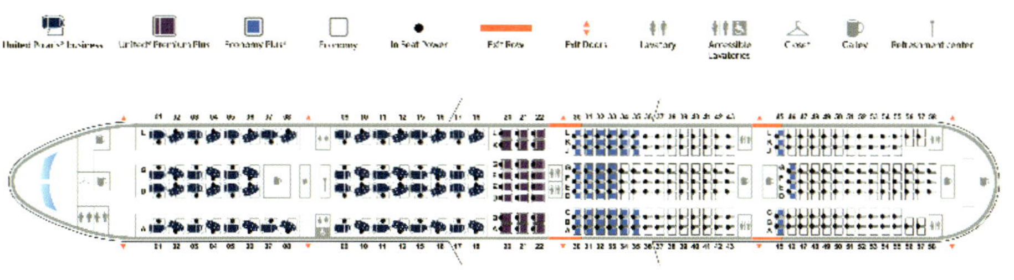

▲ B777-300 내부 구조

▲ B777-300 외부

② B747

보잉에서 개발한 장거리용 대형 여객기이며, 하늘의 여왕(Queen of the sky)이라고 불린다. 서양에서는 항공기, 배, 자동차와 같은 교통수단을 여성형으로 지칭하는 경향이 있다. 비행기가 개발되어 하늘을 처음 나는 초도비행을 처녀비행이라고 하며, 동형의 함선 및 파생형 함선과 항공기들을 자매함 및 자매기라고 하는 것은 물론, 비행기가 착륙하는 것을 "그녀가 온다(There she comes)."라고 말하기도 한다.

B747은 오늘날 국제여객항공업을 대중화시킨 주인공이면서 세계경제성장의 일익을 담당했던 역사적인 항공기이다. A380이 나오기 전까지는 세계 최대 여객기의 타이틀을 37년간 지키고 있었다. 그러나 현재 여객형은 단종되었고, 수요가 나오고 있던 화물기도 2022년에 단종이 확정된 상태이다.

입을 벌리듯 열리는 B747-200F의 화물용 노즈 도어(Nose Door)는 대용량의 화물을 적재할 때 많은 효과가 있었다. B747-200F의 화물용 노즈 도어를 B747이 입을 벌린다고 묘사하기도 하였다.

B747의 비상구 도어(Exit Door)는 1층(Main Deck)에 10개, 2층(Upper Deck)에 2개로 모두 12개가 있다.

▲ 747-200F의 화물용 노즈 도어(Nose Door)

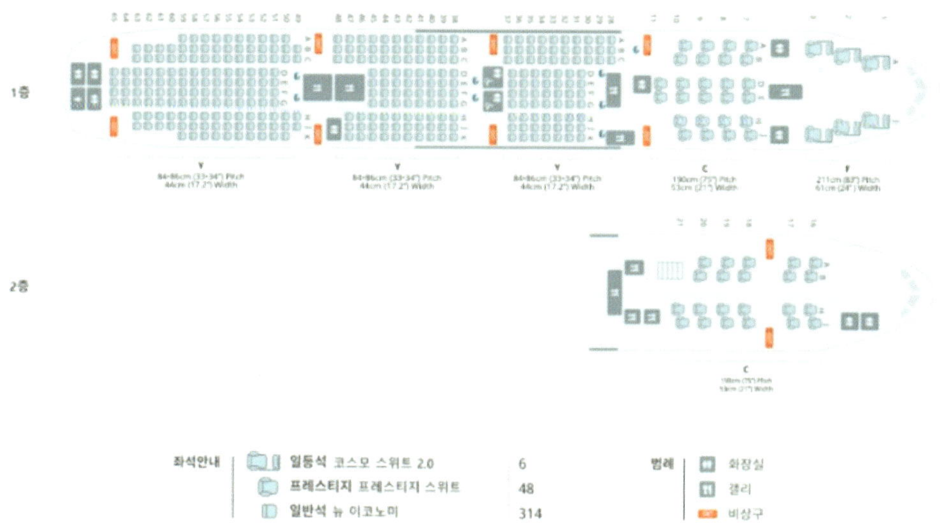

▲ B747-8i 내부 구조

▲ B747-400 외부

③ A380

에어버스(Airbus)사가 제작한 현존하는 세계 최대의 여객기로, 2층 구조로 된 초대형 항공기이다. 2007년에 처음 취항으로 대형 항공기 시장을 독점하고 있는 미국 보잉사의 B747 항공기에 대응하기 위해 제작되었으며, '꿈의 비행기', '하늘을 나는 호텔'이라고도 불린다.

대당 가격은 3억 7,500만 달러(약 4,100억 원)에 이른다. 현존 여객기 가운데 객실 소음도가 가장 낮고, 연료 효율성은 가장 높으며, 고객들이 가장 편안하게 이용할 수 있도록 설계됐다는 평가를 받고 있다. 그러나 지나치게 큰 규모 때문에 2001년 78대였던 A380 주문량은 2014년 13대, 2015년 2대로 줄어든데 이어, 2016년엔 한 대의 주문량도 없으면서 단종 위기에 처했다. 이는 A380의 큰 규모 때문에 공항들이 새 활주로를 만드는 등의 불편이 많았기 때문이다. 여기에 2000년대 중반부터 중소형 항공기를 통해 환승 없이 직항으로 이동하는 방식이 대세가 되면서 대형 항공기의 입지도 갈수록 줄어들었다. 이에 에어버스사는 2019년 2월 판매 부진에 따라 2021년부터 A380기의 생산을 중단한다고 밝혔다.

A380의 비상구 도어(Exit Door)는 1층(Main Deck)에 10개, 2층(Upper Deck)에 6개로 모두 16개가 있다.

▲ A380 도면

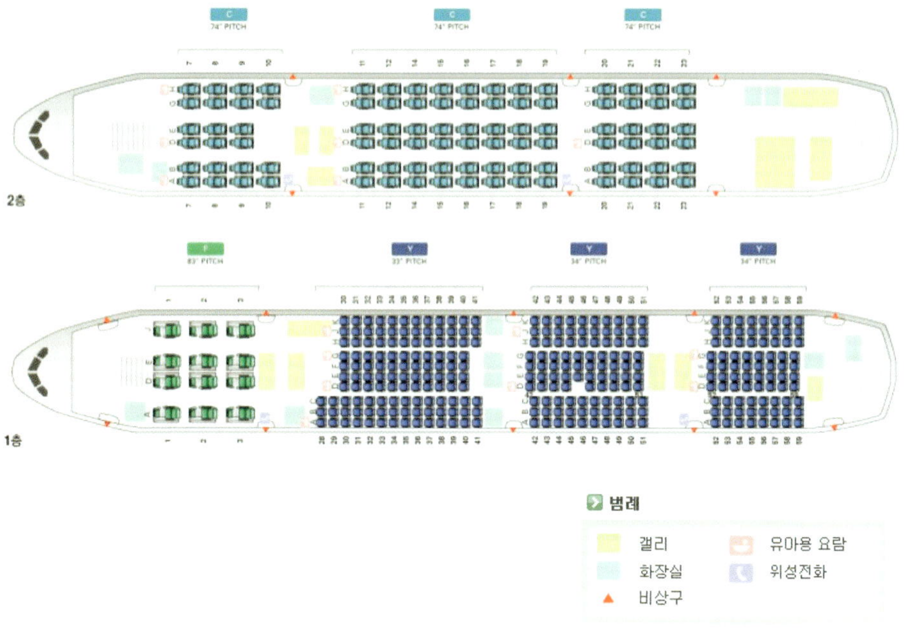

▲ A380 내부 구조

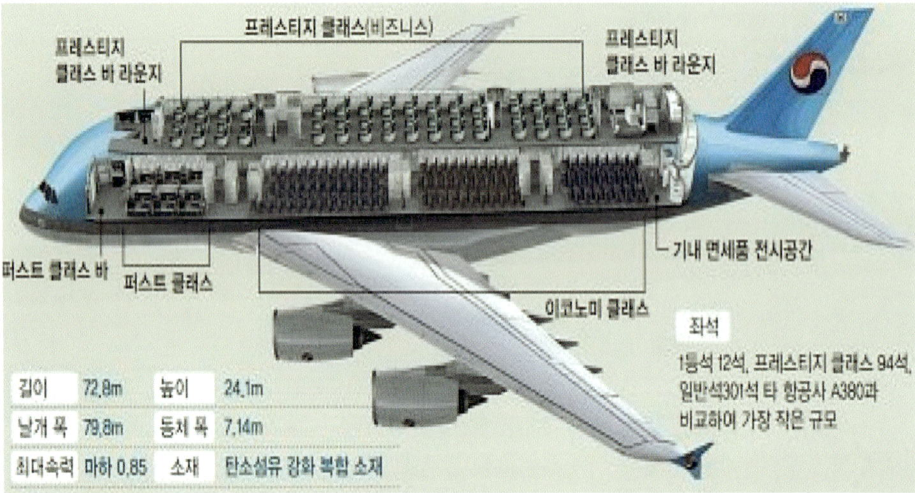

▲ 대한항공 A380 기내 배치도

▲ A380 탑승교(Boarding Bridge)

▲ 대한항공 Sky SHOP

▲ A380 내부

항공기 기종 비교

[주요 대형기 사양비교: Widebody]

기종	EU A380	美 B747	美 B777	美 B787
제작사	Airbus	Boeing	Boeing	Boeing
탑승인원	525명	415명	300~365명	250~290명
운항거리(km)	15,200	14,815	14,262	5,200
대당가격(달러)	약 3.2억	약 2.3억	약 2.6억	약 1.9억
출시시기	2007년	1969년	1995년	2010년

[주요 대형기 사양비교: Single Aisle]

기종	EU A321	美 B757	EU A320	美 B737
제작사	Airbus	Boeing	Airbus	Boeing
탑승인원	185명	200명	150명	150명
운항거리(km)	4,400	7,222	4,800	5,665
대당가격(달러)	약 8,800만	약 7,000만	약 7,300만	약 7,300만
출시시기	1993년	1983년/단종	1988년	1967년

국내 LCC 보유기종 및 세부정보 비교표

항공사	모델명	좌석수	좌석간격	좌석 너비
제주항공	B737-800	186석 & 189석	약 29인치(평균 32인치)	19~20인치
진에어	B737-800 B777-200ER	189석	-	-
티웨이항공	B737-800 B737MAX8	186석 & 189석 -	-	-
에어부산	A320-200 A321-200	162석 191석 & 189석	-	-
에어서울	A321-200	195석 & 220석	평균 32인치 & 평균 29인치	18인치
이스타항공	B737-700 B737-800 B737-800ER	149석 189석 213석	약 29~31인치 약 29~31인치 약 28~30인치	약 18~20인치

2) 항공기 객실 등급

(1) 항공기 객실 등급

항공기의 객실 등급은 보통 일등석(First Class), 이등석(Business Class), 일반석(Economy Class)으로 구분된다. 객실 등급의 명칭은 항공사마다 차이가 있으며, 최근 비즈니스 클래스와 이코노미 클래스 사이의 중간 등급인 프리미엄 이코노미 클래스(Premium Economy Class)를 일부 항공사에서 운영하기도 한다. 객실 등급에 따라 좌석, 수하물 무게, 서비스 등의 혜택이 차이가 있으며, 요금 또한 현저히 차이가 있다. 일등석과 이등석은 프리미엄 체크인 카운터(Premium Check-In Counter)가 별도로 운영되고 있으며, 보안체크와 출국심사가 따로 이루어지며, 탑승 전에 편히 쉴 수 있는 클래스별 라운지를 이용할 수 있다. 탑승 시에도 일등석과 이등석은 탑승 통로를 구별하며 탑승과 하기 시 우선권이 부여된다.

① 일등석

퍼스트 클래스(Frist Class)는 여객기의 최상급 클래스이다. 보통 비즈니스 클래스와 이코노미 클래스에 비해 개인의 사생활(Privacy)을 최대한 존중하는 최상의 서비스를 제공한다. 좌석은 차별화되어 있으며, 잠옷, 기내 슬리퍼, 최고급 기내 편의용품 키트를 제공한다.

2020년 세계항공사 순위에서 1위가 싱가포르 항공(Singapore Air), 2위가 카타르 항공(Qatar Airways), 3위가 아나항공(ANA), 4위가 에미레이트 항공(Emirates Airline), 5위가 대만의 에바항공(Eva Air)이 차지했다. 평가 항목은 항공기 기종 연식, 퍼스트와 비즈니스 클래스의 좌석 및 엔터테인먼트 종류, 음식의 종류와 술의 종류, 공항라운지 등이다. 우리나라 국적기가 좋은 서비스임에도 세계 순위에 많이 못 미치는 이유는 기종이 타 항공사에 비해 낙후하고 엔터테인먼트 종류와 음식과 술의 종류가 부족하여서라고 한다. 세계항공사 순위 1위에서 5위 항공사의 퍼스트 클래스는 다음과 같다.

가. 싱가포르 항공(Singapore Air)

시드니에서 로스앤젤레스까지 항공료는 대략 1,800만 원($16,000)이며, 20만 원 이상의 페리뇽(Don Perignon) 샴페인이 웰컴드링크(Welcome Drink)로 서비스된다. 20여 종의 최고급 요리가 서비스되며, 식사 이후에는 편안하게 휴식을 취할 수 있는 침대가 설비되어 있다. 1인 고객은 싱글침대, 2인 고객은 더블침대가 제공된다.

▲ 싱가포르 항공 A380 퍼스트 클래스

나. 카타르항공(Qatar Airways)

카타르 국영 항공사인 카타르항공(Qatar Airways)의 퍼스트 클래스는 특별한 요소와 부드러운 직물로 마감한 아주 넓은 좌석으로 차별화하였고, 중앙의 복도 칸막이는 높낮이 조절이 가능해 사생활(Privacy)을 높여주고 있다. 좌석은 완전 평면 침대로 자동 전환되며, 테이블은 확장이 가능해 동행하는 승객과 함께 우아하게 식사를 즐길 수 있다. 화이트 컴퍼니(White Company)가 제작한 100% 코튼 잠옷과 이불 베개, 기내 슬리퍼와 브릭(Brick) 브랜드의 최고급 기내 편의용품 키트를 제공하고 있다.

▲ 카타르항공 A380 퍼스트 클래스

다. 아나항공(ANA)

대만의 아나항공(ANA) 퍼스트 클래스는 1-2-1구조 2열로 8좌석이 배치되어 있고, 오픈 스위트 형식의 시트이다. 기내 담요는 일본 코와사에서 만드는 유기농 패브릭 제품 브랜드인 테네리타(Tenerita)사 제품을 제공하고, 기내 편의용품 키트(Amenity Kit)는 쌤소나이트(Samsonite)를 제공한다.

▲ 쌤소나이트(Samsonite) 모양의 Amenity Kit

▲ 아나항공(ANA) B777-300 퍼스트 클래스

라. 에미레이트항공(Emirates)

에미레이트 항공은 에미레이트그룹의 자회사이다. 에미레이트그룹은 두바이 정부가 소유하고 있는 기업으로 직원이 5만 명이 넘는다. 에미레이트 항공(Emirates) 퍼스트 클래스에서 제공되는 것들은 최고의 명품으로 서비스되고 있다. 바워스 앤 윌킨스(Bowers & Wilkins) 헤드폰을 통해 한국어 콘텐츠를 포함해 약 3,500개에 달하는 다양한 기내 엔터테인먼트 시스템을 감상할 수 있다. B777-300ER의 새 일등석에 설치된 '무중력' 풀 플랫(시트가 완전히 평평하게 눕혀지는 기능) 좌석에는 나사(NASA)의 기술이 적용됐다. 이 풀 플랫(Full Flat) 좌석의 각도를 조절해 '무중력'

중립 자세가 되면 탑승객의 허리에 집중되는 하중이 크게 완화되어 비행 중 더욱 안락함을 느낄 수 있다. 또한, 가상 창문을 통해 창가가 아닌 가운데 좌석 승객들도 실시간으로 항공기 외부를 감상할 수 있다. 가상 창문을 비행기에 설치한 것은 에미레이트항공이 세계 최초이다. 뿐만 아니라 비행 중 기내에서 룸서비스를 이용하고 싶을 때는 새로운 화상 통화 기능을 통해 승무원에게 쉽게 요청할 수도 있다. 바닥부터 천장까지 연결된 슬라이딩 도어를 설치해 사생활(Privacy)을 확보했고 세련된 디자인으로 고급스러움을 한 차원 높였다. 좌석은 1-1-1 구조로 배치되었고 각 좌석은 40평방피트($3.72m^2$)로 넉넉한 공간을 자랑한다.

▲ 에미레이트항공 B777-300ER 퍼스트 클래스

마. 에바항공(Eva Air)

대만의 에바항공(Eva Air)의 최상위 클래스는 로얄 로렐(Royal Laurel) 클래스이다. 좌석배치는 1-2-1구조이며, Amenity Kit은 이탈리아의 패션 명품 브랜드인 페라가모(Ferragamo), 리모아이며, 생수는 세계적 청정구역인 남태평양 호주부근의 작은 섬인 피지에서 생산하는 프리미엄급 피지워터를 서비스한다.

▲ 에바항공 B777-300 로얄 로렐(Royal Laurel) 클래스

바. 대한항공

대한항공의 A380-800 퍼스트 클래스 좌석은 코스모 스위트석이며, B747-8i 퍼스트 클래스 좌석은 슬라이딩 도어와 한층 높아진 파티션이 설치되어 있다. 잠옷은 프랑코 페레 디자이너가 디자인한 잠옷을 서비스하고 있으며, Amenity Kit은 세계적인 명품 와이너리 몬다비 가문의 코스메틱 브랜드인 DAVI(다비)를 제공하고 있다.

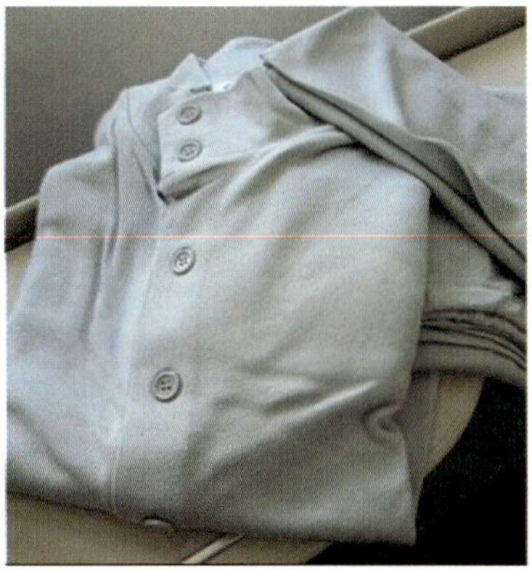

▲ 퍼스트 클래스 잠옷

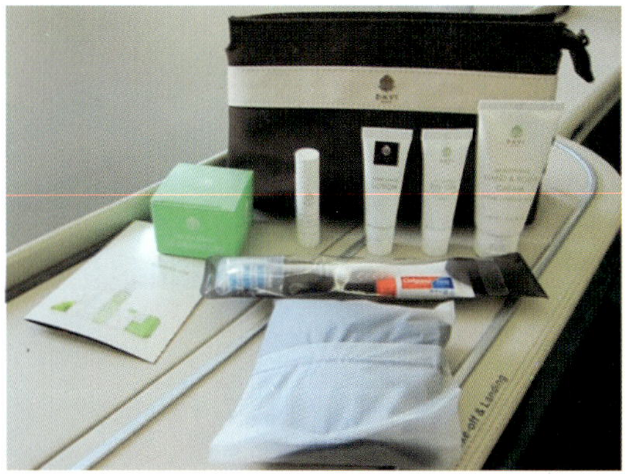

▲ Amenity Kit 내용물

▲ 대한항공 A380-800 퍼스트 클래스

▲ B747-8i 퍼스트 클래스 좌석

② 이등석

비즈니스 클래스(Business Class)는 좌석 등급의 중간 클래스이다. 퍼스트 클래스와 이코노미 클래스 사이에 위치한다. 그러나 수많은 항공사들은 현재 서비스의 최고 등급으로 비즈니스 클래스를 제공하고 있으며 1등석을 제거하고 있다. 비즈니스 클래스는 좌석, 음식, 음료, 지상 서비스, 기타 편의시설의 품질 면에서 다른 클래스들과 차별을 둔다. 탑승 전 편안히 쉴 수 있는 라운지를 이용할 수 있다.

가. 싱가포르 항공

싱가포르 항공(Singapore Air) A359는 퍼스트 클래스를 운영하지 않는다. 비즈니스 42석, 프리미엄이코노미 24석, 이코노미 187석으로 구성되어 있으며, 비즈니스 좌석은 180도로 눕혀지는 풀플랫(Full-Flat)이다. 좌석 구조는 1-2-1이며, 좌석은 차별화되어 있고 잠옷, 기내 슬리퍼, 기내 편의용품 키트를 제공한다. 홍콩에서 싱가포르까지 비행시간은 대략 4시간 정도 소요되는데, 이 구간의 비즈니스석 요금은 약 130만 원대이다. 수하물 허용량은 40kg이며, 퍼스트보다 10kg이 적다. 이코노미 클래스는 30~35kg을 허용한다.

▲ 싱가포르 항공(Singapore Air) 비즈니스 클래스

나. 카타르항공

카타르항공(Qatar Airways)의 비즈니스 클래스(Business class)는 스카이트랙스(영국 소재 컨설팅 회사로 항공사와 공항의 품질 평가를 하는 곳)로부터 6년 연속 세계 최고의 비즈니스 클래스로 선정되기도 하였다. 카타르항공 A380 비즈니스 클래스는 1-2-1 좌석 배열로 모든 좌석에서 복도 출입이 가능하다. 서비스 품목으로는 립밤, 페이스 미스트, 안티 에이징 수분 크림이 포함된 이탈리아 까스뗄로 몬떼 비비아노 베키오(Castello Monte Vibiano Vecchio)의 고급 기내 편의용품과 편안한 순면 소재 수면복과 화이트 컴퍼니(The White Company)의 슬리퍼를 제공한다. 카타르항공의 모든 A350, A380, B787 항공기에는 세계 최초로 기내 듀얼 스크린 인터페이스가 장착되어 있어 영화가 로드되는 동안 핸드헬드(handheld) 디바이스로 게임을 즐기는 등 다중작업을 할 수 있다. A380, A350, B787, A319 항공기와 B777, A330 및 A320 일부 항공기에서는 기내 와이파이 서비스가 제공되고 있다.

카타르항공의 특허 받은 신규 비즈니스 클래스 Q스위트는 업계 최초로 비즈니스 클래스에 더블 침대와 스위트형 도어를 장착해 퍼스트 클래스와 동일한 개인 공간을 제공한다. 도어 개폐를 통해 최대 4명까지 전용 공간을 만들어 이용할 수 있는 개인 맞춤형 좌석은 각각의 편의에 맞춰 좌석 형태를 변형할 수 있다.

▲ 카타르항공의 신규 비즈니스 클래스 Q스위트

다. 대한항공

▲ Business Class Literature & AVOD

③ 일반석과 프리미엄 이코노미 클래스

이코노미(일반석) 클래스(Economy Class)는 좌석 등급에서의 기본석을 뜻한다. 일반석은 항공사마다 기종별 좌석수가 상이하다. 소형기종 B737-800은 약 138~147석이 장착되어 있고, 대형기종인 A380에서 가장 많은 좌석은 타이항공의 507석이며, 제일 적은 수의 좌석이 일본의 스카이마크항공 394석이며, 그 다음이 대한항공 407석으로 적은 편이다.

최근 비즈니스 클래스와 이코노미 클래스 사이의 중간 등급인 프리미엄 이코노미 클래스(Premium Economy Class)를 일부 항공사에서 운영하고 있다. 1991년 에바항공은 에버그린 클래스를 최초로 도입했으며, 이후 세계 최초로 프리미엄 이코노미 클래스의 서비스를 제공한 항공사이다. '프리미엄 이코노미 클래스'라는 용어는 항공사 간에 표준화되어 있지 않으며, 국내선과 국제선, 저비용 또는 지역 항공사 및 기타 여객기마다 크게 다르게 불리고 있다. 프리미엄 이코노미 클래스의 좌석은 대부분 다리를 더 많이 뻗을 수 있는 공간이 제공된다. 프리미엄 이코노미 클래스 또는 이코노미 플러스 클래스로도 알려져 있다.

뉴질랜드 항공과 콴타스 항공의 프리미엄 이코노미 클래스에는 체크인, 대형 맞춤형 좌석, 50% 이상의 리클라인, 프리미엄기내식, 음료 및 스낵 셀프서비스 바, 리모컨이 있는 개인 기내 엔터테인먼트 센터, 아이와 어른을 위한 게임과 영화, 화장실의 스킨케어 제품, 양말, 수면 마스크, 귀마개, 칫솔 등의 품목이 들어 있는 어메니티(Amenity)를 제공한다.

대만의 스쿠트 항공은 스쿠트 플러스(Scoot Plus)로 운영하고 있으며, 일반좌석보다 17.7cm가 넓은 96.5cm 좌석을 제공하며, 좌석 너비는 56cm, 기울기는 20cm 정도이다. 좌석이 더 많이 기울어지지는 않지만 가죽 커버에 머리받침대와 발받침대가 있어서 한결 편안하다.

아메리칸항공은 미국 국적 항공사 중 최초로 이코노미 클래스와 좌석공간이 별도로 분리된 프리미엄 이코노미 클래스를 운영하고 있으며, 메인 캐빈 엑스트라(Main Cabin Extra)라는 이름으로 판매 중이다. 한국 노선에 운항 중인 B787-9에는 메인 캐빈 엑스트라 좌석이 27석이 있다. 메인 캐빈 엑스트라 승객은 비즈니스 클래스 승객과 마찬가지로 공항에서 우선 체크인과 우선 탑승을 할 수 있으며, 위탁수하물은 2개까지 무료로 부칠 수 있다. 이코노미석과 비교해 좌석 앞뒤 간격은 약 13cm 넓은 96cm, 소음 감소 헤드폰이 제공되고, 차별화된 기내식과 주류를 제공한다.

▲ 스쿠트 항공의 스쿠트 플러스(Scoot Plus)

▲ 아메리칸항공의 메인 캐빈 엑스트라(Main Cabin Extra)

3) 항공기 객실 내부시설

(1) 구역과 좌석

① 구역

항공기 객실 내부는 크게 구역(Zone)으로 구분되어져 A, B, C, D, E Zone이라 부른다. B747-8i는 A Zone 앞부분에는 First Class, B Zone은 Business Class가 C, D, E Zone은 Economy Class로 구성되어 있으며, 중 · 대형 기종은 거의 앞쪽은 상위 클래스가 있고, B, C, D Zone에 Economy Class로 구성되어져 있다. 항공기 1층을 Main Deck이라고 하고, 2층을 Upper Deck이라고 한다. Upper Deck은 Business Class로 운영되는 경우가 대부분이나 A380인 경우 Upper Deck 앞쪽은 Business Class, 뒤쪽은 Economy Class로 운영되는 항공사도 있다. Main Deck과 Upper Deck은 계단으로 연결되어져 있다. Main Deck의 First Class을 FR/CL로, Prestige Class를 PR/CL, Upper Deck을 U/D 그리고 Economy Class를 EY/CL로 줄여 사용한다. 항공기 앞쪽을 바라보고 왼쪽을 Left(L Side), 오른쪽을 Right(R Side)라고 한다.

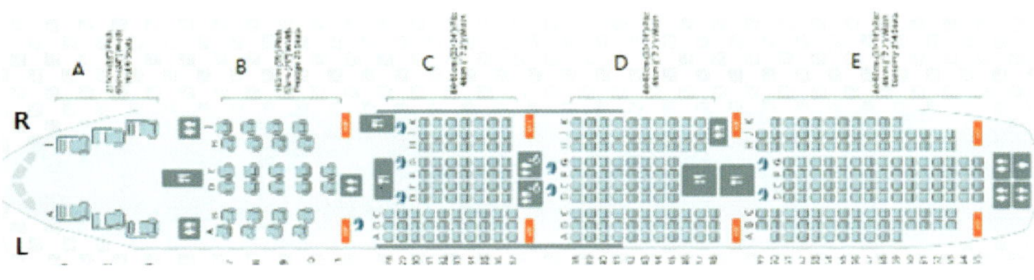

▲ B747-8i Zone

② 좌석

승객좌석(Seating)의 열은 번호로 지정되어 있으며, 행은 영문 알파벳 A~J까지 지정되어 있다. 항공기 좌석은 항공사별, 기종별 크기가 각각 다르다. 이코노미 클래스는 레그 룸 크기에 의해 여행 피로도가 결정되기도 한다. 항공사별, 기종별 레그 룸(Leg Room: 탑승자가 시트에 앉았을 때 다리가 놓이는 공간)의 크기도 각각 다르다. 따라서 같은 기종이더라도 항공사별 레그 룸 크기에 의해 좌석수가 다르게 배치된다. 레그 룸 크기는 제일 작은 28인치에서 34인치까지 있다. 31~32인치 정도가 일반적인 항공사들의 평균 좌석 간격이며, 키 175cm의 70kg정도의 남성의 경우 31인치좌석 간격이면 앞좌석과 무릎 사이에 약간의 공간이 있어 괜찮은 편에 속한다. 30인치는 일반적인 좌석 간격보다는 좁은 형태로 저비용항공사 등에서 이런 정도의 좌석을 운용하는 경우가 많다. 무릎과 앞좌석 사이에 약간의 공간만 있는 정도다. 우리나라 저비용항공사의 가장 일반적인 피치 형태다. 34인치 정도 간격일 경우에는 성인 남성이 앉았을 때 무릎과 앞좌석 간 공간이 아주 넓어 움직임에도 자유로울 수 있으며 옆 사람이 드나들 때도 다리만 조금 비켜주면 지나갈 수 있을 정도다. 28인치 정도 되면 무릎과 앞좌석 사이 공간이 거의 없다고 봐도 좋을 정도다. 엉덩이를 좌석 뒤끝까지 바짝 붙이지 않으면 무릎이 앞좌석에 닿는다. 이런 정도 좌석을 운용하는 항공사가 많지는 않으나 저비용항공사, 특히 초저비용항공사 등을 중심으로 이런 좌석이 증가하고 있다. 미국의 저가항공사 스피리트항공 같은 경우에는 좌석 간격이 28인치이며 좌석 등받이를 뒤로 젖힐 수 없는 고정식 형태여서 좌석에 대한 불만이 많은 편이다.

▲ 30인치 좌석 간격

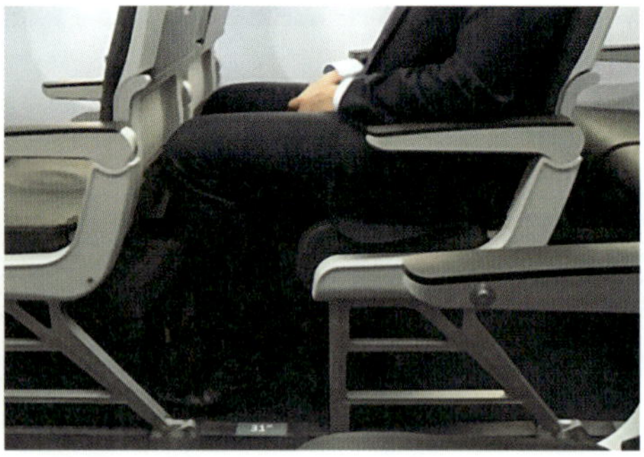

▲ 31인치 좌석 간격

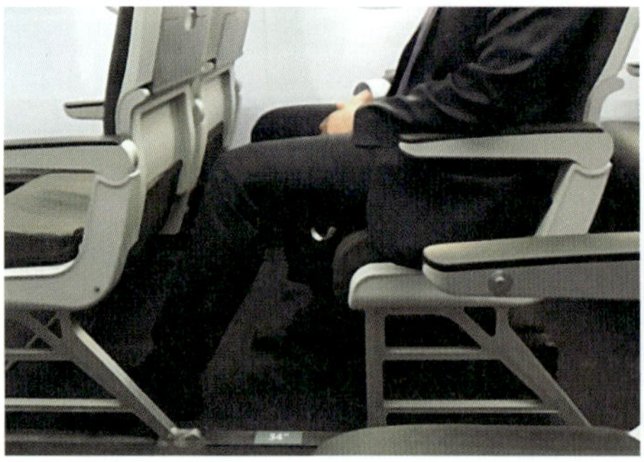

▲ 34인치 좌석 간격

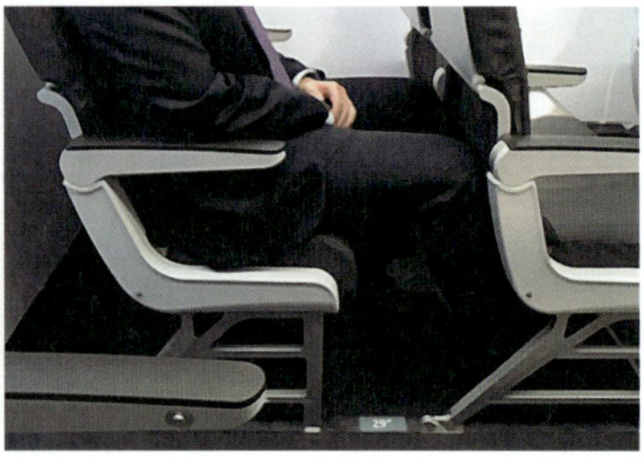

▲ 28인치 좌석 간격

가. 승객 좌석 구성

승객 좌석(Passenger Seat)에는 좌석벨트, Tray Table, AVOD(Audio & Video on Demand, 주문형 오디오/비디오 시스템), Armrest, Footrest, Seat Pocket, Seat Restraint Bar, 구명복으로 구성되어 있다. Armrest에는 좌석을 조절할 수 있는 버튼이 있다.

▲ 좌석벨트

▲ Tray Table

▲ AVOD

▲ Armrest

▲ Footrest

▲ Seat Pockct

▲ Seat Restraint Bar: 휴대수하물을 고정시키기 위한 장치와 구명복

TPCU(Tethered Passenger Control Unit)

케이블에 묶여 있는 승객 조절 장치로 기내엔터테인먼트 시스템(IFE: In Flight Enterainment)의 리모콘, 독서등 스위치, 객실승무원 호출 스위치 등이 포함되어 있다.

나. 승무원 좌석 구성

승무원 좌석(Jump Seat)은 비상구 옆에 설치되어 있다. 사고율이 제일 높은 이·착륙 시 신속하게 비상구를 열 수 있도록 하기 위해서이다. 2명이 앉는 승무원 좌석에서는 선임 승무원이 비상구 쪽에 앉아 Door Open의 우선 의무가 있다. 비상 시

탈출에 방해되지 않도록 승무원 좌석은 자동 접이식으로 되어 있다. 따라서 일어날 때는 항상 Seat Belt와 Shoulder Harness는 안쪽으로 정리해 놓아야 한다.

승무원 좌석은 앉았다가 일어서면 의자 밑받침이 재빨리 일어선다고 하여 붙어진 명칭이다. 승무원 좌석 주변에는 승무원 간의 호출과 기내 방송을 할 수 있는 인터폰이 장착되어 있으며, 승무원용 구명복, 산소마스크, 소화기, PBE, 후레쉬 라이트 등 각종 안전 장비가 장착되어 있다. 승무원 좌석 주변에는 객실조명, Pre-recorded Announcement, 온도조절, Boarding Music, Evacuation Alarm(비상탈출신호) 등을 조절할 수 있는 Flight Attendant Panel이 장착되어 있다. Flight Attendant Panel은 소형기종은 보통 L1에, 대형기종은 기종마다 다르며 보통 L1, L2, L5, Upper Deck에 설치되어 있다.

Pre-recorded Announcement는 모든 방송이 사전에 녹음이 되어 있어 필요한 내용을 선택하여 방송할 수 있는 장치이다.

▲ **승무원 좌석(Jump Seat) 및 인터폰, 구명복, 소화기, PBE, Flash Light**

▲ Flight Attendant Panel

(2) 통로

통로(Aisle)는 좌석 간의 폭이 좁은 통로로 승무원의 서비스 시 이동과 승객의 탑승 및 하기 시 또는 비상 시 사용한다. 소형기종은 통로가 1개 있고, 대형기종은 2개가 있다. 통로가 1개인 항공기를 Narrow Body, 2개인 항공기를 Wide Body라고 한다.

▲ B737-800 Narrow Body

▲ B747-400 Wide Body

(3) 선반

선반(Overhead Bin)은 승객의 휴대수하물과 비상장비(메가폰, 소화기, 휴대용 산소 Bottle) 등을 보관하는 곳으로 객실의 중앙 및 천장 좌우에 설치되어 있다. 최근 3년간 기내부상의 원인분석결과 화상, 선반 수하물 낙하, 요동(Turbulence)으로 인한 부상이 전체부상의 85%를 차지하였다. 선반을 닫을 때나 승객의 짐을 Handling 시 각별히 주의를 기울여야 한다.

▲ 선반(Overhead Bin)

(4) 옷장

옷장(Coat Room)은 승객과 승무원의 의류 및 휴대수하물 그리고 기타 서비스 물품 등을 보관하는 곳이다.

▲ 옷장(Coat Room)

(5) 주방

주방(Galley, GLY)은 각 Zone마다 설치되어 있으며, 승객에게 제공하는 기내식과 음료 서비스를 준비하고 냉각, 가열 등의 간단한 조리를 할 수 있는 곳이다. 내부 위쪽으로는 Carrier Box가 있고 그 내부에 서비스 용품을 보관해 두며, 아래쪽에는

Meal Cart, 음료 Cart를 보관하는 Compartment가 있다. 그리고 오븐(Oven), Coffee Maker, Water Boiler, Hat Jug, 냉장고, 쓰레기 압축기(trash compactor) 등이 설치되어 있다.

▲ 주방(Galley)

① 오븐과 전자레인지

오븐(Oven)은 기내식의 주요리인 메인 앙트레(Main Entree)를 가열하고 빵과

Towel 등을 가열 시 사용한다. 메인 앙트레는 미리 조리된 상태의 음식을 냉동시켜 기내에 탑재되므로 서비스 시에는 적정한 온도와 시간으로 재가열하여 따뜻하게 제공한다. 오븐은 전원 스위치(On-Off Switch), Time 버튼, 온도조절 버튼으로 구성되어 있으며, High는 220℃이고, Mid(midium)는 180℃, Low는 140℃이다. Timer로 분 단위의 작동시간을 선택한다.

전자레인지(Micro Wave)는 일등석(First Class)과 이등석(Business Class)에만 장착되어 있다. 오븐보다 단 시간 내에 조리해야 하는 음식이나 우유 등을 데울 때 사용된다.

오븐(Oven) 사용 시 유의사항

① 사용 전 화재 예방을 위해 오븐 내의 잔류 물질이 있는지, 데워야 하는 기내식이 들어 있는지 여부를 반드시 확인하고 작동하도록 한다.
② 뜨거운 상태인 기내식을 Setting 할 때는 반드시 석면장갑을 착용하도록 하고 Rack(1 Rack에 4~5개의 Entree를 놓아 오븐에 넣는 받침대)에 화상을 입지 않도록 주의한다.
③ 사용하지 않을 때는 반드시 Close & Lock을 하여야 하며, 착륙 전에는 반드시 전원을 Off시키도록 한다.

작동법

① Power 스위치를 On 한다.
② 온도를 선택한다(High: 220℃, Mid: 180℃, Low: 140℃)
③ Timer로 분 단위의 작동시간을 선택한다.

▲ Rack

▲Oven, Hot Cup, Coffee Maker(B777-300)

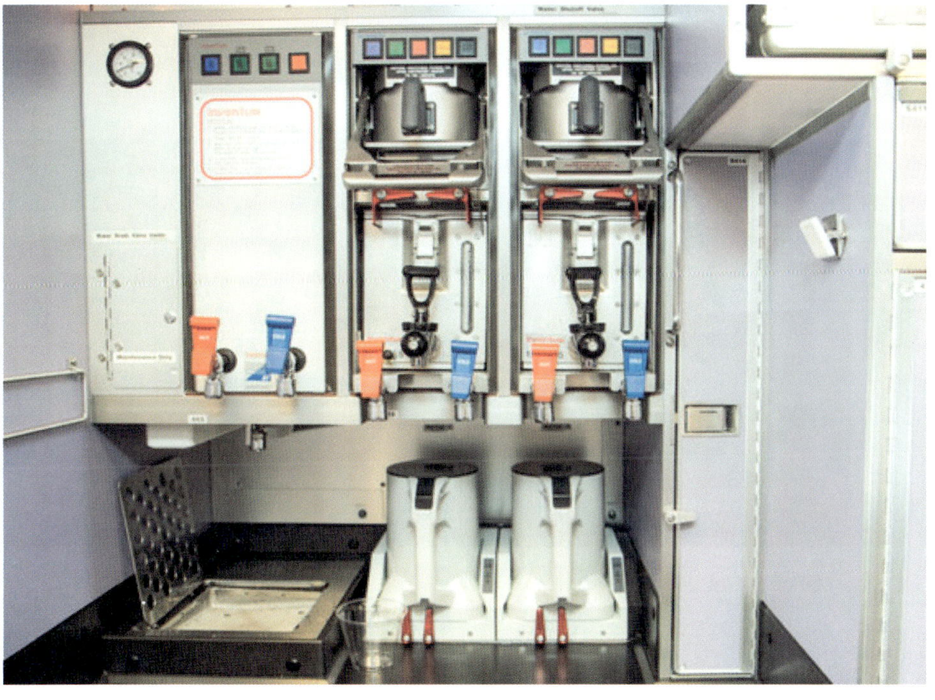

▲Hot Cup, Coffee Maker와 Water Boiler가 통합된 형태, Drain(B777-300)

② Coffee Maker

Coffee Maker 상단에는 Coffee Pack Holder가 있고, Sensor가 있어 자동적으로 Coffee Pot에 Coffee가 가득 차면 중단되는 System이다. 주로 원두 Coffee Pack을 넣고 버튼을 눌러 Brew시키는 형태이며, 밑판에 전기 보온 장치가 있어 Brew된 Coffee를 따뜻하게 보관할 수 있다. 하지만 시간이 지나면 커피의 향이 변하고 Coffee의 온도도 떨어지므로 Coffee 서비스 시작 전에 Brew시키도록 한다.

신 기종 상위 클래스에는 에스프레소(Espresso), 카푸치노(Cappuchino), 카페라떼(Caffe Latte)를 제조하는 Coffee Machine이 장착되어 있다.

③ 핫 컵(Hot Cup)

콘센트에 연결해서 물을 끓일 때 사용한다.

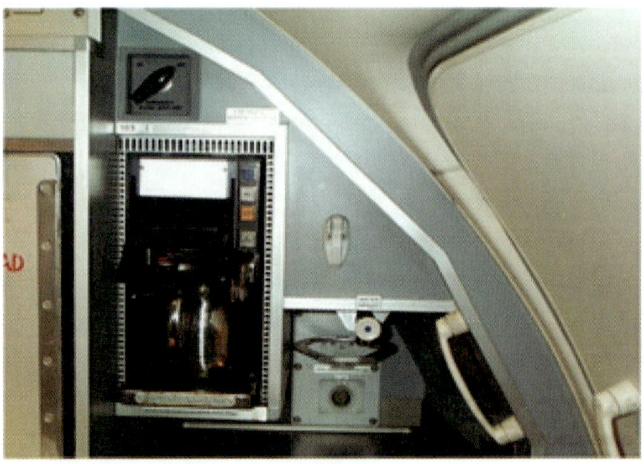

▲ Coffee Maker & Hot Jug 콘센트

▲ Water Boiler

④ 워터 보일러

Tea 서비스, 미역국 및 라면 등을 제공 시 뜨거운 물이 많이 필요하다. 워터보일러(Water Boiler)에는 뜨거운 물을 전기로 가열하여 저장되어 있다. 4~5리터 정도

저장되어 있으며 물이 사용되면 자동으로 채워진다. 내장된 워터히터(Water Heater)에 의해 가열되어 공급되는데, 뜨거운 물이 나오는 꼭지(Hot Water Faucet)와 차가운 물이 나오는 꼭지(Cold Water Faucet)로 구분되어 공급된다. 아침 첫 비행을 하는 항공기는 반드시 Air Bleeding을 하여야 한다. Air Bleeding을 하는 방법은 빈 주전자(Pot)를 뜨거운 물이 나오는 꼭지(Hot Water Faucet)에 가까이 데고 Hot Water Tap을 당겨 기포를 완전히 제거한다. 부드럽게 뜨거운 물이 나올 때까지 기포를 제거해 주어야 한다. Air Bleeding 시 화상을 입지 않도록 주의해서 하도록 한다.

▲ Coffee Maker & Water Boiler

⑤ 냉장고

냉장고(Refrigerator)에는 Wite Wine, 생수, 맥주, 샴페인, 우유 등 차갑게 서비스되어야 하는 것들을 보관해 둔다.

▲ 냉장고(Refrigerator) 내부

▲ 냉장고(Refrigerator) 작동 버튼

⑥ 쓰레기 압축기

장거리 비행에서 많은 양의 쓰레기가 배출된다. 기내는 공간이 협소하여 공간 확보를 위해 유압압축을 이용하여 쓰레기를 최대한 압축하여 보관하고 있다.

▲ 쓰레기 압축기(Trash compactor)

⑦ 회로 자동차단기

회로 자동차단기(Circuit Breaker)는 전기회로에 규정 이상의 과전류가 흐를 때 이로 인한 사고를 예방하기 위해 전류의 흐름을 자동으로 차단시키는 장치이다. 갤리(Galley) Control Panel에 설치되어 있으며, Oven, Coffee Maker 등 갤리(Galley) 시설에 각각 한 개씩 연결되어 있다. 수동으로 전원을 차단시키고자 할 때에는 당겨 뽑으면 된다. 차단된 전원을 재연결할 때는 기장에게 연락하도록 하며, 재연결은 1회에 한해 가능하다. 따라서 재연결을 하고 나면 표시를 해두고 재정비가 필요하므로 정비사에게 반드시 알리도록 한다.

▲ 회로 자동차단기(Circuit Breaker)

⑧ 배수

배수(Drain)는 항공기 외부로 물을 배출시키는 역할을 한다. 항공기가 지상에 있을 때는 배출해서는 안 되며, 비행 중에도 주스, 커피 등을 버려서도 안 되며, 순수한 물만 버려야 한다.

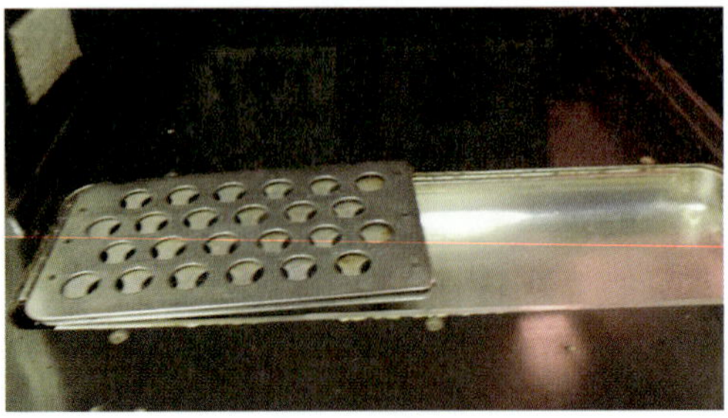

▲ 배수(Drain)

▲ 배수(Drain)

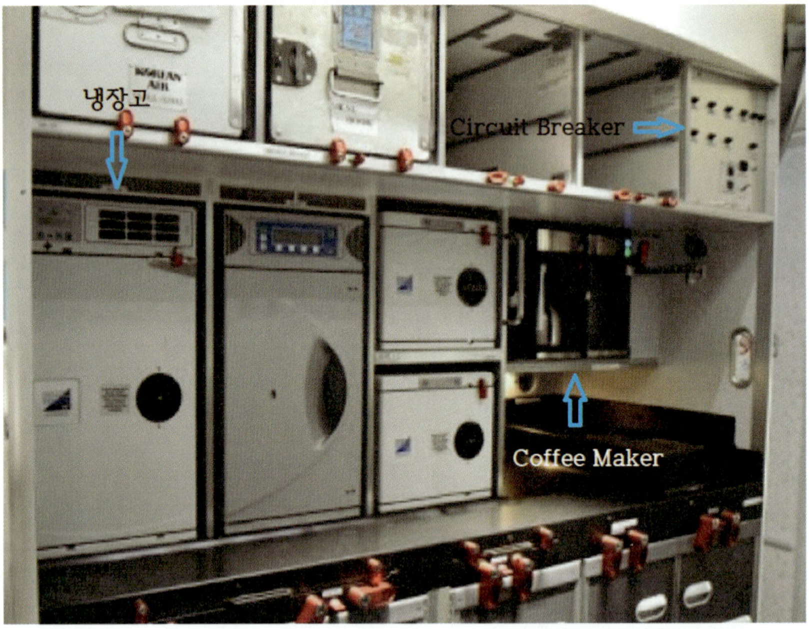

▲ 냉장고, Circuit Breaker, Coffee Maker

▲ Cup Holder

(6) 화장실

화장실(Lavatory)은 Main Deck과 Upper Deck에 고르게 분포하여 설치되어 있다. 화장실 내에는 비상 시 승무원의 도움을 요청할 수 있는 Attendant Call Button, "RETURN TO CABIN" Sign, Speaker, 연기 감지기(Smoke Detector), 열 감지형 소화기, 산소마스크(2개)가 설치되어 있다. 아기 귀저기 교환용 Diaper Change Board가 있으며, 장애인용 편의 시설, 여성 전용 화장실 등이 설치되어 있는 항공기도 있다.

화장실 문을 잠그면 내부 조명이 밝아지며, 밖에서는 "OCCUPIED(사용 중인)" Sign이 켜진다. 비상 시 승무원이 외부에서 문을 열수 있으며, 화장실 문에 LAVATORY Cover를 들어 올리면 작은 나사가 보이며 그것으로 전환시킨다.

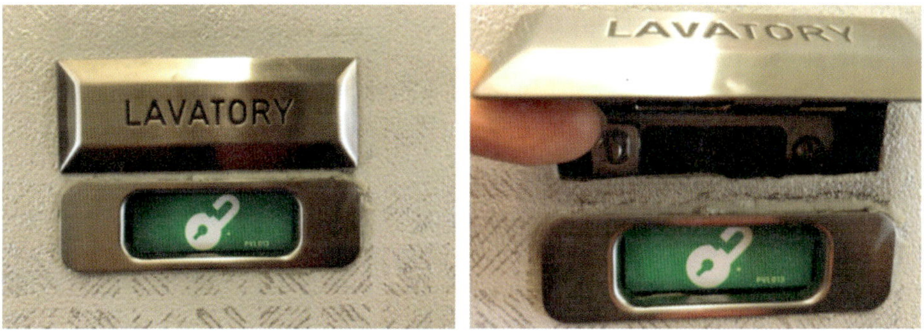

▲ 비상 시 외부에서 문을 여는 장치

▲ A380 First Class 화장실

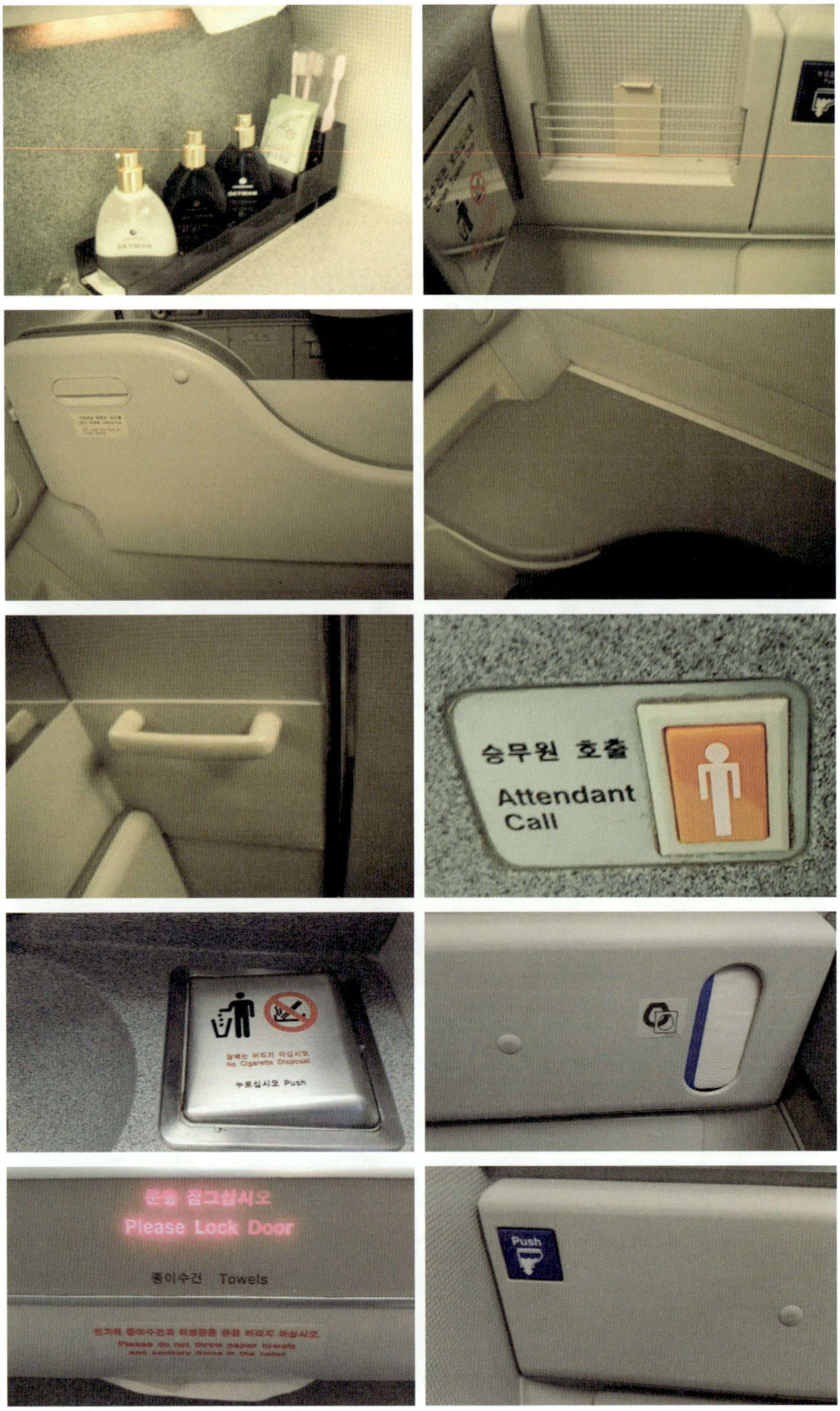

▲ B777-200 화장실 내부

① 연기 감지기

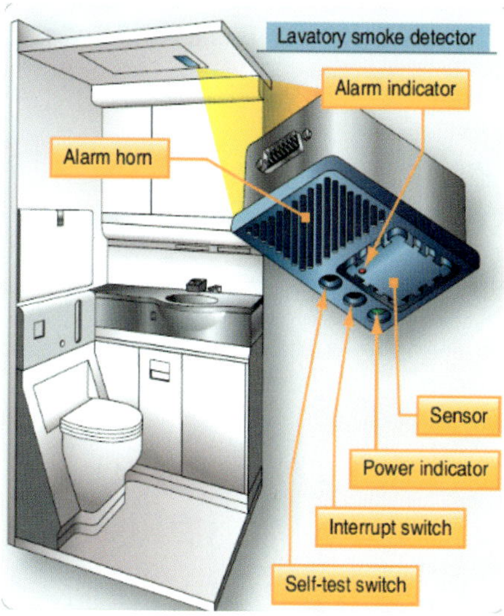

▲ 연기 감지기(Smoke Detector)

연기 감지기(Smoke Detector)는 화장실 천장에 설치되어 있으며 연기를 감지하여 신호를 발하는 장치이다. 20명 이상의 승객정원을 갖는 비행기는 화장실에 연기 감지기를 구비해야 한다. 연기 감지기가 정상적으로 작동 시에는 Power Indicator Light에 초록(Green)색 불이 켜져 있으며, 연기를 감지하면 자동적으로 경고음이 울리고 Alarm Indicator에 빨간색 불이 들어온다. 경고 발신음을 Reset 하려면 Interrupt Switch를 누른다.

② 열 감지형 소화기

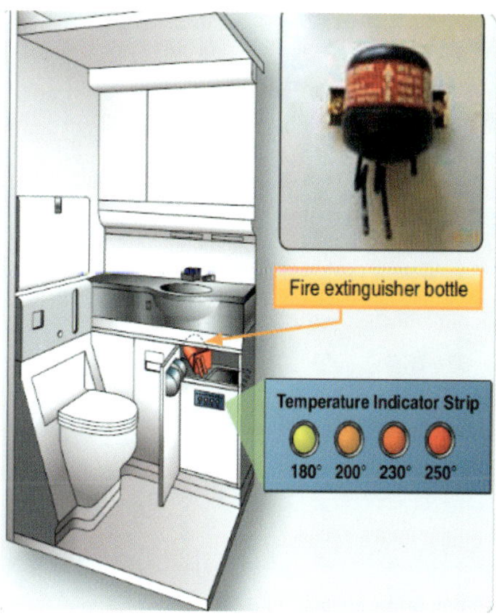

▲ 열 감지형 자동 소화기(Fire Extinguisher)

화장실 세면대 하단에는 소형의 열 감지형 자동 소화기(Fire Extinguisher)가 장착되어 있다. 화재 등으로 인하여 열이 감지되면 온도가 약 170°F(76.7℃)에 도달할 때, 노즐을 밀봉 한 땜납은 녹고 노즐이 휴지통 쪽으로 향하여 할론(Halon) 가스를 분사시켜서 화재를 진화한다.

(7) 벙크

국내항공사에서는 일반적으로 승무원전용 휴식공간을 벙커(Bunker)라고 부르고 있다. 비행시간 10시간 이상의 장거리노선에서 근무 중 일정시간의 휴식시간이 주어진다. 이때 객실승무원은 교대로 휴식을 취하게 된다. 휴식공간은 모든 여객기에 다 있는 것은 아니고 주로 B777, B747-400, A330/340, A380 등 장거리수송용 대형기종에만 있다. 그러나 옵션항목이어서 항공사에 따라 없을 수도 있다. 기종별로 B747-400은 객실 후방 2층에 위치하고, B777과 A330은 객실 중간 하부(화물칸 구역)에 위치하고 있다.

기종별로 B777, A330은 객실 중간 하부(화물칸 구역)에 위치하고 있으며, 6인용 간이침대가 있다. B777-200은 출입구가 R3 Door 맞은편 아래에 있고, A330-200은 L3 Door 맞은편 아래에 있다. B747-400은 객실 후방 2층에 위치하고 있으며 8개의 침대로 2층 구조로 되어 있다. A380은 R3 Door 맞은편 아래에 12석이 있다.

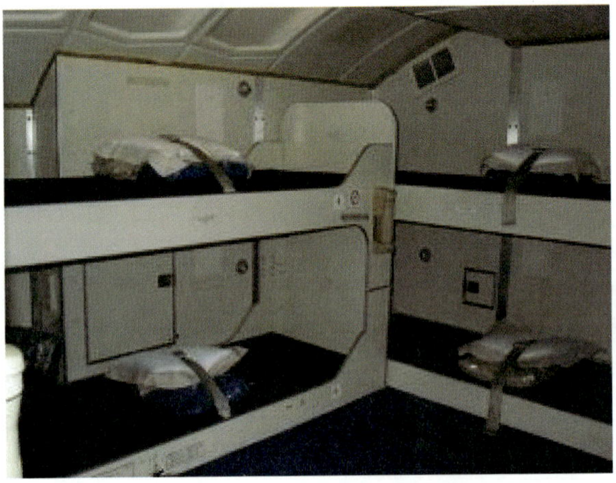

▲ 벙크(Bunk)

(8) EXIT의 종류와 특징

항공기 Exit의 종류는 Main Deck Door, Upper Deck Door, Overwing Window Exit, Cockpit Window Exit, Cockpit Overhead Hatch가 있다.

평상 시 항공기 Door 중 L1과 L2 Door는 승객의 탑승 및 하기를 위한 출입구로 사용되며, A380은 2층 Upper Deck Door로도 탑승하게 된다. 소형기종은 R1 Door,

중형기종은 R2나 L4 Door로 대형기종은 R2 Door로 각종 서비스 용품을 탑재하고 하기할 때 사용한다. Stretcher 환자의 탑승과 하기 시 그리고 비행 중 응급환자가 발생하여 하기 시에는 R2 Door를 사용하게 된다. 그러나 비상 시에는 항공기 모든 Door가 비상구(Emergency Exit)로 이용된다.

L3, R3 Door를 제외한 Slide/Laft 겸용이 장착된 Main Dack Door는 비상상황 발생 시 외부 지상으로의 탈출을 위한 비상탈출 슬라이드 Evacuation Slide(또는 Escape Slide라고도 함)가 장착되어 있으며, 비상착수 시, 비상탈출 슬라이드는 고무보트(Raft)로 사용된다. B737 기종의 Door에는 Slide만 장착되어 있으며, Raft는 R Side 앞쪽 선반(Overhead Bin)에 탑재되어 있다.

항공기 Door는 기종에 따라 Door의 유형이 다르고, Door는 Viewing Window, Door Assist Handle 또는 Assist Handle, Door Operating Handle, Slide Bustle, Safety Pin, Slide Arming Lever, Red Warning, Girt Bar, Slide Gas Bottle Gage, Door Locking Indication으로 구성되어 있다. Door의 유형으로는 Sliding Type, Plug Type, Hatch Type이 있다.

항공기 Door 구성요소

구성요소	설명
Viewing Window	작은 창문으로 내부에서 외부 상황을 외부에서 내부 상황을 확인할 때 사용
Door Assist Handle	Door를 열 때 승무원의 안전 확보를 위한 손잡이
Door Operating Handle	Door를 열고 닫을 때 사용하는 Handle
Slide Bustle	Door 하단부분의 Slide/Raft가 들어 있는 곳
Safety Pin	지상에서 고의적으로 Door Mode를 작동하지 못하도록 핀으로 된 안전장치
Slide Arming Lever	Door Mode를 작동시키는 Lever
Red Warning	항공기 외부에서 Door Mood 상태를 확인해 Slide Mis-Inflation의 방지를 위한 장치
Girt Bar	Escape Device를 항공기 Floor에 고정시키거나 분리시키는 금속막대
Slide Gas Bottle Pressure Gage	Slide 팽창에 필요한 가스 압력 표시
Door Mode Select Panel Cover	Slide Arming Lever의 위치를 확인할 수 있고 고의적으로 Door Mode를 작동하지 못하도록 안전을 위한 덮개

1. Door Assist Handle
2. Slide Bustle
3. Door Operating Handle
4. Slide Gas Bottle Pressure Gage
5. Viewing Window
6. Door Mode Select Panel Cover
7. Slide Arming Lever

▲ Door Operating Handle

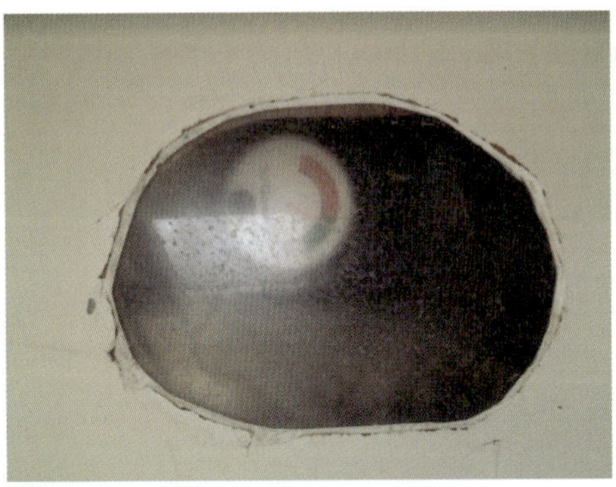

▲ Slide Gas Bottle Pressure Gage

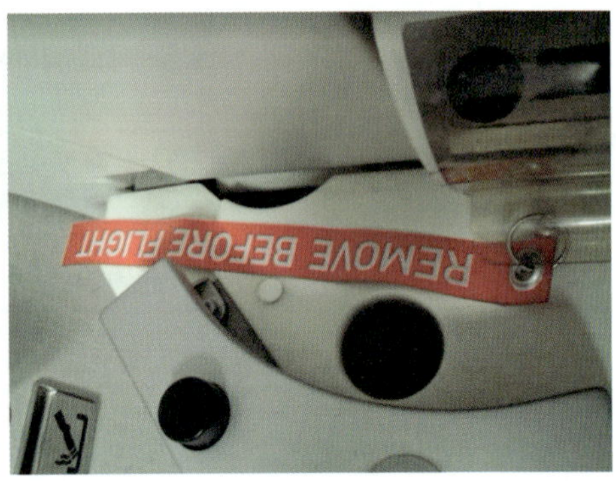

▲ Safety Pin

▲ 정상위치

▲ 팽창위치

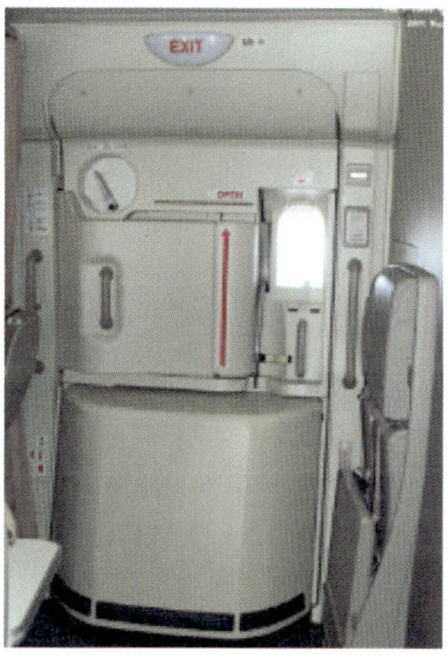

▲ A380 Door

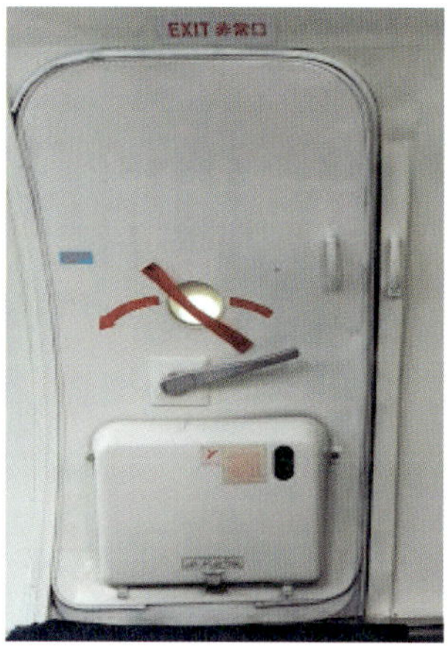

▲ B737-800 Door

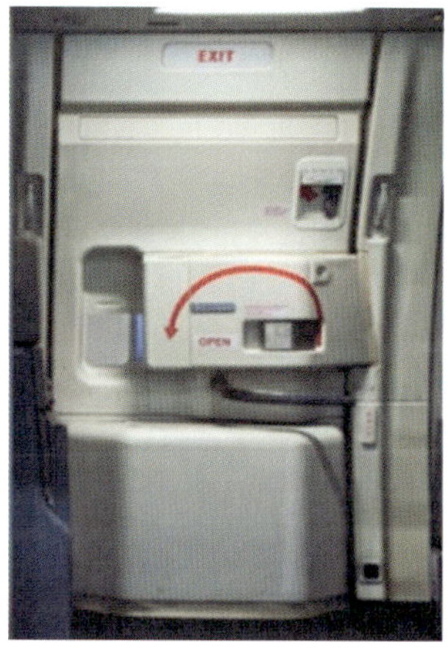

▲ B777-300 Door

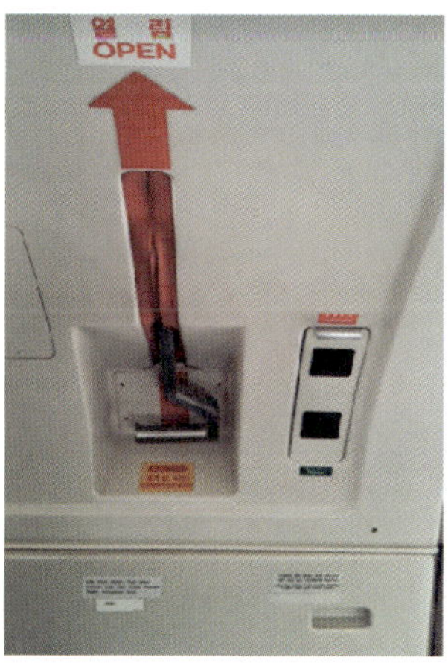

▲ Upper deck Door

▲ B777-200 Door

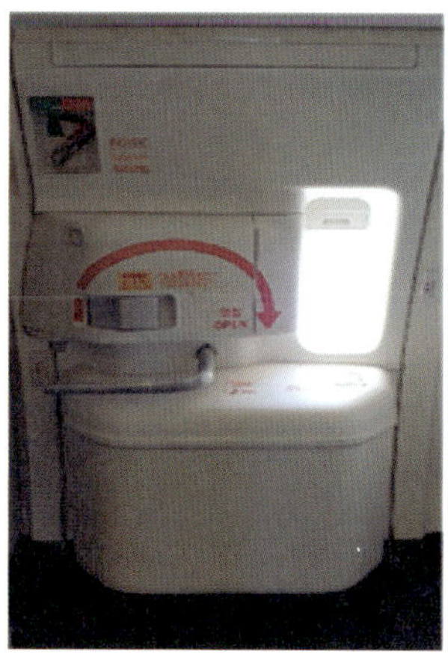

▲ B777-200 Door

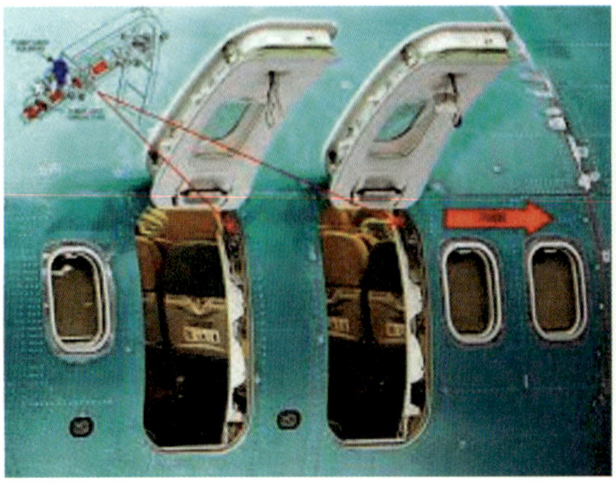

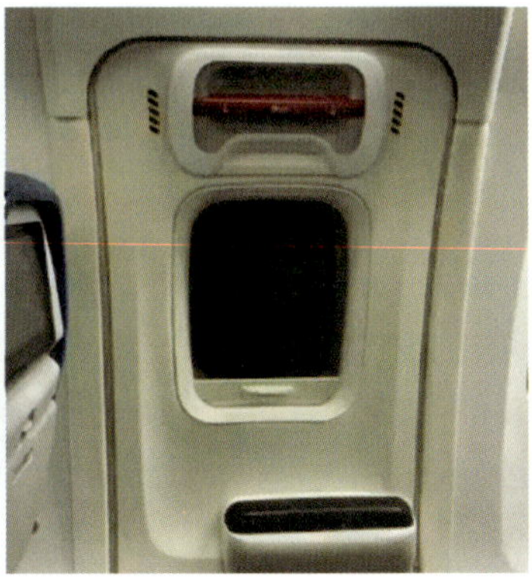

▲ B737 Overwing Window Exit

항공기의 탈출구는 A380은 아래층의 양쪽에 각각 5개, 총 10개가 있으며, 위층에는 양쪽에 3개씩 총 6개가 있다. B747-400은 아래층의 양쪽에 각각 5개, 총 10개가 있으며, 위층에는 양쪽에 1개씩 총 2개가 있다. B777-300은 양쪽에 각각 5개씩, 총 10개가 있으며, B777-200은 양쪽에 각각 4개씩, 총 8개가 있다. A330-300은 양쪽에 각각 4개씩, 총 8개가 있으며, A330-200은 양쪽에 각각 4개씩, 총 8개가 있다. A300-600은 양쪽에 각각 4개씩, 총 8개가 있다. B737은 앞쪽에 2개, 뒤쪽에 2개로 4개의 문이 있으며, 날개 위에 4개의 창문 탈출구(Overwing Window Exit)를 포함하여 총 8개가 있다.

항공기 EXIT 개수

기종	EXIT 개수
A380	16
B747–400	12
B777–300	10
B777–200	8
A330–300	8
A330–200	8
A300–600	8
B737	8

2. 항공 객실서비스의 개념과 구성요소

1) 항공 객실서비스의 개념

항공운송서비스는 항공기를 이용하여 승객과 화물을 안전하고 신속하게 목적지까지 운송하고 이 과정에서 승객의 안전과 안락한 편의를 제공하는 것을 말한다. 항공운송서비스의 상품은 보이지 않는 무형의 서비스라는 특성을 가지고 있으며, 생산과 소비가 동시에 소멸되는 특성을 가지고 있다.

항공사가 생산 · 판매하는 상품은 고정적 상품과 유동적 상품으로 나뉜다. 고정적 상품은 여객기의 좌석과 화물기의 화물 적재공간의 배치 등이며, 유동적 상품은 예약, 발권, 탑승수속, 기내서비스, 수하물 처리 등 항공운송과 관련된 모든 인적 서비스 활동을 말한다.

이중 항공 객실서비스는 승객이 기내에 탑승한 시점부터 하기 시까지 제공되는 모든 서비스를 말한다. 객실서비스의 구성은 승객에게 제공되는 물적 서비스와 인적 서비스로 이루어지며, 이 두 가지 요소가 원활히 제공되었을 때 승객들의 만족도가 높아지게 된다. 항공 객실서비스는 한정된 공간에서 장시간 고객과 접하며 제공되는 점이 특징이다. FSC(Full Carrier Service)를 탑승하는 승객들은 더욱 편안한 시설과 좋은 품질의 식음료 그리고 객실승무원의 친절하고 상냥한 서비스가 향후 재탑승에 대한 결정요인이 되기도 한다. 따라서 항공사는 신형항공기를 도입하여 안전과 편의시설을 더욱 구축하고 있으며, 타 항공사와의 서비스 차별화를 위한 친절, 고객응대 태도, 업무수행능력, 문제해결 능력 등을 향상시키기 위한 교육을 꾸준히 시행하고 있다.

2) 항공 객실서비스의 구성요소

(1) 물적 서비스

물적 서비스는 탑승 후 승객이 이용하거나 제공받게 되는 각종 시설물과 장비로서 항공기, 좌석, 식음료, 영화상영, 음악, 게임서비스, 기내전화서비스, 노트북 전용 콘센트 서비스, 인터넷서비스, 면세품 판매 서비스 등 기내에서 제공되는 상품과 객실 기압, 객실 온도, 소음 등 운항 중의 환경으로 구분된다.

항공사는 최첨단 기술이 적용되어 연료 효율성은 한층 높이고, 소음과 탄소는 저감한 고효율 고품격 차세대 항공기의 도입을 토대로 고객들에게 한층 더 품격 높은 서비스를 제공하고 있다. 신기술이 적용된 엔진 덮개(Cowl)를 장착시켜 항공기의 소음을 30%나 감소시키기도 하고, 퍼스트 클래스(First Class)에는 슬라이딩 도어를 장착해 프라이버시(Privacy)를 높이는 한편, 좌석 상부는 개방돼 쾌적한 분위기를 제공하고, 침대모드로 더 편안한 숙면이 되도록 디자인하고 있다. 아울러 개인용 옷장과 차별화된 조명, 조작 시 줄어든 소음 등 편안함과 격조 있는 분위기까지 제공하고 있다. 프레스티지 클래스(Prestige Class)에는 창가 승객들이 복도를 진·출입할 때 아무런 불편이 없도록 개인 통로 공간을 개인 좌석에 할당하는 좌석을 배치해 편의를 극대화하며, 대폭 개선된 기내 엔터테인먼트 시스템(IFE: In-Flight Entertainment System)을 장착하기도 한다. 이코노미 클래스(Economy Class)에는 전 좌석에 모니터 화면을 설치하여 직접 터치해 영화, 동영상, 음악 등을 고를 수 있게 하며, 모니터로 영화를 보는 중에도 리모컨으로 항공기의 위치 및 비행정보 등을 알 수 있는 에어쇼 화면을 보는 등 다중 작업(Multitasking)이 가능하게 했다. 객실 내부의 편의성 또한 돋보이도록 유선형 디자인의 천장 및 선반을 비롯해 넉넉하고 편안한 공간과 느낌을 제공한다. 뿐만 아니라 다양한 색상의 발광 다이오드(LED: Light Emitting Diode) 조명을 객실에 설치해 이륙에서부터 일몰, 일출, 영화 감상, 취침, 착륙 시 등 상황에 따라 승객의 바이오리듬에 맞춰 다양한 객실 조명 분위기를 연출하기도 한다.

(2) 인적 서비스

인적 서비스는 승객이 안전하고 쾌적한 여행이 될 수 있도록 기내설비와 서비스 용품을 이용하여 객실승무원이 제공하는 서비스를 말한다. 즉, 승객과의 관계를 통해 무형의 가치를 제공하는 과정이라고 볼 수 있다. 객실승무원은 다양한 승객들을 응대하므로 이러한 승객들의 사회적·문화적 환경과 개개인의 기호를 고려하여 편안한 여행이 되도록 서비스를 제공해야 한다. 성공적인 인적 서비스가 되기 위해서는 태도, 전문성, 정신력 모두 우수한 자질을 갖추어야 한다. 유연하게 의사소통을 할 수 있는 외국어 능력, 풍부한 지식 보유, 정확한 정보 제공, 안전업무를 능숙하게 수행할 수 있는 전문성 등을 갖추어야 하며, 이러한 모든 것을 마음에서 우러나와 수행하는 심화행동 능력 또한 필요하다. 승객에게 심리적 · 감정적으로 만족감과 신뢰를 주는 객실승무원의 친절한 태도가 승객의 만족으로 이어지며, 서비스의 가치를 인정받게 된다.

서비스는 행하는 사람에 따라서 품질의 차이가 발생하게 되고, 또한 받아들이는 고객이 처한 상황이나 기분, 취향 등으로 인해 서비스가 다르게 받아들여지기도 한다. 서비스 품질에 대한 평가는 오로지 고객에 의해서만 결정된다. 즉, 서비스가 좋다, 나쁘다 하는 판단은 고객의 기대치가 실제로 어느 정도 충족되었느냐에 달려 있다. 그러므로 서비스 품질이란 고객의 기대와 실제 느끼는 것 그 차이의 크기에 의해 결정되는 것이라 할 수 있다.

서비스 품질을 구성하는 요소로는 신뢰성, 응답성, 보장성, 고객 상황의 이해, 유형성으로 이루어진다. 서비스는 이러한 요소의 집합이며 하나의 흐름이므로 어느 한 부분이라도 미흡하지 않은 진정한 서비스가 되도록 객실승무원은 사명감과 책임감을 가져야 한다.

3. 항공 객실서비스의 내용

1) 기내 엔터테인먼트 서비스

항공 객실 엔터테인먼트(Entertainment) 서비스란 다양한 영화, 장르별 음악, 잡지, Air show, 게임 등을 제공하는 서비스이다. 제공되는 방식은 소형기종은 Main Screen을 통해 정해진 시간대에 일정 프로그램을 상영하여 승객 개인의 선택 권한이 없다. 저비용 항공사(LCC: Low Cost Carrier)인 제주항공은 개인용 모니터가 없는 대신에 대부분의 승객이 스마트폰 등 다양한 디지털기기를 갖고 있는 점에 착안

해 인천 출발편 항공기에 와이파이(Wi-Fi)를 이용한 기내 엔터테인먼트(IFE: In-Flight Entertainment) 서비스를 제공하여 서비스 이용 만족도를 높이고 있다. 이 같은 서비스를 통해 인기 유튜버의 영상과 객실승무원들이 제작한 JJ여정클럽, 다양한 분야 유명인들의 독특한 여행방식을 소개하는 JJ노마드 영상 등 다양한 영상 콘텐츠와 게임 등을 제공한다. 이 서비스는 기내에 설치한 스트리밍 서버를 통해 저장해 둔 콘텐츠를 스마트폰이나 태블릿, 노트북 등 개인이 갖고 있는 디지털기기로 전송하는 방식이다. 서비스 이용방법은 개인 기기의 상태를 '비행기모드'로 전환하고, 와이파이(Wi-Fi)를 활성화해 'JEJUAIR WiFi'를 선택해서 연결한 후 웹사이트에 접속하면 된다.

그러나 대형 항공사(FSC: Full Service Carrier)의 중·대형 기종들은 개인별 좌석에 부착된 모니터(IVS: Individual Video System)를 제공하지만 테이프를 플레이 시켜 영화, 음악, 단편물을 개인이 선택하여 즐길 수 있는 방식과 컴퓨터 파일을 이용하여 다양한 콘테츠로 구성된 영화, 음악, 게임을 즐길 수 있는 AVOD(Audio Video On Demand) 방식으로 제공하고 있다.

(1) 기내 영화

세계 최초로 항공기 안에서 영화를 상영했던 항공사는 영국항공(British Airway)의 전신인 임페리얼항공으로 1925년 4월 영국 런던~프랑스 파리 노선에서 프로젝터를 활용해 1912년 제작된 무성영화 〈잃어버린 세계(The Lost World)〉를 상영해 준 것이 기내 영화의 시초다. 그 이후 1961년 미국의 민간항공사인 트랜스월드항공을 시작으로 기내 영화 상영이 보편화하기 시작했고, 좌석에 설치되는 기내 엔터테인먼트 서비스가 등장하게 되었다. 2016년 국제항공운송협회(IATA)가 전 세계 145개국 6,920명의 승객을 대상으로 한 설문조사에 따르면, 취침(69%, 복수응답)보다 더 많은 77%의 응답자가 장거리 비행 때 영화감상을 하며 시간을 보낸다고 답했다. 또한 전체 탑승객의 99.9%가 비행하면서 짧게라도 기내 엔터테인먼트를 이용하고 있다고 한다.

기내에서 상영되는 영화는 엄격한 기준을 거쳐 매월 60여 편의 상영목록을 선정하게 된다. 일반적으로 한국 영화는 극장 개봉 5개월 뒤, 할리우드 영화는 개봉 3개월 뒤 항공사에 배급된다. 그러나 항공 판권이 극장 판권보다 먼저 팔린 영화들은 비행기에서 미리 볼 수 있기도 하다. 폭력적 · 선정적 수위가 높은 영화는 상영되지 않는다. 비행기가 추락하거나 납치되는 장면이 담긴 영화도 상영 금지다. 다만 여객기 사고를 다룬 영화는 제외하고 전투기, 헬기 사고 장면은 허용된다.

여러 나라 승객이 이용하는 만큼, 특정 국가나 민족, 종교 등을 비하하는 내용의 영화도 상영할 수 없다. 특히 한국과 관련해 부정적인 내용의 영화는 상영하지 않는다. 정치 · 사회적으로 논란이 될 수 있는 소재를 다룬 영화도 금지된다. 여러 제약조건에도 일부 장면을 편집해 극장판과 다른 '에어라인 버전'을 제공할 때도 있다.

항공사 · 공항 서비스 평가 기관인 스카이트랙스(Skytrax)의 '2018년 최고의 기내 엔터테인먼트' 순위를 보면, 1위가 에미레이트항공으로 4,500개 이상 채널에서 영화와 TV프로그램, 음악과 게임 등을 제공해 높은 평가를 받았다. 대한항공은 일부 할리우드 영화에 한글자막과 함께 영어자막도 제공해 승객의 선택 범위를 넓혔기에 한국 영화에 대한 선호도가 가장 높고, 다음으로 할리우드 영화, 어린이 영화, 인도 영화 순으로 인기가 있다. 글로벌 항공사로서 다양한 국적의 고객을 만족시키기 위해 유럽은 물론 일본, 중국, 인도 등 아시아권 영화 콘텐츠를 확장하고 있다. 또한 한류 열풍을 고려해 한국 드라마 · 예능 프로그램, 다큐멘터리를 비롯한 9개 장르 260여 편의 프로그램을 상영 중이다.

신형 항공기의 발달로 운항 거리가 늘어나면서 기내에서 보내는 시간이 길어져 기내 엔터테인먼트 시장의 중요성은 점점 더 커지고 있다.

(2) 기내 음악

기내 음악은 채널식, AOD(Audio On Demand), Boarding Music이 있다. 음악 채널은 클래식, 팝, 가요, K-Pop, 어린이 애니메이션 음악 등 다양한 장르를 제공하며, 빠르게 변하는 음악 트렌드에 발맞춰 최신 음악 업데이트 주기는 1개월이다.

대한항공 · 아시아나는 KBS 국제방송이 제작한 Let's Learn Korean으로, 인사를 주고받는 기본 대화에서부터 공항 도착 및 세관 수속, 환전, 택시 타기, 호텔 · 식당 · 지하철 이용, 길 묻기 등 외국 관광객들이 한국에 도착하여 접할 수 있는 3분 내외의 초급 수준의 대화로 구성된 한국어 강좌를 제공하고 있다. KBS 아나운서가 녹음한 정확한 표준 한국어 발음을 통하여 한국 방문 기간 중 요긴하게 사용할 수 있는 여러 가지 상황별 표현을 익힐 수 있게 되어 있다.

Boarding Music은 승객이 탑승할 때와 하기 시에 제공하는 음악으로 가벼운 클래식으로 안정되고 편안한 곡으로 항공사의 이미지를 전달하는 역할을 한다. 그러나 진에어인 경우 경쾌한 가요를 제공하여 항공사 이미지를 표현하기도 한다.

(3) 기내 게임

주문형 오디오 비디오 시스템(AVOD: Audio Video On Demand)을 갖춘 기종에서 이용할 수 있으며, 보드게임, 퍼즐, 스포츠, 아케이드, 어린이 게임 등으로 분류되어 다양한 게임을 즐길 수 있다.

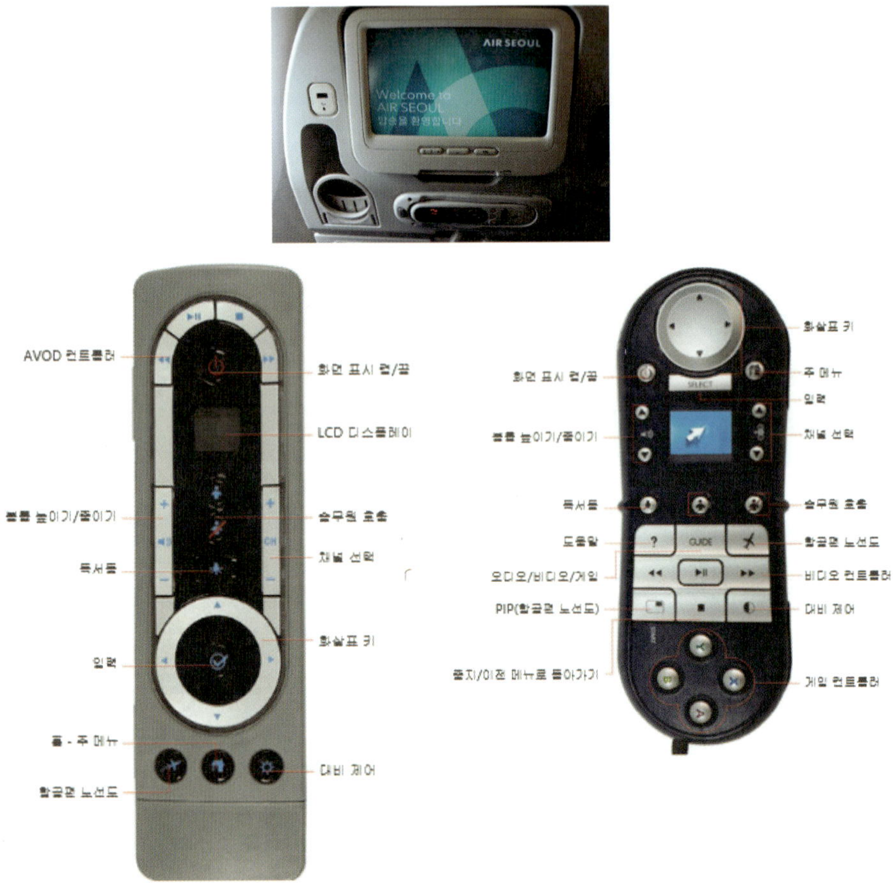

▲ **AVOD & B777과 A330 리모콘**

앞 사람이 등받이 각도를 조절해도 모니터 화면이 보일 수 있도록 약간의 각도 조절이 가능하다. 화면은 모니터를 터치하여 조작할 수 있고, 모니터 아래에 있는 리모컨으로 조정할 수 있다. 리모컨은 왼쪽의 버튼을 꾹 누르면 돌출되고 리모컨 한쪽은 선이 연결되어 있어 편안하게 조작하며 게임을 즐길 수 있다. 게임은 정확성과 3D화질이 뛰어나므로 스릴(thrill)을 느끼며 장시간 비행에 지루함을 덜어내기에 좋다.

(4) Air show

Air show는 해당 비행편의 운항 정보를 제공함으로써 비행에 대한 궁금증을 해소해 준다. 제공되는 정보는 현재 비행 고도, 비행 속도, 외부 온도, 출발지 및 도착지 현지 시각, 도착 예정 시간, 남은 비행시간 등을 알 수 있다. 또한 비행기가 이동하는 경로를 지도로 표시하여 영상으로 볼 수 있다.

▲ 프라하로 가는 항공기 경로

(5) 독서물

기내에서 서비스되는 독서물(Reading Material)은 항공사 자체적으로 제작한 기내 잡지와 기내 판매 안내 책자가 있으며, 각종 일간지, 주간지, 월간지인 잡지류와 신문 등이 있다. 기내 도서는 음성을 이용한 Audio Book 서비스를 하는 항공사도 있다. 독서물은 객실 잡지꽂이에 비치되어 있으며, 잡지류는 도착 전 승무원이 회수하여 하기하게 되어 있다.

▲ 잡지꽂이

▲ 비즈니스 잡지꽂이 위치

2) 기내 통신 및 인터넷 서비스

기내에는 기내 인터넷(In-Flight Internet)이라 부르는 무선 인터넷을 사용하고 있다. 이는 무선 통신 기반 기술을 이용하거나 위성을 이용해 인터넷에 연결한다. 북미 지역에서 운항하는 국내선 항공기는 지상에 하늘을 향해 설치되어 있는 안테나와 항공기에는 지상을 향해 설치된 안테나를 이용해 몇 km 상공에 떠 있는 항공기에서도 신호를 받을 수 있다. 전송속도는 9.8Mbps[1)](대략 3G 속도) 정도이다. 이 방식은 비용이 적게 들고 속도가 빠르지만 안테나를 세울 수 있는 지상에서만 가능하다.

태평양 위를 운항하는 국제선 항공기에서는 인공위성 통신을 사용한다. 현재 70Mbps 전송속도로 인터넷이 서비스되고 있다. 아시아나 A350에서는 유료 기내 와이파이 서비스를 하고 있으며, 기내에서 로밍(Roaming)하여 휴대전화를 이용하

---

1) Mbps(mega bits per second): 1초당 메가비트(백만비트)를 전송할 수 있는 데이터 전송속도를 나타내는 단위, A4용지 한 장에 한글 7백자를 쓴다고 볼 때 초당 A4 크기의 서류 90장을 보낼 수 있다.

여 음성 통화 및 문자 메시지를 보낼 수 있다. 기내 로밍(Roaming)요금은 휴대전화 통신사에서 부과하고 기내 로밍 사용료(Roaming Fee)는 무료이다. 기내 와이파이 이용 방법은 A350 탑승 후 개인 휴대전화 및 디바이스를 통해 구매 가능하다. 이용 요금은 1시간에 11.95달러, 3시간에 16.95달러, 비행 중 무제한 이용 시 21.95달러이다.

항공기에 설치 된 인공위성 전화기는 전 세계 어느 곳이든지 통화가 가능하도록 하여 승객의 편의를 도모하고 있다. 결제방법은 신용카드로 하며, 전화를 거는 해당 국가와 이용시간에 따라 요금이 청구된다. 수신자 부담전화와 국제 전화번호 문의는 사용할 수 없다.

또한 기내에서 팩스대행 서비스를 이용할 수 있다. 승객의 요청이 있을 시 객실승무원이 전송할 서류를 받아 전송해 준다. 요금은 신용카드로 결제한다.

3) 기내 면세품 판매 서비스

기내에서 국내 · 외에서 판매하는 다양한 상품들을 면세가격으로 판매하는 서비스이다. 화장품류, 향수류, 주류, 패션용품류, 진주류, 건강보조식품류, 초콜릿류, 시계류, 전자제품류, 필기구류, 기타 선물류 등을 판매하며, 기내에 탑승하여 구매하는 것뿐만 아니라 탑승 전에 주문 예약하여 구입할 수도 있다. 또는 인터넷 면세점을 이용해 예약주문하면 기내에서 상품을 수령할 수 있다. 국내 출발편은 출발시간 기준 48시간 이상 남았을 때까지 가능하며, 국내 도착편은 도착시간 기준 53시간 이상 남았을 때까지 예약주문이 가능하다.

여행자 휴대품 면세는 1인당 600달러의 (기본)면세와 이와는 별도로 (추가)면세되는 항목이 있으며, 이러한 면세품목에는 일정한 제한이 있으므로, 객실승무원은 국가별 면세 허용 범위를 숙지하여 그에 따른 적합한 판매가 이루어지도록 안내를 해 주어야 한다.

해외여행자 휴대품 면세한도

<table>
<tr><th>구분</th><th>면세물품</th><th>면세한도</th><th colspan="2">비고</th></tr>
<tr><td rowspan="2">기본</td><td>해외 취득물품 합계액
(국내 면세점 구매물품 포함)</td><td rowspan="2">$600</td><td colspan="2" rowspan="2">자가 사용, 선물용, 신변용품 등에 한함
판매목적 상품은 과세</td></tr>
<tr><td>농림 축수산물 및 한약</td></tr>
<tr><td rowspan="3">추가
면세</td><td>술</td><td>1병</td><td>1ℓ 이하 & $400이하</td><td rowspan="2">만 19세 미만
미성년자는
위임과세통과만
가능</td></tr>
<tr><td>담배(궐련인 경우)</td><td>200개비</td><td>가격제한 없음
(단 한 종류만)</td></tr>
<tr><td>향수</td><td>60㎖</td><td colspan="2">용량 제한만 있음(수량 무관)</td></tr>
</table>

미성년자가 반입하는 주류 및 담배는 면세통관을 불허하고 부모 등 성인에 의해 위임하여 과세통관만 가능하다.

관세청(www.customs.go.kr)은 안전하고 즐거운 해외여행을 지원하기 위해 미국, 중국, 일본 등 주요국을 포함한 세계 174개 국가의 최신 여행자 휴대품 통관 정보를 전자책(E-book)을 만들어 홈페이지를 통해 제공하고 있다. 방문국가의 면세범위 등 통관정보를 제대로 알지 못하는 경우 외국 세관에서 물건이 압수되거나 고액의 벌금까지 내야하는 어려움을 겪을 수 있다.

예) 베트남: 면세한도 금액은 1천만 VND(동)이며, 술은 20도 이상은 1.5리터, 20도 미만은 2.0리터, 맥주 등 알코올음료는 3.0리터까지 면세가 가능하며, USD 5,000 초과액을 휴대 반입하는 경우 입국세관에 신고 후 신고서에 직인 확인이 필요하다.

결제수단은 한국 원(₩), 미국 달러($), 일본 엔(¥), 유럽 유로(€), 중국 위안(¥) 총 5종류의 화폐와 수표, 여행자 수표 및 신용 카드 등을 사용할 수 있다.

4) 기내 의료 지원서비스

각 항공사에서는 시각/청각 장애인 고객의 편리하고 안전한 여행을 위해 전담 직원이 안내하고 보조하는 서비스를 시행하고 있으며, 대한항공에서는 필요 시 추가요금 없이 인도견과 함께 기내에 동반 탑승할 수 있는 서비스를 제공하고 있다.

의학적 도움이 필요한 고객의 안전하고 편안한 항공여행을 위해 의료용 침대(Stretcher) 및 의료용 산소를 제공하고 있다.

(1) 의료용 침대 서비스

몸이 불편한 고객을 위해 기내를 편안하게 이용할 수 있는 의료용 침대(Stretcher) 서비스가 준비되어 있다. 서비스 대상으로는 기내에서 앉은 자세로 여행할 수 없는 승객이다. 거동이 많이 불편하여 혼자서는 활동이 불가능할 경우 의료용 침대 서비스를 제공하고 있다.

▲ 의료용 침대(Stretcher)

의료용 침대(Stretcher) 이용 비용

구간	승객	운임	수하물
국내선	환자	정상운임의 6배 단, 제주 출/도착 노선의 경우 정상운임의 3배	무료 수하물 허용량의 6배
	동반자	동반 1인에 한해 무료	무료 수하물 허용량 없음
국제선	환자	정상운임의 6배	무료 수하물 허용량의 6배
	동반자	일반운임	일반 승객의 무료 수하물

(2) 의료용 산소 서비스

기내에서 산소가 부족해 산소 공급을 필요로 하는 고객을 위해 의료용 산소 서비스를 추가적으로 제공하고 있다. 서비스 대상으로는 기내에서 호흡이 힘들어 산소 공급이 필요한 고객들이 해당된다. 심한 빈혈 환자, 최근 수술을 받은 환자, 심혈관계 · 호흡기계 질환을 가진 손님을 위한 의료용 산소 서비스이다. 주치의와 상담 후 산소 공급이 필요하다고 판단될 경우에는 항공권 예약 시 '특수고객 운송신청서'와 '항공 여행을 위한 의사소견서'를 보내야 한다. 기내에서 의료용 산소 서비스가 필요한 경우 항공기 출발 48시간 전에 예약센터로 연락해야 한다.

의료용 산소 서비스 이용 비용

구간/항공사	대한항공	아시아나항공
국내선	5만 원/통	6만 원/통
국제선	USD 100/통	USD 120/통

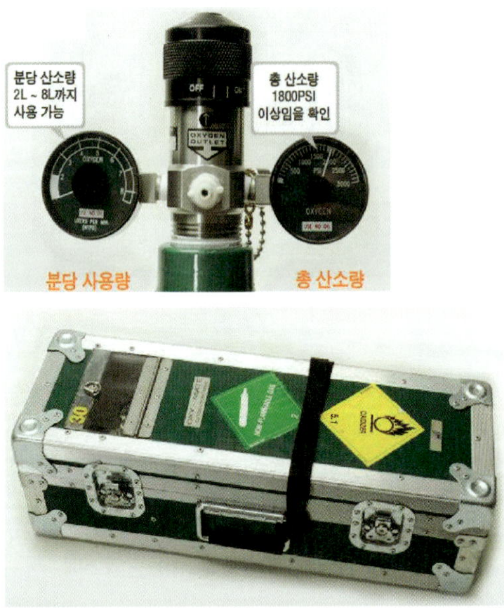

▲ 승객의료 승인(MEDA: Medical approval) 환자를 위한 의료 산소

▲ 기내에 탑재된 모습

(3) 휠체어 제공 서비스

언제나 예기치 못한 응급 상황이 발생할 수 있다. 이에 대비해 기내에는 휠체어가 기본적으로 탑재되어 있다. 기내에서는 장애, 질병, 고령 등 신체적, 건강상의 다양한 이유로 거동이 불편한 고객에게 휠체어 서비스를 제공하고 있다. 탑승 수속부터 탑승까지 전담 직원이 보조하며, 도착 후, 터미널 내 도착장까지 이동을 도와주며, 터미널을 벗어난 지역과 개인적 용무의 이동 도움은 제공하지 않는다. 휠체어 서비스는 사전에 신청한 고객에게 우선 제공되며, 당일 공항에서 신청하는 경우 도움이 지체될 수 있다. 무겁거나 큰 짐, 또는 많은 짐을 휴대하고 휠체어를 이용하면 위험하므로 휴대수하물 기준을 준수해야 한다.

개인 소유의 휠체어를 이용할 경우에는, 해당 고객의 휠체어와 보행을 위한 보조기구를 무료로 운송해 주고 있다. 휠체어의 크기가 122(폭) × 84(높이)cm를 초과하는 경우, 소형 기종(B737 등)에는 탑재가 불가할 수 있으니 이용하는 해당 항공사에 문의해야 한다.

On-Board Wheel Chair는 장애 승객이 객실 내 좁은 통로에 맞도록 특별히 설계된 기내 전용 휠체어이다. 거동이 불편한 승객이 좌석으로 이동할 때, 비행 중에 화장실로 이동할 때, 하기 시 도어로 이동할 때, 기타 이동이 필요할 때 제공된다.

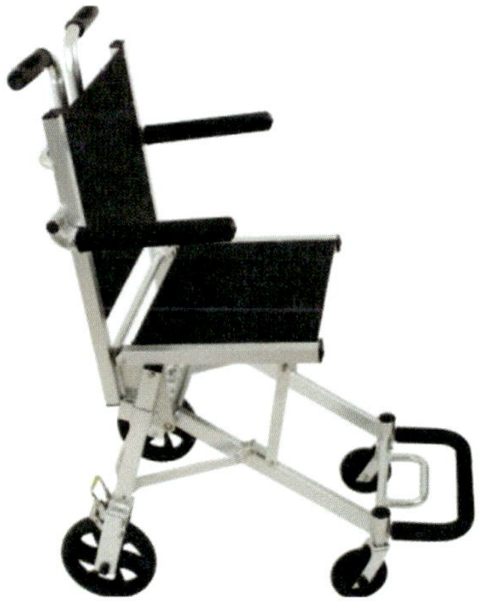

▲ On-Board Wheel Chair

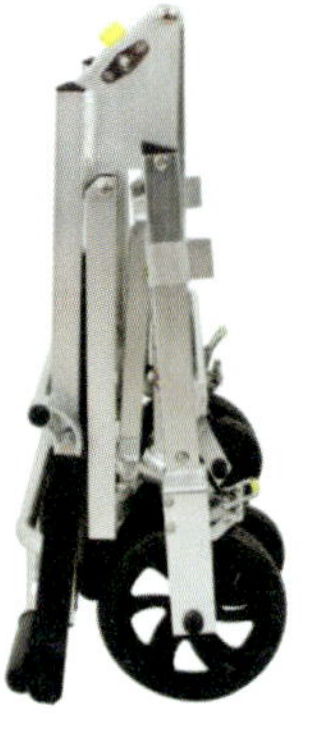

▲ 접었을 때

On-board wheelchair는 미국 교통부가 「항공여행 장애인 차별 금지법」에 의해 자국으로 들어오는 모든 외국항공기는 반드시 on-board wheelchair를 탑재해야 한다는 규정에 따른 것이다. 따라서 ICN(인천) 출발 미주행 항공편일 경우 on-board wheelchair 탑재 여부를 반드시 확인하여 미탑재 시 탑재되도록 조치를 취해야 한다.

ON-BOARD WHEELCHAIR 사용법

- 아랫부분의 발판을 누른 상태에서 손잡이 부분을 위로 들어 올려 완전히 편다.
- 접을 때는 좌석 밑에 있는 케이블 선을 아래쪽으로 당긴 후 손잡이를 아랫부분으로 눌러서 접는다.
- 자세한 조립 방법은 Wheelchair에 부착된 사용법 안내를 참고한다.
- On-board wheelchair에서 이/착석 시, 승객의 안전을 위해 항상 브레이크위치에 맞춰 놓는다.

기내 전용 휠체어 사용 신청

- 항공기에는 기내 전용 휠체어가 탑재되어 있다.
- 기내에서 이동할 때 휠체어가 필요시 서비스센터 또는 예약 여행사를 통해 사전 기내전용 휠체어 사용 신청을 하면 된다.

ON-BOARD WHEELCHAIR 사용 시 유의사항

- 승객이 화장실로 이동 시 도움을 제공하고, 장애인용 화장실일 경우 스스로 이동할 수 있도록 한 후 밖에서 기다린다. Full Option 장애인 화장실의 경우에는 화장실 안쪽까지 wheelchair를 밀어 넣어주고 문을 닫는다. 장애인용 화장실이 아닐 경우 장애 승객의 의사를 반드시 물어서 스스로 변기 위로 이동하게 하든지, 도움을 제공한 후 밖에서 기다린다. 화장실 안에서 장애 승객의 행동까지는 보조하지 않아도 된다.
- On-board wheelchair 고장 및 미탑재 시 즉시 Flight Master[2] 또는 운송직원에게 구두로 통보한다.
- On-board wheelchair 미탑재 출발 또는 탑재 대기로 인한 출발 지연 시 조치 결과를 Cabin Report를 통하여 보고한다.
- 사용한 On-board wheelchair는 접어서 탑재 장소에 다시 보관한다.

---

2) Boarding 직전에 각 비행마다 Boarding 완료 상태를 체크한 후 Boarding sign을 주는 역할을 한다.

(대한항공 B777-300기종의 On-board wheelchair 탑재 위치는 R4 Door 옆 Coatroom 에 있으며, 대부분 Coatroom에 탑재되어 있다.)
• Movable Aisle Armrest는 좌석의 Armrest가 들어 올려 장애승객이 복도 쪽 좌석에서 wheelchair로 쉽게 옮겨 탈 수 있도록 설비한 것이다. 사용할 때는 Armrest 하부의 Latch 를 Release한 후 들어올린다.

(4) 구급의료용품

구급의료용품(FAK: First-aid Kit)은 의사의 처방 없이 객실승무원이 사용 가능한 응급장비로 납땜 봉인 철사에 의해 봉인이 되어 있다. 사용하게 될 경우 기장에게 보고하여야 하고 사용 후에는 객실정비기록부에 기록하여야 한다.

「항공법」 제 125조 관련 [별표 21] 제5호에 명시되어 있는 것처럼 모든 항공기에는 수량에 맞게 구급의료용품을 탑재해야 한다. 그 수량은 승객 좌석수 100석당 1조씩 탑재되며, 비행 중 객실승무원이 쉽게 접근하여 사용할 수 있도록 객실 전체에 고르게 분포되어 탑재된다.

구급의료용품의 수량

승객 좌석수	구급의료용품 수
0석부터 100석	1조
101석부터 200석까지	2조
201석부터 300석까지	3조
301석부터 400석까지	4조
401석부터 500석까지	5조
501석 이상	6조

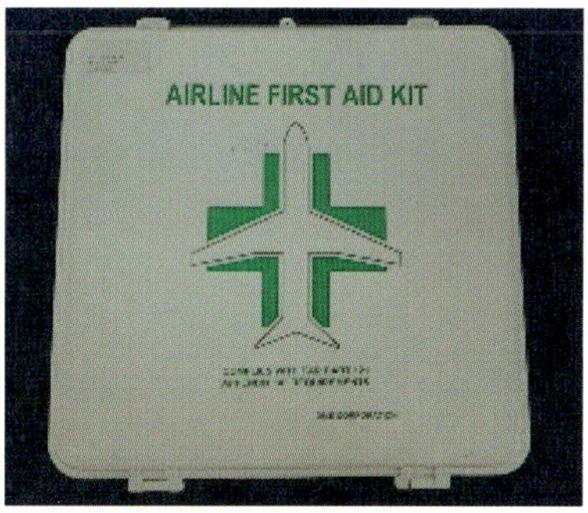

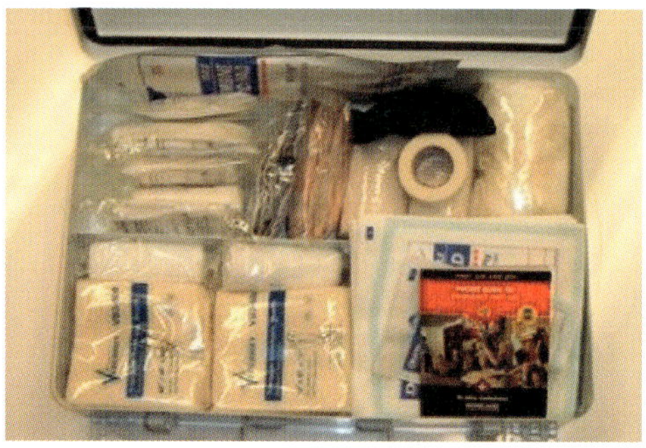

▲ 구급 의료용품(FAK: First-aid Kit)

(5) 감염예방의료용구

감염예방의료용구(UPK: Universal Precaution Kit)는 환자의 체액(혈액, 림프액, 조직액 등 체내의 액체), 오염된 장비 등을 안전하게 처리하는 데 사용되는 의료용구이다.

「항공법」 제 125조 관련 [별표 21] 제5호에 명시되어 있는 것처럼 모든 항공기에는 수량에 맞게 감염예방의료용구(UPK: Universal Precaution Kit)를 탑재해야 한다. 그 수량은 승객 좌석수 250석당 1조씩 탑재되며, 비행 중 객실승무원이 쉽게 접근하여 사용할 수 있도록 객실 전체에 고르게 분포되어 탑재된다.

감염예방의료용구의 수량

승객 좌석수	감염예방의료용구 수량
0석부터 250석	1조
251석부터 500석	2조
501석 이상	3조

(6) 비상의료용구

비상의료용구(EMK: Emergency Medical Kit)는 전문 의약품과 의료기구로 의료인만 사용할 수 있는 전문 의료용구이다. 의사가 환자의 상태를 진단하여 약물을 주사하고 간단한 수술을 할 수 있는 의사용 의료용구이다. 사용하게 될 경우 기장에게 보고하여야 하고 사용 후에는 객실정비기록부에 기록하여야 한다. 승객 좌석수 101석 이상, 비행시간 2시간 이상인 항공기에만 탑재된다.

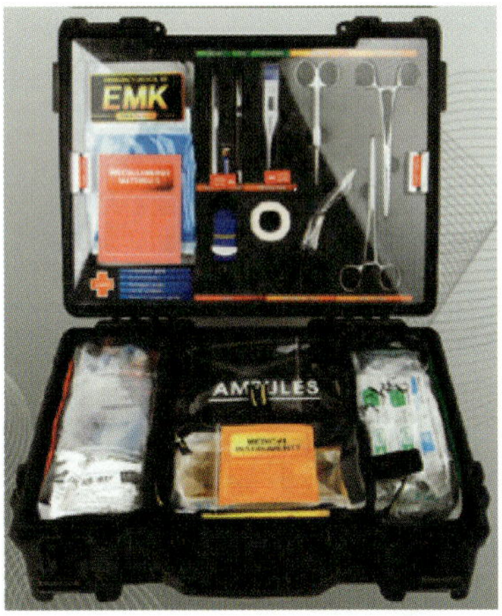

(7) 의료가방

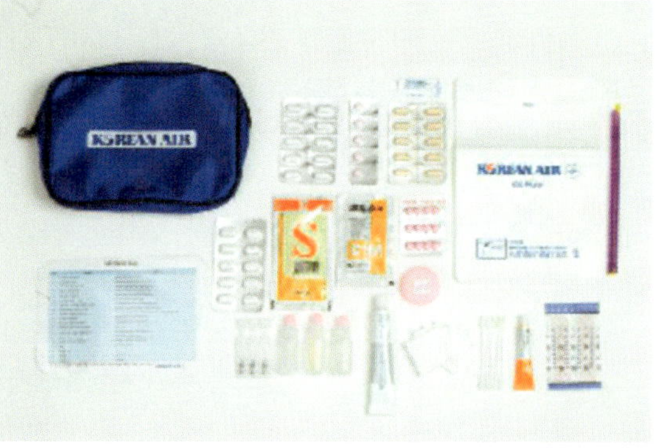

객실승무원이 휴대하고 다니는 의료가방(Medical Bag)으로 작은 파우치 정도의 크기이며, 일반적인 상비약이 들어 있다. 객실승무원 누구나 가지고 다니는 것은 아니며, 상위 직급승무원이 소지하고 있도록 하며, 소요되는 약품들을 수시로 점검하여 부족함이 없도록 지급받아 채워 넣는다. 약품 사용 시 소비기록을 따로 하지 않으며 승객이 요구하면 약품 서비스 절차에 따라 제공하게 된다.

(8) 자동심장충격기

자동심장충격기(AED: Automated External Defibrillator)는 심정지가 되어 있는 환자의 가슴에 패드를 부착하고 일정량의 전기충격을 주어서 심장의 정상 리듬을 가져오게 해 주는 기기로, 의학 지식이 부족한 일반인도 쉽게 사용할 수 있도록 만들어져 있다.

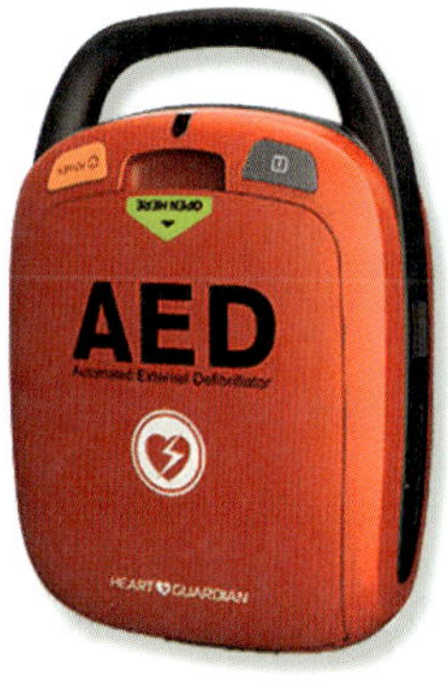

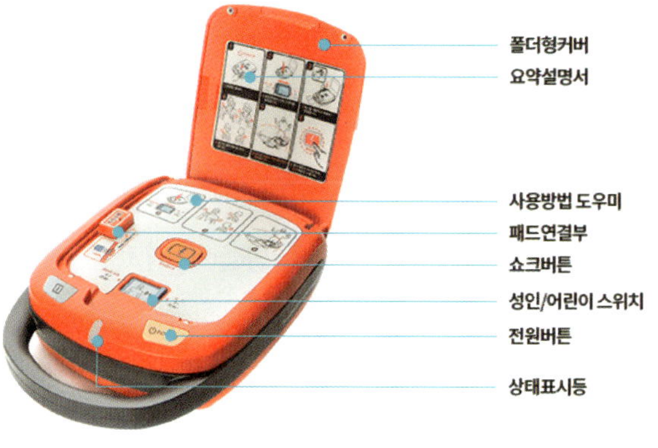

자동심장충격기(AED) 사용법

① 녹색버튼을 눌러 전원을 켠다. 전원이 켜지면 나오는 음성안내에 따라 행동한다.
② 환자를 반듯하게 눕히고 상의를 탈의해 준다.
③ 각 패드의 표면에 그림으로 표시되어 있는 부착할 위치를 확인한다.
④ 그림에 표시되어 있는 패드의 위치대로 우측 쇄골 아래쪽과 또 다른 패드는 좌측 가슴 바깥쪽 아래의 겨드랑이 중앙선에 부착한다.
⑤ 패드에 연결된 선을 기계에 꽂는다.
⑥ 기계에서 자동으로 심장리듬 분석 중이라는 말이 나온다.
⑦ 심장 분석에 오류가 나지 않도록 주위 사람들에게 "모두 물러나세요"라고 외치며 환자와 접촉하지 않는다.
⑧ 전자충격이 필요하다면 제세동 버튼이 깜빡이며 충전을 하게 되며, 충전 후 제세동 버튼을 누르라는 메시지가 나오면 제세동 버튼을 누른다.
⑨ 제세동 버튼을 누르기 전에는 반드시 주변 사람들이 환자에게서 떨어져 있는지 "모두 물러 나세요"라고 외치며 다시 한 번 확인한다.
⑩ 제세동 버튼을 누르면 환자에게 제세동을 위한 전기충격이 가해지게 된다.
⑪ 전기충격이 필요 없거나, 전기 충격이 주어지고 나서는 즉시 심폐소생술을 재시행한다.
⑫ 자동심장충격기는 2분마다 심장리듬을 자동으로 재분석하므로, 심폐소생술 도중에 기기에서 음성 지시가 나오면 기기의 지시에 따라서 위의 절차를 반복하도록 한다.

5) Special Care 서비스

(1) 비동반 소아

비동반 소아(UM: Unaccompanied Minor) 서비스는 혼자 여행하는 어린이가 출발지 공항에서 탑승권을 받는 순간부터 도착지 공항에서 보호자를 만나기까지 안전하게 여행할 수 있도록 돕는 서비스이다. 출국에서 도착까지는 담당직원이 도와주고, 기내에서는 담당승무원이 관심을 가지고 정성껏 보살펴 준다. 대한항공에서는 5시간 이상의 중/장거리 비행편에서는 어린이승객의 비행 중 모습을 편지로 작성해 도착지 보호자에게 전달하는 '플라잉맘 서비스(Flying Mom Service)'를 제공하기도 한다.

서비스 대상은 만 5세 이상~만 11세 이하(국내선은 만 13세 미만) 어린이가 이용할 수 있으며, 동반자가 만 18세 미만(국내선은 만 13세 미만)인 경우에도 신청이 필요하다.

국내선 만 5세 이상~만 13세 미만은 성인정상운임이 적용되고, 국제선을 이용하는 어린이는 반드시 서비스 요금을 지불한다. 동반 성인과 탑승 클래스가 상이한 경우에도 신청이 필요하다. 국제선을 이용하는 만 12세 이상~만 16세 이하의 청소년은 별도의 서비스요금 지불 시 비동반소아 서비스를 이용할 수 있다.

국제선 비동반 소아 요금(대한항공 사례)

- **만 5세 이상~만 11세 이하:** 대한항공에서 별도로 정한 성인운임 적용 + 구간당 USD100(한국 출발은 KRW100,000, 캐나다 출발은 CAD100, 인도네시아 출발은 IDR1,400,000) 혹은 10,000 마일리지
- **만 12세 이상~만 16세 이하:** 대한항공에서 별도로 정한 성인운임 적용 + 구간당 USD150(한국 출발은 KRW150,000, 캐나다 출발은 CAD150, 인도네시아 출발은 IDR2,100,000) 혹은 구간당 15,000 마일리지

서비스 신청 방법

- 출발 24시간 전까지 서비스센터를 통해 서비스를 신청한 후 확약을 받는다.
- 신청 시 출/도착지에서 어린이를 배웅/마중할 때 보호자의 정확한 인적 사항과 연락처(주소, 전화번호)를 알려 주어야 한다.

(2) 한가족 서비스(대한항공 사례)

대한항공에서는 한가족 서비스라고 하여 장거리 해외여행이 익숙하지 않은 고객이 보다 편안하게 여행할 수 있도록 돕는 안내 서비스이다. 서비스 대상은 보호자 없이 여행하는 만 70세 이상 고객과 만 7세 미만의 유/소아를 2명 이상 동반한 1인 고객이며, 무료로 이용할 수 있다. 신청은 서비스센터, 발권지점, 여행사에서 신청할 수 있다. 그러나 국제선을 이용하는 한국인 고객만을 대상으로 하고 있으며, 공동운항편(Code Share)을 이용하는 고객에게는 제공되지 않고 있다.

예를 들면 델타항공(판매사)의 항공권을 구매하고, 대한항공을 탑승하는 고객이나 대한항공의 항공권을 구매하고, 에이프랑스를 탑승하는 고객은 해외 공항 사정

과 한국어 가능 직원 배정이 어려워 서비스를 지원하고 있지 않다. 수하물 운반은 유료 서비스를 이용해야 한다.

(3) 임신부 서비스

임신 32주 미만의 임신부는 제한 없이 자유롭게 여행할 수 있다. 단, 임신성 고혈압, 당뇨 등 합병증이 있는 임신부는 탑승수속 시 의사진단서 및 건강상태 서약서 제출이 필요하다. 탑승 시에 우선 탑승할 수 있다.

임신부 항공기 탑승규정

- **32~36주:** 탑승수속 시 건강상태 서약서 제출
- **37주 이상(다태 임신 시 33주 이상):** 임신부와 태아의 건강을 위해 탑승할 수 없다.
- 다태 임신의 경우 국제항공운송협회의 임신부 탑승 가이드라인(IATA Medical Guideline)에 의거해 단태 임신과 탑승 기준을 구별하고 있다.
- 건강상태 서약서 양식은 항공사 홈페이지에서 확인할 수 있다.

(4) 동반 가능한 반려동물

반려동물을 키우는 인구가 1000만을 넘었다고 한다. 반려동물을 가족과 같이 여기므로 여행 시에도 동반하고 싶어 하는 승객이 늘어나고 있다. 반려동물과 여행 시 국가별로 허용규정이 상이하므로 목적지 국가 관계기관을 통해 반입 시 필요한 검역 증명서, 광견병 예방 접종 보고서 등의 필요 서류를 확인하여야 한다. 기내 반입 시 개, 고양이, 애완용 새는 생후 8주 이상만 가능하며, 수하물로 위탁 시에는 생후 16주 이상부터 동반 여행이 가능하다. 고양이, 개, 새를 제외한 토끼, 햄스터, 페릿(ferret), 거북이, 뱀, 병아리, 닭, 돼지 등 모든 종류의 동물은 수하물로 운송이 불가하다. 안정제나 수면제를 투여한 경우 체온과 혈압이 떨어져 위험할 수 있어 약물을 사용한 경우도 운송이 불가하다. 불안정하고 공격적인 동물, 악취가 심하거나 건강하지 않은 동물, 수태한 암컷은 운송이 불가하며, 반려동물이 크게 짖는 등 지속적으로 소음을 발생시켜 주위 승객의 안락한 여행을 방해할 것으로 예상되는 경우 운송이 거절될 수 있다. 만약 비행 중 반려동물이 소음을 발생시킨 경우, 주변

승객의 불편을 최소화하기 위한 승무원의 지시(입마개 착용 권유 등)를 따라야 한다. 농림축산식품부령 「동물보호법 시행규칙」에 명시된 도사견과 핏불 테리어와 같은 맹견류 및 공격성향을 보이는 반려동물은 운송이 불가하다. 탑승객 1인당 기내 반입 1마리, 위탁수하물 2마리만 운송 가능하다. 비동반소아는 반려동물을 운송 할 수 없다. 항공사별로 별도의 요금이 부과된다.

(5) 장애고객 보조견

장애고객 보조견(Service Animal)은 별도의 운송용기 보관이 필요 없이 기내에 동반할 수 있다. 그러나 추가로 좌석 점유를 할 수 없다. 탑승 시에 국가별로 검역 증명서 등의 서류가 필요할 수 있다.

감성적 · 정서적 장애고객의 보조견(Emotional Support Animal)은 미국 출/도착편의 경우에만 기내 반입이 허용되며 출발 예정일 1년 이내에 발급된 전공 의료인의 소견서를 지참하여야 한다.

WORKSHEET

1. 소형기종, 중형기종, 대형기종에 대해 분류해 보고 각 기종의 특징에 대해 설명해 보세요.

2. 항공기 객실 등급과 등급별 특징에 대해 설명해 보세요.

3. 항공기 객실 내부시설의 특징과 시설별 사용 방법에 대해 설명해 보세요.

4. 연기 감지기(Smoke Detector)에 대해 설명해 보세요.

5. 열 감지형 소화기(Fire Extinguisher)에 대해 설명해 보세요.

6. 항공기 EXIT의 종류와 특징에 대해 설명해 보세요.

7. 항공 객실서비스의 개념에 대해 설명해 보세요.

8. 항공 객실서비스의 내용에 대해 설명해 보세요.

9. 의료용 침대(Stretcher) 서비스에 대해 설명해 보세요.

10. 기내 의료용품의 종류와 특징에 대해 설명해 보세요.

11. 자동심장충격기(AED) 사용법에 대해 설명해 보세요.

12. 임신부 항공기 탑승규정에 대해 설명해 보세요.

Chapter

3

국제선 객실서비스 절차

학습목표

1. 국제선 비행 준비업무 이륙 전 객실서비스에 대해 알 수 있다.
2. 국제선 비행 중 업무인 기내식음료와 기내식에 대해 알 수 있다.
3. 국제선 착륙 후 업무인 승객하기와 유실물 처리에 대해 알 수 있다.

1. 비행준비 업무

항공사 객실승무원은 매월 개인별 배정된 비행 스케줄에 따라 비행업무를 한다. 비행업무를 하기 위해서는 항공사 기준에 적합한 비행에 준하는 유니폼을 착용하고 비행에 필요한 업무준비와 근무형태에 따라 해외 체류 시 필요한 개인 휴대품을 준비하도록 한다.

1) 비행 전 준비

객실승무원은 출근 전 항공사별 Crew 정보시스템에서 개인 메일, 지시 · 공지 사항, 근무 항공편의 업무배정(Duty)을 미리 숙지한다. 비행을 위해 출근 시에는 단정한 유니폼, 헤어두(Hair-do), 메이크업(make-up) 상태를 유지하고, 비행 정보, 업무 매뉴얼, 여권, 직원 신분증(I.D CARD) 등을 재확인한다.

객실승무원 필수 휴대품

- 여권 · 비자(visa)
- 객실업무교범(Cabin Operation Manual)
- 비행근무에 필요한 서류
- 직원 신분증(I.D card)
- 기내방송문(In-Flight Announcement)
- 기타 지정된 개인 휴대품

출근 후 객실브리핑 실시 전 출근 확인을 위해 지정된 컴퓨터에서 개인 I.D와 Password를 입력하여 Show up을 한다.

(1) 객실브리핑

객실브리핑(Cabin Briefing)은 해당 항공편 사무장 주관으로 객실승무원들이 담당 업무 및 해당 항공편 정보 등의 공유 및 확인과정으로 진행된다. 객실브리핑 시간은 항공기 출발 예정 시간(STD: Scheduled Time of Departure) 기준으로 정해지며, 일반적으로 국제선의 경우 항공기 출발 예정 시간 2시간 전에 실시한다.

브리핑 순서	객실 브리핑(Cabin Briefing) 내용
승무원 소개	• 인원확인 • 직급 성명, 담당 업무 등 소개 • 업무 배정 확인
비행준비 사항 점검	• 용모 및 복장 점검 • 필수 휴대품 소지 여부 • Passport & Visa, ID Card, 승무원 등록증 • Time Table • 객실서비스 매뉴얼 • 승무원 비행 수첩
비행 정보	• 비행일정, 비행시간, 시차, 목적지 공항 정보 • 항공기 기종 관련 사항 • CIQ 관련 사항 • 승객예약사항(VIP, CIP, SPML)
비행 안전 및 보안	• 해당 기종의 비상장비종류, 위치, 사용법, 비상절차 • 해당 기종의 비상구 작동법 및 특성 • 기차 안전 및 보안 관련 강조 사항
객실서비스 관련 정보	• 담당 업무 확인 • 서비스 절차 및 내용, 메뉴, 특별식 탑재 여부 • 해당 편수 예약사항(SPML, VIP & CIP, WHCR, BSCT 등) • 기내 방송 및 영화 상영물 • 기내면세품 판매 관련 사항 • 신규 변경된 서비스 내용 • 기타 서비스 관련 강조사항
기타	• 비행근무 및 해외체류에 따른 규정 지도 • 최근 승객 불만사항 Case Study

(2) 합동 브리핑

합동 브리핑(Cockpit Briefing)은 해당 항공편의 기장(P.I.C)이 주관하여 운항승무원과 객실승무원이 지정된 장소에서 항공기 출발 40분 전에 실시한다. 연결편 항공기의 지연 및 항공기가 주기장에 주기되어 있지 않을 경우 승객과 분리된 장소인 공항 게이트 입구에서 실시되기도 한다.

합동 브리핑(Cockpit Briefing)

- 운항승무원, 객실승무원 상호 인사
- 계획된 비행시간 및 고도
- 항로 및 항로상의 기상상태
- 목적지 기상상태
- 승객 예약상황 및 VIP/CIP, 특수 고객 등의 승객 정보
- 화물 탑재 상황
- 조종실(cockpit) 출입절차
- 안전 및 보안 관련 유의사항
- 승무원 상호 간의 협조사항

▲ **합동 브리핑(Cockpit Briefing)**

출처: 대한항공 뉴스룸

(3) 승무원 출국 절차

승무원 출국 절차는 상주직원 및 승무원 전용 보안검색대를 이용하며 공항이동 시에는 직원 신분증(I.D Card)를 패용하여야 한다. 항공기의 안전운항을 위해 신체

및 휴대수하물을 검색하고 기내 반입 금지 품목 등을 소지품 엑스레이(X-ray)를 통해 확인한다. 출국심사는 승무원용 명부(GD: General Declaration)를 통해 여권 또는 ID 확인만으로 출국심사가 완료된다.

2) 지상(Ground) 준비 업무

(1) 비행 전 점검

항공기에 탑승하여 배정된 근무(Duty) 구역의 지정된 장소에 객실승무원의 휴대수하물을 보관한다. 개별 휴대수하물을 정리한 후 승무원 좌석(Jump Seat) 주변과 담당 구역(Zone)의 비상·보안 장비, 항공기 Door 상태 점검, Slide Mode 확인, 객실 장비·시스템 및 서비스 용품 등 비행 전 점검(Pre-flight Check)을 실시한다. 모든 점검 사항 결과의 이상유무를 해당 비행편의 사무장에게 보고한다. 특히 항공기 설비의 이상 발생 또는 서비스용품의 미탑재 시에는 즉시 보고하여 필요한 조치가 이루어져 항공기 출발에 지장을 초래하지 않도록 한다.

이외에도 승객 탑승 전 객실승무원은 담당 구역의 객실 청결 상태를 점검하고, 통로(Aisle)나 좌석 하단, 승객 좌석 주머니(Seat Pocket) 그리고 수하물 선반

(Overhead Bin)에 이상한 물건이 없는지를 확인한다. 또한, 승객 좌석등받이, 독서등, 호출버튼 등의 정상 작동 여부, 승객 좌석별 준비되어야 하는 용품(life vest, Safety Information Card, 구토대, 기내지 등)이 비치되어 있는지 점검한다.

비행 전 점검(pre-flight check)

- **비상장비 및 보안장비:** 장비의 위치, 작동법, 이상유무 등을 점검
- **객실 시스템(Cabin System) 점검:** 객실 온도, 객실 조명, 비디오, 오디오, Pre-recorded Announcement 등
- 객실(Cabin) & 갤리(Galley) 청결 상태
- 갤리(Galley) 내 장비 및 설비 작동 상태
- **화장실(Lavatory):** 청결상태 및 설비의 작동 여부
- 각종 Gauge(물, 온도, 화장실 Waste Gauge 등)

(2) 지상 서비스 준비

승객이 항공기에 탑승하여 제공되는 객실서비스는 Welcome drink와 신문, 잡지, Amenity Kit 등이 있으며 항공사에 따라 상이하게 제공한다.

① 일반석(Economy Class)

- 신문은 국내 신문과 영자 신문으로 크게 나뉘며 제호가 보이도록 서비스 카트(Serving Cart)를 이용해 탑승구 앞에 준비한다.

- 잡지는 객실 잡지꽂이(Magazine Rack)에 가지런히 준비해 둔다.
- 화장실에 화장실용품을 정리하고 청결 상태를 확인한다(휴지, 물비누 등).

② 이등석(Business Class)

- 신문은 Tray에 신문 제호가 보이도록 가지런히 준비하여 개별적으로 서비스할 수 있도록 한다.
- 잡지는 잡지꽂이(Magazine Rack)에 정리한다.
- 화장실용품을 정리하고 좌석 앞주머니(Seat Pocket)에 헤드폰과 슬리퍼가 준비되어 있는지 확인하고 Welcome Drink를 준비한다.

③ 일등석(First Class)

- 신문, 편의복, Amenity Kit와 Welcome Drink는 개별적으로 서비스할 수 있도록 준비한다.
- 화장실용품을 화장실에 정리하고 잡지, 슬리퍼, Bar 등을 준비한다.

2. 이륙 전 객실서비스

1) 승객 탑승

승객 탑승은 항공기 출발 예정 시간(STD: Scheduled Time of Departure) 20~30분 전에 시작되며, 객실승무원은 유니폼 상태를 단정히 하고 담당 구역(Zone)의 항공기 Door 근처나 통로(Aisle)에서 대기한다.

탑승구에서 승객을 맞이하는 객실승무원은 밝은 표정으로 환영인사를 하며 탑승권의 날짜 및 편명 확인과 함께 좌석 안내로 원활한 탑승이 이루어질 수 있도록 한다. 항공기 객실 담당 구역에서는 객실승무원의 도움이 필요한 승객에게 적극적으로 다가가 좌석 안내 및 휴대수하물을 지정된 장소에 안전하게 보관할 수 있도록 도움을 준다.

휴대수하물은 3면의 합이 115cm 이내인 수하물로 승객 좌석 밑이나 수하물 선반(Overhead Bin)에 보관한다. 규정에 어긋나는 수하물을 반입한 경우 사무장에게 보고하여 운송직원에게 요청하여 일반 화물로 보내도록 한다.

스트레처(stretcher) 승객 ➡ UM(비동반소아), 제한 승객 ➡
노약자, 유아동반 승객 ➡ VIP, CIP ➡
일등석 승객 ➡ 비즈니스석 승객 ➡
일반석 승객

▲ 기내 탑승 우선순위

항공기 비상구열 좌석 승객에게는 비상구 좌석브리핑(Briefing)을 하여 비상구의 위치와 사용법, 비상구 좌석 승객의 준수 사항, 비상 시 탈출 승객 협조에 대한 안내 내용을 전달한다. 항공기 비상구열 좌석은 항공기 Door로 직접 접근할 수 있는 승객 좌석과 Door 내측에서 통로까지의 좌석 열을 의미한다. 비상구열 좌석 착석 기준에 적합하지 않은 승객이거나 비상구열 좌석 승객의 임무를 거부할 경우 비상구열 좌석이 아닌 다른 좌석으로 재배정하여야 한다.

비상구열 좌석배정 불가 승객

- 15세 미만 또는 동반자 도움없이 비상구나 탈출 슬라이드 조작이 어려운 승객
- 글 또는 그림의 형태로 제공된 비상탈출에 관한 지시를 읽고 이해하지 못하거나 승무원의 구두지시를 이해하지 못하는 승객
- 시력 보조장비나 청력 보조장비 없이는 승무원의 탈출지시를 수행하거나 이해하지 못하는 승객
- 다른 승객에게 정보를 적절하게 전달할 수 있는 능력이 부족한 승객
- 유아나 어린이 동반승객으로 비상탈출 역할 수행이 불가능한 승객
- 승무원의 비상탈출 시 협조자의 역할을 거부하는 승객

2) 이륙(Take-Off) 전 객실서비스

승객의 탑승이 완료되면 객실사무장은 운송직원으로부터 Ship Pouch를 인수 받는다. Ship Pouch는 승무원 명단, 항공기 출항에 필요한 여객 · 화물 운송 관련 서류(GD: General Declaration, PM: Passenger Manifest, CM: Cargo Manifest), Flight Coupon, SHR(Special Handling Request) 등이며, 서류를 확인하고, 도착지 관련 서류(출입국카드, 세관신고서, 검역설문서) 탑재 여부 및 탑재량을 확인한다.

Special Handling Request(SHR) 내용

- 해당 편수, 날짜, 출발지
- Class별 전체 승객 수
- 승객 좌석, 승객 성명, 승객 기념일
- 특별한 서비스 요구사항
- Special Meal에 대한 정보
- 기내판매 사전주문 승객 이름 및 좌석번호 등의 정보
- VIP, CIP, UM, TWOV, 환자, 단체 등의 정보
- 남아 있는 빈 좌석번호

승객 중 특별히 Handling해야 할 대상자에 대한 정보는 예약부터 탑승 전까지 지상직원에 의해 시스템으로 입력 가능하며 항공기 출발 전 운송직원으로부터 전달받아 이를 토대로 객실승무원들은 세심한 서비스를 제공한다.

(1) 항공기 Door Close 및 이륙 준비

항공기 객실 내 모든 휴대수하물의 정위치 보관과 수하물 선반(Overhead Bin)의 닫힘 상태, 승객 좌석 착석 여부를 확인 후 객실사무장은 '객실 준비 완료' 상태를 기장에게 보고한다. 기장의 동의하에 이상이 없을 경우 항공기 Door를 닫고 객실사무장은 기내방송을 통해 객실승무원의 담당 Door의 Slide Mode(팽창위치: Armed Position)를 변경하도록 한다. 객실승무원은 Slide Mode 변경 후 상호 확인하고 항공사 규정에 따라 객실사무장에게 보고한다. 객실사무장은 모든 Door Slide Mode 변경을 확인한 후 기장에게 'Push Back' 준비 완료를 보고한다.

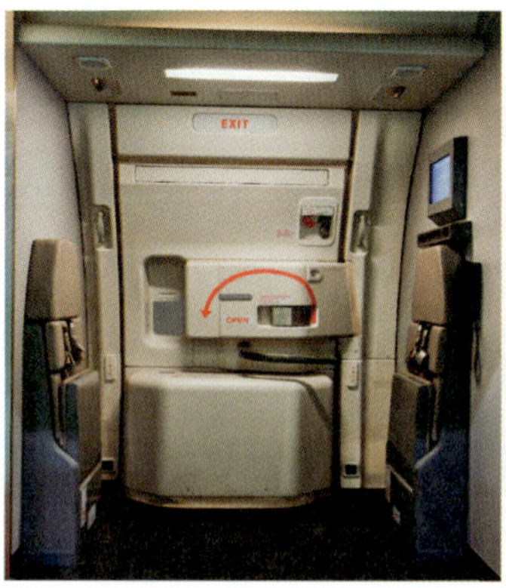

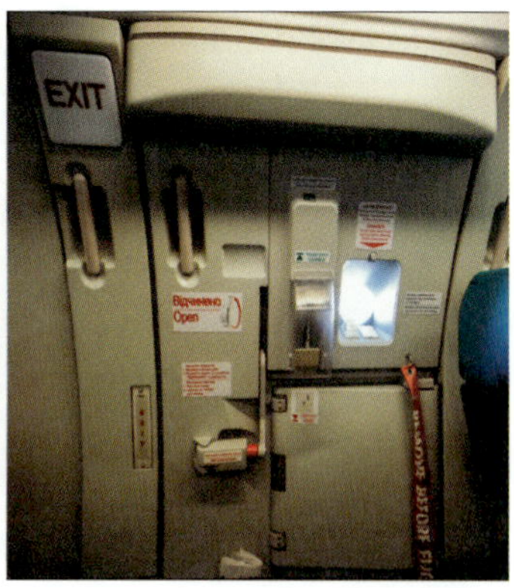

(2) Welcome 방송 및 Safety Demonstration

항공기가 이륙 준비를 위해 Push Back을 하면 해당 항공편 기내방송 담당 객실승무원은 Welcome 방송을 실시하고, 객실승무원들은 담당 구역(Zone) 승객들에게 Welcome 방송에 맞추어 인사를 한다.

객실승무원은 담당 구역의 휴대수하물 보관 상태, 승객의 좌석벨트 착용 상태, 좌석 등받이 · 팔걸이 · 발받침 · 테이블의 정위치 상태, 창문 덮개(Window Shade) 열림 상태, 갤리(Galley) 유동물 고정 상태, 화장실 잔류승객 여부 및 변기 덮개 닫힘 상태 등을 점검한다.

Welcome 방송이 끝난 후 비행 안전에 관한 Safety Demonstration을 비디오(video)나 객실승무원의 직접 시연을 통해 안내한다. Safety Demonstration은 비상구 위치, 좌석벨트, 구명복(Life Vest), 산소마스크 사용법에 대한 안내이다.

장애인이나 노약자 등 비상탈출 시 도움이 필요한 승객에게는 개별 브리핑(Briefing)을 실시한다. 모든 객실 상태 점검 완료 후 이륙 준비를 위해 객실승무원은 지정된 승무원 좌석에 착석하여 좌석벨트와 어깨끈(Shoulder Harness)을 착용한 후 30 Seconds Review를 실시한다.

30 Seconds Review

이륙 전 객실승무원은 지정된 승무원 좌석에 착석하여 좌석벨트와 어깨끈(Shoulder Harness)을 착용한 후 항공기가 이착륙하는 중요한 시점(Critical 11)에서 비상탈출에 대한 절차를 다시 한 번 확인한다.

- 비상장비의 위치와 작동법
- 비상구의 위치와 작동법
- 충격방지 자세
- 비상탈출 순서
- 비상탈출 시 도움이 필요한 승객
- 비상탈출 시 도움을 줄 수 있는 승객

▶ 「Critical 11」이란 항공기는 이륙 3분 그리고 착륙 8분 동안이 전체 사고의 78%를 차지하는 위험성을 가지고 있는 결정적이며 위험한 순간을 의미한다. 따라서 이 · 착륙 시에 일어날 수 있는 사고에 대비해 철저히 안전 점검을 시행하여야 한다.

3. 비행 중 객실서비스

항공기 이륙(Take-Off) 후 안전고도에 진입하면 좌석벨트 표시등(Seat Belt Sign)이 꺼지고 객실승무원은 해당 노선별 서비스 절차에 따라 승객들에게 비행 중 서비스(In Flight Service)를 제공한다. 항공사와 운항노선, 비행시간에 따라 다소 차이가 있으며 서비스 절차와 내용에 대해서는 사전에 숙지하여 서비스를 제공한다.

1) 이륙(Take-Off) 후 객실서비스

(1) 갤리 브리핑

객실서비스를 시작하기 전 클래스(Class: 일반석, 이등석, 일등석)별 선임승무원을 주축으로 갤리 브리핑(Galley Briefing)을 실시한다. 해당 항공편 객실서비스 유의사항 및 특이사항을 공유하여 비행 중 원활한 서비스가 이루어질 수 있도록 한다. 특히 S.H.R(Special Handling Request) 내용을 참고하여 특별 기내식 요청 승객, 특수 승객 등의 담당 객실승무원을 지정하여 승객이 비행 중에 편안하고 안전한 여행을 할 수 있도록 세심한 서비스를 한다.

갤리 브리핑(Galley Briefing)

- 탑승객 정보(information) 공유
- 기내식(meal) 내용 및 수량
- 특별식(special meal) 내용 및 수량
- 서비스 방법 및 유의 사항
- 기타 특이사항

(2) 헤드폰과 메뉴북 서비스

비행 중 제공하는 객실서비스 중 기내식음료 서비스는 운항 노선에 따라 서비스 횟수와 기내식의 종류에 차이가 있다. 기내식음료를 서비스하기 전 해당 노선에서 제공되는 기내식 메뉴북(Menu Book)을 승객에게 제공한다. 일등석과 이등석은 코스 메뉴(course menu)에 제공되는 식사와 와인에 대해 미리 숙지하고 간단히 설명한다.

뿐만 아니라 장시간 비행에 다양한 엔터테인먼트로 즐거움을 제공하고 있다. 최신 항공기의 도입으로 전 객실 승객 좌석에 개별 IFE시스템(in flight entertainment system)이 장착되어 비행 중 승객 개인의 취향에 따라 영화, 음악, 게임 등을 즐길 수 있다. 항공사에 따라 서비스의 절차는 상이하나 일등석과 이등석은 헤드폰(headphone)을 지상에서 좌석에 준비해 두며, 일반석의 경우 서비스 카트(serving cart)를 이용하여 승객의 수만큼 준비하여 서비스한다. 이 때 필요에 따라 사용법과 엔터테인먼트 프로그램을 함께 설명한다.

(3) 핸드 타월 서비스

핸드 타월(Hand Towel)은 기내식음료 서비스 전에 제공하며 출발 시간, 노선에 따라 Cotton Towel 또는 Disposable Towel을 서비스한다. 핸드 타월 서비스는 타월 바스켓(Towel Basket)에 담당 구역(Zone) 승객의 수만큼 담아 서비스한다. 사용된 핸드 타월은 서비스순서대로 회수한다.

Cotton Towel 서비스

① Cotton Towel을 오븐(oven)에 넣고 heating한다.
② Cotton Towel을 Towel Basket에 담아 Towel Spray를 뿌린다.
③ 서비스 전 Cotton Towel의 온도와 냄새, 습도를 점검한다.
④ Towel Tong을 이용하여 승객에게 서비스한다.
⑤ 사용한 Cotton Towel을 수거할 때는 Towel Basket을 사용한다.

Disposable Towel 서비스

① Disposable Towel을 Towel Basket에 정리하여 담는다.
② 손으로 하나씩 집어 승객들에게 개별 서비스한다.
③ 사용한 Disposable Towel을 수거할 때는 Towel Basket을 사용한다.

2) 식전음료 서비스

기내식 서비스를 제공하기 전에 승객들에게 식전음료(Aperitif)를 서비스한다. 객실 등급에 따라 서비스 방법에는 차이가 있으며 일반적으로 카트(Cart)나 Tray를 이용하여 서비스한다. 일등석나 이등석의 경우 승객에게 개별 주문을 받아 준비해 드리기도 한다.

서비스 시 제공되는 음료는 juice, soft drink, 생수, 맥주 등과 기내에 탑재된 알코올 음료를 이용한 다양한 칵테일도 서비스한다. 뜨거운 음료는 뜨겁게, 차가운 음료는 차갑게 서비스될 수 있도록 서비스 직전에 준비한다. 서비스 전 차갑게 제공되어야 할 음료의 chilling 상태를 확인하고, 얼음과 함께 제공되어야 할 음료는 얼음을 준비하여 서비스한다.

기내 음료 서비스

- 음료는 창측 승객, 어린이나 노약자 승객, 여성 승객에게 먼저 주문 받는다.
- 식음료로 준비된 음료의 종류를 간단한 설명한 후 주문을 받는다.
- 차가운 음료는 차갑게 뜨거운 음료는 뜨겁게 준비하여 서비스한다.
- Juice는 얼음을 넣지 않고 차갑게 서비스하고 soft drink는 얼음과 함께 서비스한다. 단, 승객의 취향에 따라 제공할 수 있다.
- 식음료 서비스 전 승객의 테이블(tray table)을 펴고 Cocktail Napkin과 Nuts를 서비스한다.
- 컵은 입이 닿는 부분에 손이 닿지 않도록 하고 되도록 Tray Table에 직접 놓아드린다.
- 왼쪽 승객에게는 왼손, 오른쪽 승객에게는 오른손으로 서비스한다.
- 사용된 컵을 회수할 때는 다른 주문 사항이 없는지 확인한다.

(1) 비알코올 음료

알코올이 함유되지 않은 음료를 총칭하며 기내에서 제공되는 비알코올 음료(Non-alcoholic Beverage)는 일반적으로는 다음과 같은 음료가 제공된다.

① 찬음료(Cold Beverage)

- 물(Water)

  무색, 무미하며 서비스하기 전에 차갑게 준비하여 서비스한다. 물의 종류는 탄산함유 유무에 따라 Mineral water(제주산수, 에비앙, 볼빅 등)와 Sparkling water(Perrier, st pelleciano 등)로 나눌 수 있다.

- 주스(Juice)

  과일이나 채소를 주원료로 하여 가공한 것으로 차갑게 준비하여 서비스하며 얼음은 넣지 않는다. 기내에서 서비스하는 주스는 오렌지 주스(Orange juice), 파인애플 주스(Pineapple juice), 토마토 주스(Tomato juice), 구아바 주스(Guava juice), 사과 주스(Apple juice), 자몽 주스(Grape fruit juice) 등이 있다.

- 청량음료(Soft drink)

  탄산을 첨가하여 청량감을 높인 음료를 말한다. 서비스 전에 차갑게 준비하며 얼음을 넣어 서비스한다. 대표적인 청량음료로는 Cocke, 7-up, Pepsi, Sprite 등이 있다.

- Mixer류

  얼음을 넣어 차갑게 서비스되며 칵테일을 만들 때 주로 사용하는 음료이다. 종류로는 토닉 워터(Tonic water), 소다 워터(Soda water), 진저에일(Ginger ale) 등이 있다.

- 우유(Milk)

  일반 우유(Whole milk)와 저지방 우유(Low fat milk)가 서비스된다.

② 뜨거운 음료(Hot Beverage)

- 차(Tea)

일반석에서 서비스하는 차(tea)는 녹차와 홍차가 있으며 이등석과 일등석의 경우에는 자스민차, 인삼차, 우롱차 등 다양한 종류의 차가 서비스된다. 차를 서비스할 때는 티백(tea bag)을 개별로 서비스하며 홍차의 경우 기호에 따라 레몬, 설탕, 우유를 제공하고 인삼차는 꿀을 함께 서비스한다.

- 커피(Coffee)

커피는 생산지와 볶는 방법, 조합 방법에 따라 맛과 향에 차이가 난다. 기내에서 제공되는 커피는 원두커피 팩(pack)이 탑재되어 Brew하거나 인스턴트 커피인 디카페인 커피(Decaffeinated coffee)와 브랜드 커피(Brand coffee)가 있다. 최근에는 최신 기종의 최첨단 설비로 에스프레소나 카페라테 등과 같은 커피를 서비스하기도 한다.

(2) 알코올 음료

알코올이 함유된 음료를 말하며 항공기 객실의 기압, 고도 등 특수한 환경으로 인해 알코올 음료(Alcoholic Beverage)를 서비스할 때에는 적절한 양을 서비스하여 불미스런 일이 발생하지 않도록 한다. 또한 알코올 음료에 대한 전문지식으로 고객들에게 세련된 서비스를 제공할 수 있도록 한다.

식사에 따른 분류

- **식전주(Before Meal Drink: Aperitif)**
  식사 전 식욕을 촉진하기 위해 마시는 소량의 알코올은 위산 분비가 활발해지며 신맛과 쓴맛의 알코올 음료를 마신다.
  예) Cocktail, Champagne, Campari, Sherry 등
- **식중주(During Meal Drink)**
  식사 중간에 메뉴와 어울리는 알코올 음료는 입맛을 더욱 좋게 하며 소화를 돕는 역할을 한다. 알코올 농도가 높지 않은 종류가 적합하다.
  예) Wine, Beer 등
- **식후주(After Meal Drink: Digestive)**
  식사 후 소화를 돕는 역할을 하며 알코올 농도가 높고 감미로운 종류의 알코올 음료가 애용된다.
  예) Liqueur, Brandy 등

제조법에 따른 분류

- **양조주(Fermented Liquor)**
  곡물의 녹말이나 과일의 당분을 발효시킨 후 여과한 술로서 가장 오래된 역사를 가지고 있다. Wine, Beer, 청주, 막걸리 등이 대표적이며 알코올 함량은 3~20% 정도이다.
- **증류주(Distilled Liquor)**
  양조주보다 알코올 도수를 높이기 위해 1차 발효된 양조주를 증류하여 알코올 농도를 진하게 만든 술이다. Whisky, Brandy, Gin, Rum을 비롯하여 중국의 고량주 등이 있다. 알코올 함량은 40~80% 정도이다.
- **혼성주(Compounded Liquor)**
  증류주에 다른 종류의 술을 혼합하거나 약초, 식물의 뿌리, 열매, 과즙, 색소, 향 등을 첨가하여 만든 술로 향기추출법에 따라 침출법, 증류법, 에센스법이 있으며 Liqueur, Bitters, 합성청주, 감미과실주, 약미주(藥味酒) 등이 있으며 알코올 함량은 30~40% 정도이다.

① 맥주

맥주는 알코올 함량이 약 4% 정도인 황금색의 투명한 액체로 탄산가스를 함유하고 있으며, 백색 크림형의 거품을 특징으로 한다. 맥주를 뜻하는 비어(Beer)의 어원은 '마시다'는 뜻을 가진 라틴어 비베레(bibere)와 '곡물'을 뜻하는 게르만어 베오레(bior)에서 나왔다. 맥주는 세계에서 가장 오래된 발효주로 알려져 있으며, 가장 대중적인 알코올 음료 중 하나이기도 하다. 맥주는 알코올 성분이 적은 편이나 이산화탄소와 홉의 쓴맛 성분을 함유하고 있어 소화를 촉진하고 이뇨작용을 돕는 효능이 있다.

맥주 제조공법은 보리를 싹 틔운 맥아(麦芽)와 홉을 물로 추출하여 맥아즙을 만들고 여기에 효모를 넣어 발효시킨 다음 숙성, 여과 과정을 거쳐 맥주를 완성하며, 병·캔·통 등 여러 형태의 용기에 담는다. 맥주는 탄산가스의 청량감을 즐길 수 있도록 차게 마시는 것이 좋으며 적정 온도는 6~8℃이다. 온도가 높으며 맥주의 탄산가스가 증발해 버리고 거품이 너무 생겨 적정 온도를 유지하는 것이 좋다. 특히 맥주의 거품은 탄산가스의 유출을 방지하고 신선한 맛을 유지시켜주는 역할을 한다. 맥주는 발효 형태에 따라 상면발효맥주와 하면발효맥주로 크게 나뉘고, 양조법에 따라서는 드라이(Dry) 맥주, 디허스크(Dehusk) 맥주, 아이스(Ice) 맥주로 구분되고, 살균 여부에 따라서는 생맥주와 보통맥주로 나뉜다.

상면발효맥주(Top Fermentation Beer)	하면발효맥주(Bottom Fermentation Beer)
• 발효 중 표면에 떠오르는 효모를 사용하고 고온에서 발효시킨다. • 상면발효맥주는 맥아농도가 높고 색이 짙으며 알코올 도수가 높은 편이다. • 대표적으로 에일(Ale)과 스타우트(Staut)가 있으며 영국의 포터, 아일랜드의 기네스와 스타우트, 벨기에의 호가든, 독일의 바이스비어 등이 있다.	• 발효 중 아래에 가라앉는 효모로 만들어지며 저온에서 발효시킨다. • 깨끗하고 부드러운 맛이 특징이며 세계맥주 생산량의 대부분을 차지한다. • 대표적으로 라거(Lager) Beer로 페일 라거(pale lager), 보크(bock), 필스너(pilsner) 등이 있다.

② 위스키

위스키(Whisky)의 어원은 라틴어의 아쿠아 비테(Aqua Vitae: 생명의 물)가 게르만어 우스게베이하(Uisgebeathe)로 변하여 위스키(Whisky)가 되었다. 위스키는 보리(Barley), 호밀(Rye), 밀(Wheat), 옥수수(Corn), 귀리(Oats) 등 곡물을 원료로 하여 발효 양조하고 이것을 증류하여 얻은 무색투명한 술을 나무통(Oak)에 넣어 오랫동안 숙성시킨 술을 말한다. 숙성 기간 중 나무통의 성분이 우러나와 호박색으로 변하고 향미와 향취도 좋아지게 된다.

원료에 따른 분류

- 몰트 위스키(Malt Whisky)

  100% 보리(맥아)만을 발효시키고 증류하여 만든 위스키이다. 몰트 위스키(Malt whisky) 중에서도 여러 증류소에서 만든 서로 다른 몰트 위스키를 혼합할 경우 블렌디드 몰트 위스키(Blended malt whisky)라고 하고, 단일 증류소에서 만들어진 몰트 위스키만을 사용한 경우를 싱글 몰트 위스키(Single-malt whisky)라고 한다.

- 그레인 위스키(Grain Whisky)

  보리, 옥수수, 귀리 등의 잡곡을 당화시키고, 발효, 증류시킨 것이다. 숙성은 3년 남짓하고 주로 몰트 위스키와 블렌딩하기 위한 목적으로 만든다. 블렌디드 위스키(Blended whisky)는 여러 종류의 증류원소를 결합한 위스키를 말한다.

- 콘 위스키(Corn Whisky)

  옥수수(80%)와 라이(rye)와 몰트(malt) 등의 알곡을 혼합하여 만든 것으로 아메리칸 위스키(American whiskey)의 주원료이다. 이를 버번 위스키(Bourbon whisky)라고도 한다.

- 라이 위스키(Rye Whisky)

  51%의 호밀에 다른 알곡을 섞어 만든 것으로 라이(rye)는 캐나디안 위스키(Canadian whisky) 주원료이다.

생산지에 따른 분류

- 아메리칸 위스키(American Whisky)

미국에서 생산되는 위스키로 종류에는 버번위스키(Bourbon Whisky), 라이 위스키(Rye Whisky), 콘 위스키(Corn Whisky), 테네시 위스키(Tennessee Whisky) 등이 있다. 버번위스키(Bourbon Whisky)는 원료로 옥수수를 51% 이상 함유하고 있으며 라이 위스키(Rye Whisky) 라이보리를 51% 이상 함유하고 있다. 콘 위스키(Corn Whisky)는 옥수수를 80% 이상 함유하며 테네시 위스키(Tennessee Whisky)는 테네시 주에서 만들어지며 그곳에서 생산되는 숯으로 여과한 후에 숙성시킨 것을 말한다.

- 캐나디안 위스키(Canadian Whisky)

캐나다에서 생산하는 캐나다 위스키는 순하며 부드러운 향미를 지니고 있다. 호밀을 원료로 3년 정도 숙성한 라이 위스키(Rye Whiskey)와 옥수수를 원료로 3년 정도 숙성한 콘 위스키(Corn Whiskey)를 블렌딩(blending)하여 최종적으로 캐나디안 위스키(Canadian Whiskey)를 만든다.

- 스카치 위스키(Scotch Whisky)

영국 북부의 스코틀랜드에서 만들어진 위스키를 말한다. 주정 이외의 몰트 특유의 물질을 섞어 스카치 위스키(Scotch Whisky) 특유의 맛과 향기를 낸다. 특히 몰트를 건조시킬 때 스코틀랜드 특산인 피트[土炭]를 쓰기 때문에 냄새가 스카치에 배어 스모키 플레이버(Smokey Flavor)라고 하는 특유의 향이 그 특징이 된다. 옥수수를 주원료로 한 그레인위스키(Grain Whisky), 부리만 사용하여 만든 몰트위스키(Malt Whisky), 그리고 이 둘을 혼합한 블렌디드 위스키(Blended Whisky)가 있다.

- 아이리쉬 위스키(Irish Whisky)

영국의 서쪽에 있는 아일랜드 지방에서 생산되는 위스키를 말한다. 아이리쉬 위스키(Irish Whisky)의 맛은 묵직하고 강한 전통적인 맛을 가지고 있다. 주원료는 맥아와 보리만을 사용하며 아일랜드의 연질의 물로 최고의 위스키를 생산한다. 2번 증류하는 스카치 위스키(Scotch Whisky)와 달리 아이리쉬 위스키는 3번 증류하여 불순물을 제거하고 고농도의 알코올을 얻는다. 그 증류액을 셰리통에 넣어 3년 이상 저장 · 숙성시키며 평균 숙성 기간은 7년이고 10~12년 숙성시킨 명주도 있다. 그러나 1970년대부터는 수출용으로 위스키를 제조하면서 아이리쉬 위스키의 맛이 점차적으로 변하였다. 현재는 옥수수를 조금씩 사용하고, 연속식 증류 장치를 이용한 위스키를 블렌딩하고 있다. 아이리쉬 위스키는 아일랜드에서 소비되는 중후한 맛의 위스키와 수출용으로 만드는 경쾌하고 온화한 풍미의 위스키로 구분된다.

③ 진

진(Gin)은 네덜란드에서 1660년 라이덴 대학의 의사인 실비우스 박사가 알코올액에 쥬니퍼 베리(juniper berry: 노간주나무 열매)를 넣어 증류해서 해열제로 만든 것이 기원이다. 명칭은 쥬니퍼 베리를 의미하는 프랑스어로 쥬니에블 와인이라고 했으며, 이후에 영국에서 진이라는 명칭이 되었다. 진은 주니퍼 베리(juniper berry)의 상쾌하고 깊은 향기를 내는 무색투명한 증류주로 주정도가 40도 정도이다. 진의 종류는 드라이 진과 더치 진의 두 종류로 구분된다.

드라이 진(Dry Gin)은 런던을 중심으로 발달하였다. 원료는 맥아와 옥수수를 주원료로 하여 당화 · 발효시키며 더치 진에 비해 향미가 약하고 부드러운 맛이다. 칵테일(Cocktail)용으로 많이 사용된다.

더치 진(Dutch Gin)은 향미가 짙고 맥아의 향취가 남아 있는 묵직한 맛을 가지고 있다. 일명 홀랜드(Hollands) 혹은 쉬덤(Schiedom)이라고도 한다. 강한 향으로 칵테일(Cocktail)용으로는 사용되지 않으며 Straight로 마신다.

④ 보드카

보드카(Vodka)는 러시아에서 발달된 대표적인 증류주로 러시아어의 Voda(우오다)로서 영어의 물(water)과 같다. 보드카는 감자를 주원료로 여러 가지 곡류를 이용하여 만든 증류주로 증류 후 자작나무 활성탄을 통과시키면서 불순물을 제거한다. 여과 과정은 보드카 생산 과정에서 가장 중요한 단계이며 숙성하지 않는 것은 보드카 제조법의 특징이다. 보드카는 무색 투명하고 냄새도 없으며 무미에 가까운 맛을 지니고 있어서 칵테일 베이스로 많이 사용되고 있다. 또한 전채요리(Appetizer)인 캐비어(Caviar)와 연어(Salmon) 등과 함께 즐겨 마시기도 한다.

⑤ 럼

럼(Rum)은 17세기 초 서인도제도의 발바도스 섬에서 사탕수수를 이용해서 증류주를 만든 것이 기원이다. 이 지역 원주민들은 마시고 취해서 흥분한 모습을 보고

흥분이라는 단어 럼불리온(rumbullion)에서 럼(Rum)이라는 이름이 되었다고 한다. 사탕수수의 당밀은 풍미가 좋고 독특한 단맛과 향이 있으며 55~65%의 당분을 함유하고 있다. 당밀을 발효시킬 때는 주로 자연발효를 하며 이때 효모와 여러 종류의 박테리아로 럼 특유의 향기가 형성된다. 럼은 원료인 사탕수수를 분쇄한 후 여과한 당액을 그대로 사용하거나 부산물인 당액을 사용한다. 럼은 숙성 정도, 생산지, 색에 따라 분류하며 헤비 럼(Heavy Rum), 미디엄 럼(Medium Rum), 라이트 럼(Light Rum)으로 구분된다.

- **헤비 럼(Heavy Rum)**
  자연발효로 만들어지며, 다량의 에스테르를 함유하고 있어 강한 향기가 있다. 발효는 약 20일간 저장하고 증류는 포트스틸로 하여 증류액은 통에 저장한다. 숙성기간은 최저 3년으로 규정되어 있다. 감미가 강하고 색이 짙은 갈색으로 다크 럼(Dark Rum)이라고도 하며 자마이카산이 대표적이다.
- **미디엄 럼(Medium Rum)**
  Light Rum와 Heavy Rum의 중간 타입으로 골드 럼(Gold Rum)으로 감미가 강하지 않고 색이 연한 갈색으로 생산지는 기아나, 마르티니크(Martinique), 도미니크 등이 유명하다.
- **라이트 럼(Light Rum)**
  순수하게 배양한 효모로 발효시키고 연속식 증류기를 사용한다. 4일 정도의 단기간 발효하여 증류하고 단기간 저장하여 단맛이 없고 향취가 적어 칵테일(Cocktail)로 많이 사용된다. 바베이도스, 쿠바, 푸에르토리코, 트리니다드토 바고산이 유명하며 향미가 부드럽다.

⑥ 브랜디

브랜디(Brandy)라는 명칭은 코냑 지방에서 포도를 와인으로 만들어 다시 증류한 것을 불에 태운 포도주를 뜻하는 브란덴바인(brandewijn)에서 유래한다. 브랜디는 과실의 발효액을 증류시킨 술이다. 원료에 따라 포도 브랜디(Grape Brandy), 사과 브랜디(Apple Brandy), 체리 브랜디(Cherry Brandy) 등이 있으며 일반적으로 포도 브랜디를 브랜디라고 한다. 브랜디는 식사가 끝난 후에 마시는 것이 일반적이다. 브랜디 글라스는 와인글라스와 비슷하지만 입구가 좁고 배가 부른 모양을 하고 있어 향이 빠져나가지 않고 글라스 안에 머물 수 있다. 마실 때도 두 손으로 글라스를 감싸듯이 잡으면서 충분히 향을 음미한 다음, 조심스럽게 입에 넣고 굴리듯이 마신다.

표시	숙성 기간	표시	숙성 기간
☆	2~5년	V.S.O(Very Special Old)	15~25년
☆☆	5~6년	V.S.O.P(Very Special Old Pale)	25~30년
☆☆☆	7~10년	Napoleon	30~40년
☆☆☆☆☆	10년 이상	X.O(Extra Old)	50년 이상
V.O(Very Old)	12~15년	Extra Napoleon	70년 이상

- **꼬냑(Cognac)**

  오드비 드 뱅 드 코냑(Eau-de-Vie de Vin de Cognac)으로 프랑스의 중부 샹파뉴 지방 꼬냑에서 생산되는 포도주를 원료로 한 브랜디로 브랜디 중 품질이 세계 제일로 평가되어 코냑(Cognac)이라는 이름이 브랜디와 동의어가 되었다. 꼬냑은 2번 증류하여 오크통에 넣고 숙성한다.
- **아르마냑(Armagnac)**

  프랑스 보르도(Bordeaux) 지방의 아르마냑 지역에서 생산되는 브랜디를 말한다. 아르마냑(Armagnac)의 제조과정은 코냑과 다르게 증류기로 한번만 하는 것이 일반적이며, 블랙 오크통(Black Oak Cask)에 넣어 숙성시킨다. 아르마냑은 숙성 정도에 따라 '아르마냑'과 '올드 아르마냑'으로 나눈다. 코냑이 섬세하고 부드러워 여성적이라면 아르마냑은 거칠고 텁텁하여 남성적인 맛을 지닌다.
- **칼바도스(Calvados)**

  프랑스 남부 칼바도스(Calvados) 지역에서 사과로 만든 사이다를 증류시켜 만든 매우 드라이한 Apple Brandy이다. 칼바도스는 프랑스 정부가 와인의 원산지와 품질을 규제하기 위하여 제정한 아펠라시옹 도리진 콩트롤레(AOC: Appellation d'Origine Controlee) 통제를 받아 라벨에 표시한다.

⑦ 와인

잘 익은 포도의 당분을 발효시켜 만든 알코올 음료로 어원은 라틴어 비늄(Vinum)에서 왔으며, 영어로 와인(Wine), 프랑스어는 뱅(Vin), 이탈리아어로는 비노(Vino), 독일어로 바인(Wein)이라고 한다. 와인(Wine)은 넓은 의미에서 사과, 복숭아, 라즈베리 등 과일을 발효하여 만든 것을 의미하는데 일반적으로 포도로 만든 것을 말한다.

와인은 병입(Bottling) 후에도 지속적으로 발효가 진행되어 살아 있는 술이라고도 한다. 육식을 많이 섭취하는 서양인의 식생활에서는 알칼리성 음료로 산성 식품을 중화해 주는 역할로 중요한 존재로 여겨지고 있다. 또한 축제나 성스러운 의식에서도 사용되었으며 삶을 풍요롭게 만든 술이기도 하였다.

포도의 품질은 와인의 품질에 중요하며, 포도의 품질에 영향을 주는 요소는 기후조건(평균 기온, 평균 강우량, 평균 일조량), 토양(토질, 수분보유성, 토양 성분), 지형(일조 조건, 배수, 바람이나 서리의 영향), 포도품종(기후 적성, 항병충해성, 품종의 특성) 그리고 포도를 수확하는 그해의 기후 조건(기온, 강우량, 일조시간)이 중요하다.

와인의 보관은 양조주로 병 안에서 완만한 숙성을 계속하므로 변질을 막기 위해서는 저장고에 잘 보관해야 한다. 이때 코르크가 와인에 젖어 병 속에 공기가 들어가지 못하도록 와인병은 반드시 눕혀서 보관해야 변질을 막을 수 있다.

와인을 맛있게 마시기 위해서는 와인의 서비스 온도가 매우 중요하다. 와인의 온도는 와인 향의 균형(Balance)을 좌우하기 때문이다.

와인 종류	적정 온도
Full Bodied Red Wine	15~18℃
Light Bodied Red Wine	12~15℃
Dry White Wine, Rose Wine	9~12℃
Champagne, Sweet White Wine	6~8℃

와인을 맛있게 마시는 또 다른 방법이 와인 브리딩(Wine Breathing)이다. 와인 브리딩은 와인 코르크를 뽑아 연 후 와인이 공기와 접촉하는 상태를 말한다. 와인 브리딩을 효과적으로 하려면 와인을 디캔터(Decanter)에 따르는 동안 와인이 공기와 섞일 수 있게 해야 한다. 디캔팅이란 병 안의 불순물을 가라앉혀 침전물을 걸러내고 깨끗한 와인을 분리해 따라내는 과정이므로, 침전물이 없는 와인은 디캔팅을 할 필요가 없다. 레드 와인(Red Wine)을 일반적으로 마시기 1시간 전에 와인 브리딩을 한다.

색에 따른 분류

- 레드 와인(Red Wine)

레드 와인(Red Wine)은 적포도의 껍질과 씨를 함께 넣어 발효시켜 암적색의 와인이 된다. 포도 씨와 껍질의 탄닌 성분이 함께 추출되어 레드 와인 특유의 떫은 맛이 난다. 발효가 끝난 와인은 오크(Oak)통에 넣고 숙성기간을 거쳐 깊은 맛과 은은한 향을 만들어 낸다. 레드 와인은 실온 정도의 15~20도 정도로 마시는 것이 좋다.

- 화이트 와인(White Wine)

화이트 와인(White Wine)은 청포도나 적포도의 껍질을 벗겨 발효시킨다. 레드 와인에 비해 탄닌의 함량이 적어 가볍고 산뜻한 맛이 난다. 화이트 와인은 숙성 기간을 거치면서 황금빛을 띠며 부케 향도 생긴다. 화이트 와인은 8~10도 정도로 차갑게 마셔야 한다.

- 로제 와인(Rose Wine)

화이트 와인과 레드 와인의 중간 색인 핑크색의 와인을 로제 와인(Rose Wine)이라 한다. 적포도를 발효 중 원하는 색깔이 나왔을 때 껍질을 제거하거나 화이트 와인과 레드 와인을 절반씩 혼합하기도 한다. 보존 기간이 짧고 오래 숙성하지 않으며 화이트 와인과 비슷한 특징을 가지고 있다.

맛에 따른 분류

- 드라이 와인(Dry Wine)

  양조 시 완전히 발효되어 당분이 남아 있지 않도록 만든 와인이다.

- 스위트 와인(Sweet Wine)

  양조 시 완전히 발효되지 못하고 당분이 남아 있는 상태에서 발효를 중지시켜 만든 와인이다.

제조법에 따른 분류

- 스틸 와인(Still Wine)

  양조할 때 발생되는 탄산 가스를 제거한 순수하게 포도만을 가지고 양조한 비발포성 와인이다.

- 발포성 와인(Sparkling Wine)

  발포성 와인(Sparkling Wine)은 기포와 거품을 가지고 있는 와인으로 1차 발효가 끝난 와인을 병입(Bottling)한 후 당분과 효모를 첨가한 와인이다. 병 안에서 2차 발효를 일으키면 자연적으로 탄산가스를 함유하게 된다. 발포성 와인 중 가장 대표적인 와인이 샴페인(Champagne)이며 프랑스의 샹파뉴(Champagne)지역에서 생산된 것만을 샴페인이라고 부를 수 있다.

- 강화 와인(Fortified Wine)

  와인을 제조하는 과정에서 알코올 도수를 높이기 위해 발효과정이나 발효 후 알코올 도수가 높은 증류주를 배합한 것으로 스페인의 쉐리 와인(Sherry

Wine)과 포르투갈의 포트와인(Port Wine)이 있다.

- 방향 와인(Aromatized Wine)

와인 발효 전후에 과일즙, 혹은 천연 향을 첨가하여 향미를 좋게 한 와인이다. 이탈리아의 스위트 버무스(Sweet Vermouth)와 프랑스의 드라이 버무스(Dry Vermouth) 등이 있다.

산지에 따른 분류

- 프랑스 와인

프랑스는 지형과 토양, 기후 등 포도에 영향을 주는 모든 요소에 최적의 자연조건을 갖추고 있다. 국토 전역에서 포도가 자라지만 주로 강을 끼고 있는 지역에서 많이 재배되며, 크게 강을 중심으로 북부와 남부로 나눌 수 있다.

포도 재배 지역을 크게 구분하면 보르도(Bordeaux), 부르고뉴(Bourgogne), 샹파뉴(Champagne), 코트 뒤 론(Cote du Rhône), 루아르(Loire), 알자스(Alsace), 프로방스(Provence), 랑그도크 루시용(Langue d'Oc-Roussillon), 동부 국경지방, 남서부 지방으로 나눌 수 있다. 또한 1936년부터 정부에서 엄격한 품질관리체제인 AOC(Appellation d'Origine Contrôlée)제도로 원산지 명칭의 통제를 확립하여 최고의 품질을 자랑하는 와인을 생산하고 있다. 와인의 원료인 포도 재배 지역의 지리적인 경계와 그 명칭을 정하고, 사용하는 포도의 품종, 재배방법, 단위면적당 수확량의 제한 그리고 제조방법과 알코올 농도, 생산된 와인의 맛과 향에 이르기까지 규정을 정한다. AOC 이외의 등급으로는 지명도가 낮은 지역에서 생산되는 와인은 뱅 드 패이(Vin de Pays)라는 표시를 하고, 원산지 구분이 없는 것은 뱅 드 타블(Vin de Table)이라고 표시한다.

• 이탈리아 와인

이탈리아는 일조량이 많은 지중해성 기후의 영향으로 전 지역에서 포도가 재배되며 와인의 생산량은 프랑스 와인에 버금가며, 그해의 기후에 따라 생산량의 순위가 1, 2위로 결정된다. 기후의 영향에 따라 대부분 레드 와인이 생산되며 당도가 높고 산미가 약한 것이 특징이다. 이탈리아도 프랑스의 A.O.C 품질관리체계를 모방하여 최상급 와인에는 D.O.C.G(Denominazione di Origine Controllata e Garantita: 데노미나지오네 디 오리지네 콘트롤라타 에 가란티타)로 정부에서 보증하는 와인이고, 다음 단계로는 원산지 명칭 통제인 D.O.C(Denominazione di Origine Controllata: 데노미나지오네 디 오리지네 콘트롤라타)는 원산지, 수확량, 숙성기간, 생산방법, 포도품종, 알코올 함량 등을 규정하고 있다. 키안티(Chianti)는 이탈리아의 대표적 와인이다. 키안티 중에서도 토양과 기후 조건이 좋은 곳을 키안티 클라시코(Chianti Classico)라고 하며 와인 병목에 수탉 문양이 있는 것이 특징이다.

- 스페인 와인

스페인은 포도 재배 면적이 115만 ha로 세계 최대이고 와인 생산량은 세계 3위이다. 넓은 포도 경작지에 비해 관개시설이 빈약하고 날씨가 건조하여 생산성은 좋지 않은 편이다. 스페인 와인 중에서 주정강화 와인인 셰리와인(Sherry Wine)이 유명하다. 스페인 와인 등급은 크게 DO(Donominaciones de Origin), 비노 데 라 티에로(Vino de la Tierro: 지역와인), 비노 데 메사(Vino de Mesa)로 나뉜다. 생산 와인의 50% 이상이 DO등급이며, 1991년부터 DO등급보다 고급 와인 약 40개 정도 와인에 DOC(Denominacion de Origen Calificade)라는 원산지 제도 표기를 하고 있다. 이후 2003년 6월, 한 단계 높은 DO Pago라는 등급을 통해 단일 포도원 개념을 도입하여 고품질 와인을 관리하고 있다.

- 독일 와인

독일은 날씨가 춥고 일조량이 많지 않기 때문에 포도의 당분함량이 낮고 산도가 높다. 독일은 주로 화이트 와인을 생산하며 알코올 도수가 낮고 약간 단맛이 있는 와인이 특히 유명하다. 라인(Rhine)은 독일의 가장 중심적인 와인 생산지역으로 리슬링(Riesling)의 원산지이기도 하다. 리슬링과 슈페트버건더(Spatburgunder)를 재배하며 생산되는 와인은 비교적 당 함량이 높고 갈색 병에 담겨 있다. 모젤(Mosel)은 고급 품질의 리슬링(Riesling) 와인이 생산되는 곳으로 100% 화이트 와인을 생산하며 생산되는 와인은 라인 와인에 비해 드라이하고 신선한 꽃과 과일향이 나며 녹색 병에 담겨 있다.

- 미국 와인

미국은 와인 생산량, 와인 소비량, 와인 수출량, 포도 재배 면적 등에서 최근 30년 동안 크게 성장했다. 특히 유럽 와인에 비해 저렴한 가격에 좋은 품질로 명성을 얻어가고 있다. 미국 와인의 주요 생산지는 캘리포니아로 전체 생산량의 90%를 차지하고 있다. 캘리포니아는 이상적인 기후와 토양은 포도를 재배하기에 적합한 조건을 갖추고 있다. 특히 나파 밸리(Napa Valley)와 소노마 밸리(Sonoma Valley) 등이 유명한 산지이다. 미국은 1983년 AVA(American Vitcultural Areas)를 도입하여 생산지와 포도품종을 표기하도록 하고 있다. 한편 미국의 컬트 와인이란 1990년대부터 나파밸리에서 생산된 최고급 명품와인으로 블루칩 와인이라고도 한다. 각 와이너리의 질 좋은 포도로 300~600상자만 제한 생산하는 와인으로 사전 예약이나 경매 등을 통해 판매되며 수집의 대상이 되기도 한다.

3) 기내식 서비스(Meal Service)

기내식은 노선별, 좌석 등급별, 출발 시간별 제공되는 식사의 종류에 차이가 있다. 기내식은 주요리(Entree) 종류에 따라 적절한 온도로 서비스를 준비한다. 승객의 국적, 성별 분포에 따라 선호하는 식사의 종류가 상이하며 이를 미리 파악하여 원활한 기내식 서비스가 될 수 있도록 한다. 기내식 서비스 전 S.H.R(Special

Handling Request)를 확인하여 특별식(Special Meal)을 주문한 승객에게 정확히 서비스한다.

(1) 기내식 서비스 시간별 분류

기내식은 항공기라는 제한된 공간과 한정된 비행시간을 고려하여 기내식을 준비하고 아침 식사, 늦은 아침, 점심 식사, 저녁 식사, 중참 등으로 나뉘게 된다. 기내식은 일반적으로 현지 항공기 출발 시간과 도착 시간을 기준으로 정한다.

아침 식사의 경우 오믈렛, 아침 빵, 과일류 및 요거트가 제공되며, 국내항공사의 경우 아침 식사에도 한식메뉴(죽, 북엇국 등)가 상위클라스뿐만 아니라 일반석까지 확대되어 서비스되고 있다.

늦은 아침, 점심 식사, 저녁 식사에는 아침 식사와 달리 와인이 함께 서비스되며 일반석의 경우 한상차림의 형태로 쟁반(Pre-set Tray)에 미리 준비하여 제공되고 상위클래스의 경우 코스(Course)의 서비스로 준비하여 제공한다.

중참의 경우 Heavy snack과 Light snack으로 구분되며 때로는 간단한 샌드위치나 쿠키류가 서비스되기도 한다.

기내식 종류	시간대
아침식사(Breakfast)	05:00~09:00
늦은아침(Brunch)	09:00~11:00
점심식사(Lunch)	11:00~14:00
저녁식사(Dinner)	18:00~22:00
중참(Supper)	22:00~01:00
중참(Snack)	기타 시간

(2) 기내식 서비스 제공횟수

기내식의 제공횟수는 비행시간을 기준으로 서비스되며 최소 1회에서 최고 3회까지 제공된다. 비행시간이 2시간 미만인 국제선의 경우에는 기내식 준비 및 서비스 시간 부족으로 조리하거나 데우지 않는 김밥이나 샌드위치 등과 같은 차가운 기내식을 제공하고 그 외의 구간에는 따뜻한 기내식을 제공한다.

비행시간	서비스 횟수
6시간 미만	1회
6시간 이상~13시간 미만	2회
13시간 이상	3회

노선별 기내서비스 순서

지역	도착지	비행시간대별 제공 서비스											
		1	2	3	4	5	6	7	8	9	10	11	12
미주	뉴욕/댈러스/라스베이거스/로스앤젤레스/밴쿠버/샌프란시스코/시애틀/시카고/애틀랜타/워싱턴 D.C./보스턴/토론토/호놀룰루(KE053)	식사&음료		기내판매			간식&음료			식사&음료			
	도쿄 → 호놀룰루(KE001)	식사&음료		기내판매		가벼운 식사&음료							
유럽	런던/로마/마드리드/밀라노/바르셀로나/비엔나/암스테르담/이스탄불/파리/프라하/프랑크푸르트/자그레브/취리히	식사&음료		기내판매			간식&음료			식사&음료			
대양주	브리즈번/시드니/오클랜드	식사&음료		기내판매			간식&음료			식사&음료			
중동	두바이/텔아비브	식사&음료		기내판매			간식&음료			식사&음료			
러시아 · 중앙아시아	모스크바/상트페테르부르크	식사&음료		기내판매			간식&음료			식사&음료			
	블라디보스토크	식사&음료	기내판매										
	타슈켄트	식사&음료		기내판매		간식&음료							
	이르쿠츠크	식사&음료	기내판매		음료								
서남아시아	콜롬보	식사&음료	기내판매		음료		간식&음료						
	콜롬보 → 몰디브 말레	가벼운 식사&음료	기내판매										
	델리/뭄바이	식사&음료	기내판매		음료		간식&음료						
	카트만두	식사&음료	기내판매			간식&음료							
동남아시아 · 괌 · 팔라우	전편	식사&음료, 기내판매, 음료											
동북아시아	전편	식사&음료, 기내판매											

식사&음료 가벼운 식사&음료 간식&음료 음료 기내판매

출처: 대한항공

(3) 좌석 등급별 기내식

항공기는 일반적으로 일등석, 이등석, 일반석의 3가지로 좌석 등급이 나뉘며 등급에 따라 제공되는 서비스는 좌석의 편안함 이외에도 제공되는 서비스에 차이가 있다. 기내식의 경우 일반석은 한상차림(Pre-set Tray) 방식으로 2~3가지 주요리(Entree)가 선택 메뉴로 제공되며 탑승객의 수만큼 기내식이 탑재되어 경우에 따라서는 원하는 메뉴를 선택하지 못하는 경우도 있다.

▲ 대한항공 일등석 · 이등석 · 일반석 기내식
출처: 대한항공 홈페이지

이등석은 Semi course, 일등석은 Full course로 테이블 세팅에서부터 코스별로 서비스를 제공하며, 특히 일등석의 경우 전용 식기와 서비스 기물을 이용하여 고급화, 차별화된 최상의 서비스를 제공한다. 일등석의 경우 승객이 원하는 시간에 기내식을 제공하는 On-demand 서비스와 계절별, 취항지 특성별 다양한 기내식 메뉴를 제공하여 고급 호텔에 버금가는 서비스를 제공하고 있다. 일등석과 이등석은 기내식의 탑재량도 탑승객의 120~130% 정도 탑재하여 기내식을 여유롭게 선택할 수 있다.

항공사의 기내식은 승객들의 기호와 항공기라는 특수한 조건에 적합한 메뉴를 개발하여 3~4개월 주기로 변경하여 제공하고, 항공사의 노선에 따라 국적별 탑승 분포를 고려하여 메뉴를 선정하고 탑재하기도 한다.

(4) 기내식의 구성

항공사의 기내식은 서양식을 기본으로 하고 있으나 최근에는 전통 요리 및 계절별 지역별 특산물을 이용한 다양한 종류의 음식들을 제공하기도 한다. 일반석 기내식의 구성은 다음과 같다.

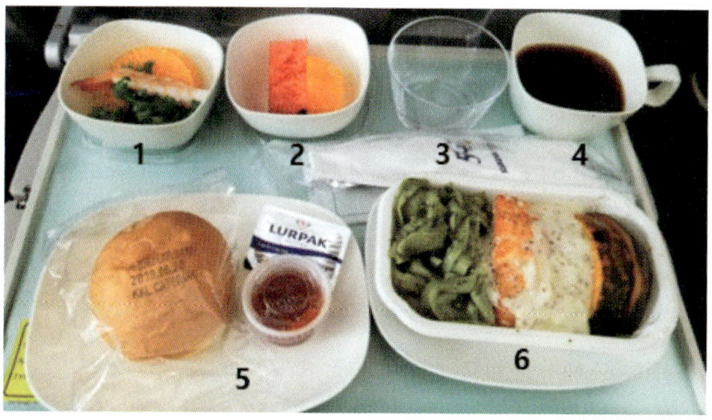

① 전채요리
② 디저트
③ 와인컵
④ 커피컵
⑤ 빵과 버터
⑥ 주요리

일반석의 경우 한상차림(Pre-set Tray)으로 제공되고 있으며, 일등석은 한상차림과는 다르게 전채요리, 수프, 빵, 샐러드, 주요리, 치즈, 디저트, 티 · 커피의 순으로 서양식의 Full Course에 준하는 음식을 서비스하고 있다.

서양식의 메뉴 구성은 따블르 도뜨(Table D'hote: 정식메뉴)인 Full Course Menu로 일정한 순서인 전채요리－수프－샐러드－주요리－치즈－디저트－커피 또는 홍차－식후주 순으로 미리 짜여져 있는 식단을 의미한다. 반면 알라 까르트(A La Carte: 일품요리)는 각 Course별 다양한 메뉴 중에서 한 가지를 선택하여 먹는 것을 의미한다.

① 전채요리(Appetizer)

식사를 시작할 때 가장 먼저 먹는 음식이며 적은 양으로 신맛과 짠맛이 가미되어 타액을 분비시키고 식욕을 돋우는 역할을 한다. 시각적으로도 보기 좋은 색과 화려한 모양으로 주요리와 조화, 균형을 이루어야 한다. 전채요리는 더운 전채요리와 찬 전채요리가 있으며 일반석 기내식의 전채요리로는 샐러드, 훈제연어, 새우칵테일 등이 서비스된다. 일등석의 경우 3대 진미 요리인 캐비어, 프아그라, 송로버섯 등의 전채요리가 제공된다.

• 캐비어(Caviar)

캐비어는 러시아, 유럽, 이란, 흑해, 카스피해 등에 분포하는 철갑상어알로 소금에 절여 냉동하거나 병조림한 것이다. 캐비어는 단백질이 30%, 지질이 20%나 되는 고열량 식품으로 씹으면 고소하고 독특한 풍미를 가지고 있다. 캐비어는 일반적으로 알의 크기와 색깔에 따라 벨루가(Beluga), 오세트라(Ossetra), 세브르가(Sevruga)로 구분한다. 벨루가(Beluga)는 알의 크기가 크고, 검은색에 가까운 어두운 회색에서 밝은 회색까지 여러 가지가 있으며 색이 균일하고 가장 값비싼 종류이다. 오세트라(Ossetra)는 중간 크기로 갈색부터 녹회색, 짙은 청색, 검은색 등으로 다양하며 러시아 말로 '철갑상어'를 뜻하며 선호도가 가장 높다. 세브르가(Sevruga)는 알 크기가 작으며 암회색을 띠고 있으며 단백질과 지방이 가장 많이 포함되어 있다. 기내식에서는 계란 흰자와 노른자 다진 것(Egg York & White), 잘게 다진 양파(Chopped Onion), 샤워 크림(Sour cream), 레몬(Lemon), 멜바 토스트(Melba toast) 등을 취향에 맞게 섞어서 함께 먹는다. 이에 어울리는 식전주로는 샴페인과 보드카가 있다.

• 거위 간(Foie gras)

오리나 거위의 간으로 만든 푸아그라는 기름지면서 부드럽고 농후한 깊은 맛을 지니고 있다. 푸아그라는 프랑스 북동부의 알자스(Alsace)와 남부 페리고르(Perigord) 지방의 특산품이며, 일반적으로 스트라스부르(Strasbourg)에서 생산되는 것을 최고급으로 여긴다. 한 마리의 거위에서 나오는 푸아그라의 양은 150g 정도이며, 품질에 따라 3등급으로 나뉘는데 최고 등급의 푸아그라는 버터처럼 부드러운 맛을 낸다고 알려져 있다. 다양한 조리방법이 있지만 테린(terrine)으로 만들어 빵에 발라 먹거나 비스킷에 얹어 먹거나 그대로 강한 불에서 양면을 살짝 익힌 뒤 먹는 방법이 있다.

• 송로버섯(Truffle)

프랑스어로 트뤼프(truffe), 영어로는 트러플(truffle)인 송로버섯으로 14세기부터 '요정의 사과', '향 나는 금덩이'라는 별칭이 있을 정도였다. 모두 30여 종이 있는데 그 중 프랑스 페리고르산 흑색 트뤼플(Tuber Melanosporum)과 이탈리아 피에몬트 지방의 흰색 트뤼플(Tuber Magnatum)을 최고로 여긴다. 프랑스 흑트뤼플은 물에 끓여 보관해도 향기를 잃지 않으나 이탈리아 백트뤼플은 날 것으로만 즐길 수 있다. 프랑스 트뤼플을 이용한 가장 전통적인 음식은 이를 넣은 거위간 패스테이며 수프, 송아지 고기나 바닷가재 요리에 넣기도 한다.

② 수프(Soup)

수프는 코스 요리에서 전채요리 다음으로 제공되며 식욕을 돋우고 위벽을 보호하는 역할을 한다. 수프는 육류, 조류, 어패류, 채소를 고아낸 국물(Bouillon: Stock)로 만든 요리로 점심이나 저녁 식사에 제공된다.

수프는 온도에 따라 차가운 수프와 더운 수프로 나눌 수 있으며 차가운 수프는 차갑게 더운 수프는 뜨겁게 제공되어야 한다. 또한 농도에 따라 맑은 수프(consomme: clear soup)와 진한 수프(potage: thick soup)로 나뉜다.

- **맑은 수프(consomme: clear soup)**
  맑고 투명한 수프로 고기나 채소를 삶아 거른 물로 만들며 고아낸 국물의 재료나 장식(Garnish)에 따라 수프의 이름이 다양하게 바뀐다.
- **진한 수프(potage: thick soup)**
  진하고 걸쭉한 수프로 밀가루를 버터에 볶은 루(roux)에 시금치, 콜리플라워 등의 녹말이 적은 채소를 넣어 만든 벨루떼 수프, 녹말이 많이 함유된 호박, 감자, 콩 등을 으깨어 걸쭉하게 만든 퓌레 수프, 새우, 게, 바닷가재 등 갑각류를 사용한 비스크 수프로 다시 나뉜다.

③ 빵

서양 사람들의 주식이며, 어원은 포르투갈어 팡(pão)에서 왔다고 한다. 빵은 종류에 따라 아침 빵과 저녁 빵으로 나눌 수 있다. 아침 빵은 크루와상, 브뤼오쉬, 데니쉬 롤 등이 있으며 잼이나 마멀레이드와 함께 서비스된다. 저녁 빵은 하드 롤, 소프트 롤, 바게트 등이 있으며 버터와 함께 제공된다. 또한 빵은 서양식에서 식사 중간에 다음 코스 음식을 위해 입안에 남아 있는 맛을 깨끗이 씻어내는 역할을 하기도 한다. Full course의 경우 수프(soup)코스에서 주요리까지 빵은 계속 서비스된다.

④ 샐러드(Salad)

샐러드는 주재료인 생채소에 가니쉬(garnish)를 올리고 드레싱을 끼얹어 제공된다. 일반적인 요리와는 다르게 소스라는 표현을 하지 않고 옷을 입는다는 뜻의 드레싱이라 하며 드레싱은 종류에 따라 샐러드의 맛을 결정하는 중요한 역할을 한다. 샐러드의 채소는 깨끗하고 신선함이 중요하며 드레싱의 종류로는 프렌치 드레싱, 이탈리안 드레싱, 1000아일랜드 드레싱, 오리엔탈 드레싱 등이 있다. 특히 시저샐러드(Caesar salad)의 경우 로메인 레터스(Romane lettuce)에 파머산 치즈가루, 앤초비, 다진 베이컨, 크루통, 프렌치 드레싱을 넣고 믹싱(Mixing)하여 제공한다. 샐러드는 깨끗하고 신선한 재료를 사용하여 서비스 전까지 차갑게 보관하여 아삭거리는 식감과 함께 다채롭고 풍성한 색감의 재료를 제공한다.

⑤ 주요리(Main Dish)

주요리(Main dish)는 식사의 본격적인 시작의 음식이다. 주요리의 구성은 Entree, Starch, Vegetable이며 서로 어울리는 재료와 소스를 이용한다.

- Entree

  Entree의 재료는 육류 또는 어류를 이용하며 Beef의 경우 부위에 따라 요리 이름과 조리 방법이 달라지며 스테이크의 경우에는 익힘의 정도를 다르게 하기도 한다. 레어(Rare)는 표면만 살짝 구워 거의 날고기 상태로 육즙이 매우 풍부하고, 미디엄(Medium)은 중간 정도 익힌 상태로 칼로 잘랐을 때 부드러우며 탄력 있는 정도의 상태이다. 웰던(Welldone)은 표면과 안쪽까지 충분히 익힌 상태로 전체적으로 갈색을 띠며 육즙이 적고 단단하다.

Beef Steak Menu

- **샤또브리앙(Chateaubriand)**
  안심스테이크의 최고급의 부위로 만든 steak로 일반적으로 3~5cm 두께로 조리되며 고깃결과 직각이 되도록 잘라 담아낸다.
- **뚜른느도(Tournedos)**
  안심 자른 것에 얇게 저민 돼지비계나 베이컨을 감아서 구워내는 요리이다. 베이컨의 강한 풍미가 소고기로 옮겨져 맛을 더한다.
- **필레미뇽(Fillet mignon)**
  안심으로 만든 작고 예쁜 스테이크라는 뜻으로 최고급의 스테이크이며 거위간을 곁들인 'Fillet mignon rossini'요리가 유명하다.
- **T-bone steak**
  한 개의 뼈를 사이에 두고 안심(fillet)과 등심(sirloin)이 붙어 있어 하나의 스테이크에서 두 부위의 맛을 볼 수 있는 요리이다.
- **Sirloin steak**
  갈비 아래쪽의 등심으로 안심보다는 육질이 조금 질기고 고소한 맛을 지닌 스테이크이다.
- **New york steak**
  소의 13번째 갈비에서 왼쪽 뼈 사이의 척추에 붙은 살로 만들어졌으며 모양이 뉴욕의 맨하튼 섬을 닮았다고 하여 붙여진 이름이다.

돼지고기나 송아지, 오리, 닭고기 등은 요리의 익힘 정도를 다르게 하지 않으며 전부 익혀 조리한다. 소스는 요리의 풍미를 더해 주고 요리의 맛과 외형, 그리고 수분을 보완해 주어 요리를 한층 돋보이게 하는 중요한 역할을 한다. Entree의 재료에 따라 어울리는 소스가 있으며 소고기(Beef)는 브라운 소스(Brown sauce)와 잘 어울리고 돼지고기(Pork)의 경우 애플 소스(Apple sauce)나 파인애플 소스(Pineapple sauce), 오리고기의 경우 오렌지, 양고기에는 민트 젤리 소스, 어류에는 화이트 소스

(White sauce)가 잘 어울린다. 생선요리의 재료로는 어류와 패류로 나눌 수 있다.

- Halibut: 도미
- Turbot: 가자미
- Sole: 혀가자미
- Red snapper: 붉은 도미
- Sea bass: 농어
- Trout: 송어
- Crab: 게
- Labster: 바닷가재
- Shrimp: 새우
- Salmon: 연어
- Tuna: 참치
- Sea bass: 도미
- Mero fish: 메로
- Cod: 대구
- King fish: 민어
- Oyster: 굴
- Clam: 대합
- Abalone: 전복

- Starch

  Starch는 곡물, 감자 등 탄수화물을 다량 함유하고 있는 식품을 말한다. 주요리에 제공되는 감자와 rice, pasta는 다양한 조리법으로 세공하고 있다.

- Vegetable

  주요리에 함께 곁들여지는 더운 채소를 의미하며 아스파라거스, 브로콜리, zuccini, green pea 등과 트러플, 모렐버섯 등과 같은 버섯류도 있다.

⑥ 치즈(Cheese)

양, 산양, 염소, 소와 같은 동물의 젖에 들어 있는 우유 단백질을 분리시킨 후 응고 현상이 일어난 것을 발효, 가열, 숙성, 압착의 과정으로 만들어진다. 단백질, 지방, 칼슘을 함유한 고영양식품이다. 치즈는 만드는 방법이나 숙성 정도, 생산지에 따라 독특한 맛과 향을 지니고 있으며 지금까지 알려진 종류만 2천 가지에 달하고 세계적으로 만들어지고 있는 것만도 5백 가지에 육박한다.

치즈는 사용된 원유(젖소, 양, 순록, 물소, 당나귀, 염소, 낙타 등)에 따라 분류하기도 하고 숙성시킬 때 사용한 곰팡이나 박테리아 종류에 따라 또는 치즈의 제조과정에서 이용한 응결방법, 숙성방법, 첨가물, 숙성조건(온도 · 시간 · 습도)에 따라 분류하기도 하지만 일반적으로 경질과 연질로 분류한다.

또한 치즈를 자연치즈와 가공치즈로 분류하기도 한다. 자연치즈는 치즈를 숙성시킨 미생물이 온도 또는 습도의 영향으로 숙성을 계속하게 되므로 같은 종류라도 먹는 시기에 따라 독특한 맛이나 향취가 다르다. 가공치즈는 자연치즈를 우리의 기호에 맞게 가공한 것으로 강하게 느껴지는 향취를 약하게 유화시킨 것이다.

까망베르(camembert)

에멘탈(emmenthal)

고르곤졸라(gorgonzola)

그뤼에르(gruyere)

에담(edam)

모짜렐라(mozzarella)

고다(gouda)

브리(brie)

치즈이름	특징
고다 (Gouda)	네덜란드 치즈로 소젖으로 만든 비가열 압착 치즈이다. 고소하고 부드러운 맛이며 노란색으로 소화가 잘되며 칼슘이 풍부하다.
에담 (Edam)	네덜란드 치즈로 반경질 치즈이며 지방 함량이 적고 질감이 부드럽다. 숙성 후 강한 풍미와 조직감이 있고 붉은색 왁스 코팅을 했다.

치즈이름	특징
그뤼에르 (Gruyere)	스위스 치즈로 작은 구멍이 전체에 흩어져 있다. 숙성 후 짜고 맛과 향기가 강하고 감촉이 부드러운 노란 호박색이 된다.
에멘탈 (Emmenthal)	스위스 치즈로 발효로 생성된 탄산가스에 의해 가스구멍을 갖는 특징이 있다. 탄력 있는 조직으로 호두 맛이 난다.
까망베르 (Camembert)	프랑스 치즈로 소젖을 사용해서 만들었으며 부드러운 맛과 함께 톡 쏘는 맛이 나며 내부는 노란빛이고 외부는 흰곰팡이로 덮여 있다.
브리 (Brie)	프랑스 치즈로 부드럽고 좋은 감촉을 가지고 있다. 표면은 흰색의 곰팡이가 덮고 있고 황금색으로 과일향의 풍미를 가지고 있다.
모짜렐라 (Mozzarella)	이탈리아 치즈로 가열했을 때 녹고 늘어나는 특징이 있다. 외피는 없으며 탄력이 있고 맛은 순하고 약간 새콤하다.
고르론졸라 (Gorgonzola)	이탈리아 치즈로 소젖으로 만든 블루치즈로 코를 찌르는 강한 냄새가 난다. 청녹색 결이 퍼져 있는 대표적인 푸른 곰팡이 치즈이다.

⑦ 디저트(Dessert)

디저트는 식사 후의 후식을 의미하며 식사의 마지막에 제공되는 음식으로 앞서 나온 음식과 조화를 이루어야 한다. 디저트의 종류로는 뜨거운 것과 차가운 것으로 나뉘며 더운 것과 찬 것을 모두 낼 때는 더운 것을 먼저 내고 찬 것을 후에 내는 것이 순서이다.

- **파이(Pie):** 후식에 사용되는 파이 재료는 주로 과일을 많이 쓴다.
- **과일(Fruit):** 디저트에 사용되는 과일은 제철 과일을 많이 이용한다.
- **케이크(Cake):** 달고 부드러운 케이크를 주로 사용한다.
- **젤라틴(Gelatin):** 여러 가지 과일이나 채소즙을 부드럽게 굳힌 것이다.
- **푸딩(Pudding):** 달걀과 생크림을 주재료로 부드러운 맛을 낸다.
- **아이스크림(Ice Cream):** 달걀, 설탕, 우유에 부재료를 첨가하여 만든다.
- **셔벗(Sherbet):** 과일과 리큐르를 배합하여 냉각시킨 얼음과자의 일종이다.
- **크레이프(Crepes):** 밀전병처럼 구워 여러 가지 과일을 곁들여 낸다.
- **패이스트리(Pastry):** 밀가루 반죽으로 만든 과자 종류이다.

(5) 특별 기내식

특별 기내식(Special Meal)이란 종교, 기호, 연령적 제한, 건강상의 이유로 인해 일반적인 기내식에 제한을 받는 승객의 요구에 적극적으로 대처하기 위해 제공되는 기내식을 뜻한다.

특별 기내식은 항공기 출발 전 미리 사전에 기내식의 메뉴(menu)를 항공사에 주문하여 탑재되며, 종류가 수십 종에 이르고 생일이나 기념일을 기념하는 Cake도 신청이 가능하다.

종교식

- Hindu Meal(HNML)

  힌두교식. 비 채식 인도식 식사로 소고기, 송아지 고기를 먹지 않는 힌두교도들을 위한 식사이다. 주로 양고기, 가금류, 해산물과 생선류 등을 사용하며 유제품도 허용된다.

- Moslem Meal(MOML)

  회교도식. 알코올, 돼지고기, 베이컨, 햄, 젤라틴 또는 돼지고기 부산물이 포함된 식품을 사용하지 않은 식사로 쇠고기, 양고기, 가금류 등은 회교율법에 따라 준비된 재료를 사용한다.

- Kosher Meal(KSML)

  유대교식. 유대정교 신봉자의 식사로 율법에 따라 조리하고 기도를 올린 것으로 돼지고기는 사용하지 않으며 쇠고기, 양고기 등도 기도를 올린 것에 한하여 쓰여진다. 식기는 한번 사용한 것을 세척 후 재사용하는 것은 금하므로 1회용 기물을 사용하여야 한다. 특히 서비스 전 승객이 직접 확인 후 포장상태를 확인하고 개봉한 것을 건네받아 데워서 서비스한다.

▲ MOML

▲ KSML

▲ LSML

▲ LCML

건강식

- Low Fat Meal(LFML)

저지방식. 1일 지방 섭취량을 30g 이내로 제한한 식사로 콜레스테롤 함량이 높은 고지방 재료를 사용하지 않고 저지방 육류, 생선 등으로 조리 시 튀김, 볶음 대신 찜, 굽기 등의 조리법을 주로 사용한다.

- Diabetic Meal(DBML)

당뇨식. 열량, 단백질, 지방, 당질의 섭취량을 조절하는 동시에 식사 시간에 따른 식사량의 배분, 포화지방산의 섭취 제한 등을 고려한 식사이다.

- Low Calorie Meal(LCML)

저열량식. 열량을 제한한 식사이다. 고지방의 소스류, 디저트류를 제공하지 않으며, 지방함량이 적은 육류, 저지방 유제품을 사용한다.

- Low Protein Meal(LPML)

저단백식. 생선류, 가금류를 포함한 육류, 계란 및 유제품 등 단백질 식품을 제한하여 1일 단백질 섭취량을 40g 이하로 제한한 식사이다.

- Bland Meal(BLML)

연식. 위장장애가 있거나 수술 후 회복기에 있어 정규 식사를 소화하지 못하는 승객들을 위한 식사로 소화가 쉽고 자극이 적은 음식이다.

- Low Salt Meal(LSML)

저염식. 1일 염분의 섭취량을 2,000mg 이하로 제한한 식사로 버터나 마가린은 무염 제품을 사용하며 재료 내의 염분량은 허용범위 내에서 사용한다.

- Gluten Meal(GFML)

글루텐 제한식. 글루텐 함유를 엄격히 제한한 식사로 밀, 보리, 호밀, 귀리를 사용하지 않고 대체식품으로 쌀, 감자, 고구마, 옥수수, 콩을 사용한다.

- Liquid Diet Meal(LDML)

유동식. 수술 후 회복기에 있거나 씹거나 삼키는 기능에 문제가 있는 승객을 위한 식사로 미음과 주스, 요거트류, 액상 형태의 유동식 제품을 제공한다.

- Low Lactose Meal(NLML)

유당제한식. 유당을 함유하고 있는 모든 형태의 유제품을 제한한 식사로 유당분해효소의 결핍으로 섭취 시 소화에 이상이 있는 승객에게 적합하다.

채식

- Vegetarian Meal(VGML)

종교적으로 또는 문화적인 이유 등으로 육류를 먹지 않는 채식주의자의 식사로 개인적 성향에 따라 우유, 유제품, 계란 등이 제외되기도 한다.

- Vegetarian Vegan Meal(VVML)

엄격한 서양 채식. 생선류, 가금류를 포함한 모든 육류와 동물성 지방, 젤라틴, 계란 및 유제품을 사용하지 않는 채식이다.

- Vegetarian Oriental Meal(VOML)

엄격한 동양식 채식. 생선류, 가금류를 포함한 모든 육류와 계란, 유제품은 사용하지 않고 양파, 마늘, 생강 등의 뿌리식품을 사용한 동양식 채식이다.

- Vegetarian Lacto-Ovo Meal(VLML)

유란 채식주의자. 생선류, 가금류를 포함한 모든 육류와 동물성 지방, 젤라틴을 사용하지 않는다. 계란 및 유제품은 포함된 서양식 채식이다.

- Vegetarian Hindu Meal(AVML)

생선류, 가금류를 포함한 모든 육류, 계란을 사용하지 않고 유제품은 포함한다.

- Vegetarian Jain Meal(VJML)

엄격한 인도 채식. 생선류, 가금류를 포함한 모든 육류와 계란, 유제품이 포함된 모든 동물성 식품 및 양파, 마늘, 생강 등의 뿌리식품을 사용하지 않는 엄격한 인도식 채식이다.

유 · 아동식

- Infant Meal(IFML)

영아식. 생후 12개월까지의 영아를 위한 것으로 아기용 액상 분유 및 아기용 주스를 제공한다.

- Baby Meal(BBML)

유아식. 12~24개월 유아를 위한 것으로 아기용 주스 및 퓨레 상태로 제조된 이유식 제품을 제공한다. 아기용 주스는 산도가 낮은 것을 준비한다.

- Child Meal(CHML)

아동식. 만 2세 이상 12세 미만의 소아 및 어린이를 위한 식사이다.

기타 특별식

- Seafood Meal(SFML)

해산물식. 생선 및 해산물을 주재료로 하며 곡류, 야채류, 과일류가 함께 제공되는 식사이다.

- Fruit Platter Meal(FPML)

과일식. 신선한 과일로만 구성된 식사이다.

- Anniversary Cake(SPMA)

기념케이크. Birthday Cake, Honeymoon Cake과 같이 특별한 날을 위한 축하 케이크이다.

(6) 기내식 서비스 절차

- 탑재된 주요리(Entree) 종류에 따라 기준에 맞는 온도로 오븐에서 데운다. 이때 서비스 시점의 온도를 고려하여 준비한다.
- 주요리가 탑재된 비율에 맞추어 카트(Cart) 내 tray에 준비한다.
- 카트 상단에는 와인과 juice, soft drink, 생수, 고추장 등을 준비하여 식사 서비스 시 함께 승객들에게 제공한다. 와인은 red wine과 white wine으로 서비스 적정 온도에 맞게 준비한다.
- 한식 메뉴가 있는 경우 서비스 방법을 미리 숙지하고 서비스한다. 특히 외국인 승객에게는 취식 방법을 설명한다.
- 승객들에게 한 분도 빠짐없이 식사 tray를 서비스한 후 식사 진행 속도에 맞추어 담당 구역(Zone) 객실승무원은 생수와 와인 refill 서비스를 한다.
- 식사가 거의 끝나갈 때쯤 뜨거운 음료를 서비스한다. 일반적으로 커피와 차를 제공하며 커피 서비스 시 설탕과 크림을 tray에 준비하여 제공한다. 차(tea)의 종류는 항공사별로 상이하지만 국내 항공사의 경우 홍차와 녹차를 제공하며 이때 홍차와 함께 레몬도 제공한다. 뜨거운 음료는 뜨겁게 준비하고 서비스 시 승객에게 주의를 준다.

▲ 기내식 서비스 시 카트 상단

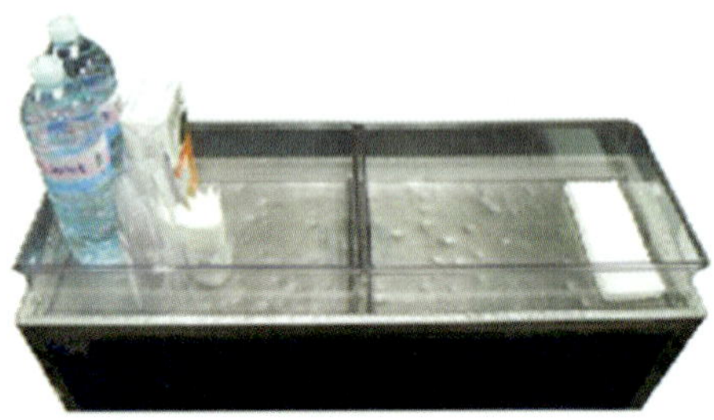

▲ 기내식 회수 시 카트 상단

- 식사 tray 회수는 승객의 90% 이상이 식사를 끝냈을 때 시작한다. 먼저 식사가 끝난 승객은 개별적으로 회수한다. tray를 회수할 때는 식사가 끝났는지 의사를 묻고 회수한다. 또한 추가적으로 필요한 음료에 대해 확인하고 필요 시 제공한다.

• 카트에 tray를 회수할 때는 tray를 상단부터 넣는다. tray를 회수할 때는 서비스한 순서로 하며 승객 테이블(Tray Table)이 깨끗하지 않을 경우 미리 준비한 타월(Towel)로 정리한다.

기내식 서비스가 종료된 후 담당 구역별 업무를 분담하여 승객좌석 주변이나 통로, 잡지꽂이를 정리 정돈한다. 화장실 내의 화장실 용품을 보충하고 청결상태를 확인한다. 갤리도 서비스 시 사용하였던 서비스용품을 정리한다. 화장실이나 갤리 주변 승객에게 피해가 가지 않도록 정숙을 유지한다.

4) 입국서류 배포

객실승무원은 승객의 편의를 위해 항공기 도착지에 따라 필요한 입국서류를 해당 국가 기준에 맞게 승객에게 안내하고 서류작성에 협조한다. 입국서류의 종류는 일반적으로 입국카드와 세관신고서가 있으며, 승객 개별 여행 조건에 따라 추가적인 서류가 필요할 수 있다. 해당 국가의 출입국 규정과 작성법을 미리 알고 승객이 한 분도 빠짐없이 작성할 수 있도록 한다. 특히 노약자나 UM, 해외여행의 경험이 없는 승객은 서류작성에 적극적으로 도움을 드린다.

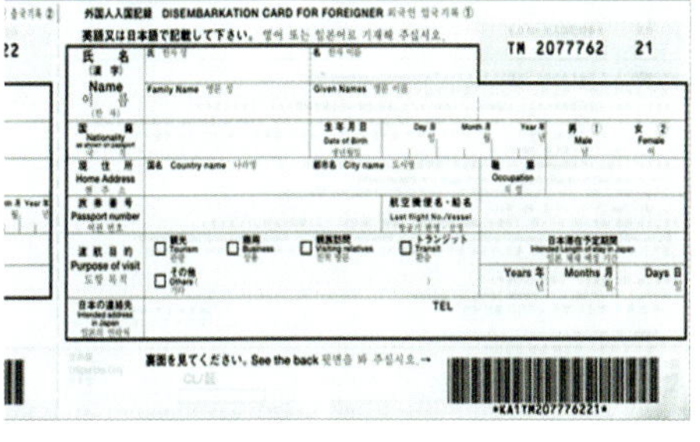
外国人入国記録 DISEMBARKATION CARD FOR FOREIGNER

英語又は日本語で記載して下さい。

TM 2077762 21

氏名 Name — Family Name / Given Names

国籍 Nationality — 生年月日 Date of Birth (Day 日 Month 月 Year 年) — 男 1 Male / 女 2 Female

現住所 Home Address — Country name / City name — 職業 Occupation

旅券番号 Passport number — 航空機便名・船名 Last flight No./Vessel

渡航目的 Purpose of visit — 観光 Tourism / 商用 Business / 親族訪問 Visiting relatives / トランジット Transit / その他 Others — 日本滞在予定期間 Intended Length of stay in Japan: Years 年 Months 月 Days 日

日本の連絡先 Intended address in Japan — TEL

裏面を見てください。See the back →

KA1TM207776221

▲ 일본 입국신고서

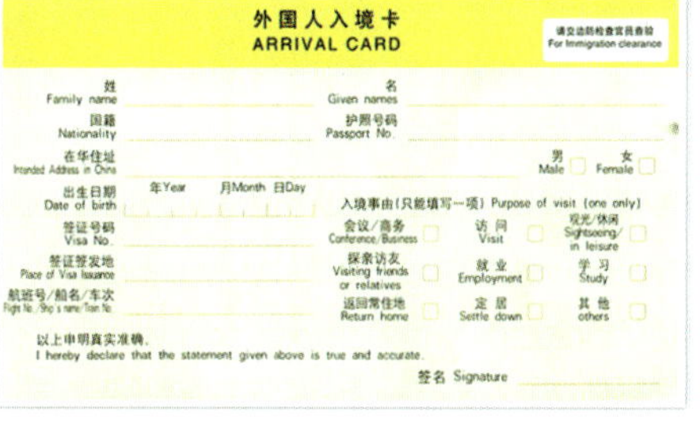
外国人入境卡
ARRIVAL CARD

For Immigration clearance

姓 Family name — 名 Given names

国籍 Nationality — 护照号码 Passport No.

在华住址 Intended Address in China — 男 Male / 女 Female

出生日期 Date of birth 年Year 月Month 日Day

签证号码 Visa No.

签证签发地 Place of Visa Issuance

航班号/船名/车次 Flight No./Ship's name/Train No.

入境事由(只能填写一项) Purpose of visit (one only)

会议/商务 Conference/Business — 访问 Visit — 观光/休闲 Sightseeing/in leisure

探亲访友 Visiting friends or relatives — 就业 Employment — 学习 Study

返回常住地 Return home — 定居 Settle down — 其他 others

以上申明真实准确。
I hereby declare that the statement given above is true and accurate.

签名 Signature

▲ 중국 입국신고서

5) 기내 면세품 판매 서비스

각 항공사에서는 공항 면세점이나 시중 면세점에서 구입할 수 있는 세계 유명 브랜드 면세품을 구매할 수 있도록 국제선에서 기내면세품판매 서비스를 실시하고 있다. 기내판매 담당 객실승무원은 객실브리핑 시 공유한 판매 당일 적용환율 및 기내판매 관련 최근 지시사항이나 공지사항을 재확인하고 기내판매를 한다.

기내면세품을 판매하기 전 안내방송을 실시하며, 기내면세품 판매 담당 객실승무원은 기내판매 카트에 면세품을 준비하여 객실을 순회하며 구입을 희망하는 승객에게 면세품을 판매한다. 경우에 따라서는 개별 주문 판매를 하기도 한다.

면세품을 판매할 때는 입국하는 국가의 면세허용량을 알고 안내한다. 다양한 국가의 현금으로 수수할 경우 환율을 확인하고 판매를 한다. 기내면세품을 판매할 때는 휴식을 취하는 승객에게 방해가 되지 않도록 주의한다. 기내면세품 판매는 approching 시점까지 한다.

▲ 항공사 기내면세점. 기내면세품 품목

출처: 대한항공

6) 기내 영화상영 및 승객 휴식

기내식 서비스가 끝난 후 승객들은 휴식을 취하며 영화를 감상하거나 음악, 게임, 독서, 취침 등을 하며 휴식을 취하게 된다. 이때 객실승무원들은 담당 구역을 순회하며 편안하고 안전한 여행을 위한 업무를 한다. 승객 개별 요구사항에 맞게 서비스를 제공하고 더불어 세심한 서비스로 승객의 상태를 미리 파악하여 다가가는 서비스를 제공한다.

(1) 기내 영화상영

- 기내 영화상영 안내방송을 실시하고 객실승무원은 담당 구역을 순회하며 헤드폰(headphon)을 추가로 서비스한다.
- 개인용 모니터를 이용하여 영화를 감상하는 승객 중 필요 시 프로그램이나 모니터 사용법에 대하여 설명을 한다.
- 기내 영화가 상영되고 승객이 휴식을 취하는 동안 객실 조명을 어둡게 하여 휴식에 도움이 될 수 있도록 한다. 이때 창문 덮개(window shade)는 닫도록 안내한다.
- 기내영화를 감상하면서 즐길 수 있는 음료나 간식을 적극적으로 권한다.

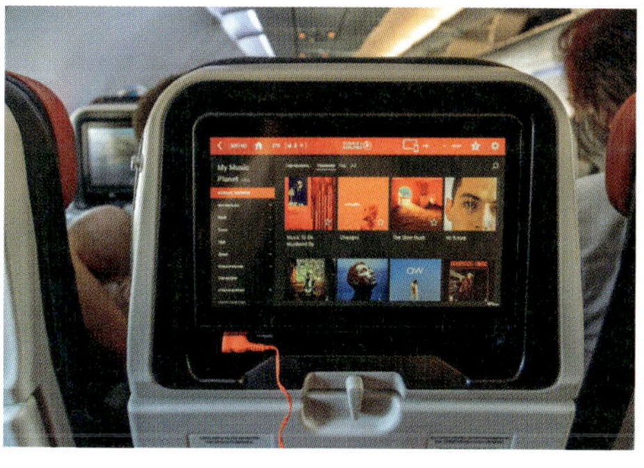

(2) 독서물 및 기타 서비스

- 기내에 탑재된 신문이나 잡지류를 지루해하는 승객에게 적극적으로 권하여 즐거운 여행이 될 수 있도록 한다. 잡지꽂이를 수시로 점검하여 승객이 편리하게 이용할 수 있도록 정리한다.
- 항공사별 노선별 탑재되는 추가의 독서물이 있을 경우에는 안내를 한다. 항공사에 따라 돋보기가 탑재되어 있으며 필요한 승객에게 제공할 수 있다.
- 기내에 탑재된 기념품(give-away)의 종류와 수량을 확인하고 서비스한다. 기념품의 종류로는 일등석과 비즈니스석 승객을 위한 탑승기념품과 어린이

를 위한 탑승기념품이 있다.

- 승객에게 오락용으로 탑재된 바둑이나 체스 또는 피로회복을 위한 보조기구로 대나무 지압대 등을 서비스한다.
- Amenity kit에 있는 아이 마스크(eye mask)와 귀마개(ear plug)를 사용하여 편안한 휴식이 될 수 있도록 안내한다. 담요나 베개 등도 적극적으로 권한다.
- 승객이 휴식을 취하는 동안 객실승무원은 담당 구역을 정기적으로 순회하며 음료나 간식 제공뿐만 아니라 객실의 안전과 편안함을 수시로 점검한다. 승객 가시권 안에 객실승무원이 상시 대기하여 승객의 요구사항을 즉시 해결해 준다.
- 유아동반승객이나 장애인 등 도움이 필요한 승객에게는 special care를 한다.
- 승객 호출버튼에 즉각 응대하여 요구사항을 해결한다. 승객 요구사항은 메모를 하여 잊지 않고 서비스한다.

객실승무원은 항공기 객실의 쾌적성을 유지해야 한다. 객실의 적정온도는 24±1℃이며 온도 조절이 필요한 경우 Cabin Attendant Station Panel에서 온도를 조절한다. 객실에서 조절이 불가할 경우 기장에게 연락을 취하여 온도를 조절한다. 개인

에 따라 적정 온도가 차이가 있을 수 있으며 담요나 음료 등을 서비스한다. 특히 비상구 주변의 승객은 다른 구역에 비해 온도가 낮을 수 있으므로 세심한 서비스가 요구된다.

객실은 매우 건조하므로 승객들에게 음료를 자주 권하고 soft drink보다는 생수를 권해 편안한 여행에 도움이 될 수 있도록 한다.

또한 비행 중 청결한 객실 유지를 위해 담당 구역의 화장실, 통로, 갤리를 수시로 점검하고 필요한 물품을 보충할 수 있도록 한다. 이와 같은 업무를 진행할 때는 소음이 나지 않도록 주의하고 갤리 주변 승객이나 화장실 주변 승객은 조명으로 불편함을 느끼지 않도록 각별히 주의한다.

장거리 노선의 경우 휴식 중간이나 도착 전 2차의 기내식 서비스가 있을 수 있으며 서비스 준비 및 서비스 방법은 1차와 동일한 요령으로 진행된다. 단, 항공사에 따라 서비스순서를 1차와 역순으로 할 수 있다.

7) 도착 안내 및 착륙 전 업무

기장의 도착 예정 안내 방송 이후 객실 방송 담당 객실승무원은 도착지 공항 안내방송을 실시한다. 담당 구역별로 승객의 입국서류 작성상태를 재확인하여 도착지에서 입국절차가 원활하게 이루어질 수 있도록 도움을 드린다.

착륙 안내 방송이 나오면 객실승무원들은 착륙을 위해 이륙 전과 동일하게 객실 내 승객좌석과 화장실 및 갤리의 객실 안전점검을 실시한다. 승객에게 제공되었던 헤드폰 및 독서물, 오락물 등을 수거하여 지정된 위치에 보관한다.

도착 후 하기 시 객실승무원의 도움이 필요한 휠체어 승객 및 UM, 유 · 소아 동반 승객, 장애인, 노약자, TWOV, 제한승객 등 Speical Care 대상 승객에게 도움을 주고 하기 시점과 방법에 대하여 안내한다.

(1) 객실 점검 사항

- 승객 휴대수하물을 앞 좌석 아래 또는 수하물 선반이나 인가된 장소에 보관하도록 안내한다.

- 승객의 좌석벨트 착용 상태, 테이블, 팔걸이, 좌석 등받이, 발받침대의 정위치를 확인한다.
- 승객 좌석 주변이나 좌석 앞주머니를 정리하고 두고 가는 물건이 없도록 도움을 준다.
- 화장실 내부 점검 및 승객의 사용 여부를 확인하고 화장실 변기 덮개 및 비품함 등을 고정한다.
- 비상구 주변과 통로의 clear 상태, slide mode를 확인한다.

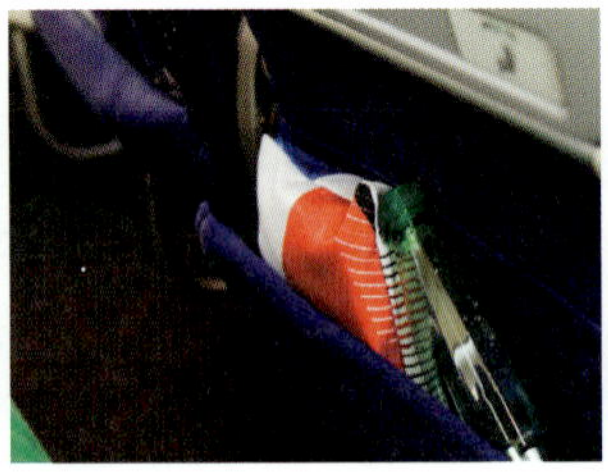

(2) 갤리(Galley) 점검 사항

- 회수된 서비스 물품을 정위치에 보관한다. 이때 사용된 물품과 사용되지 않은 물품을 분리하여 보관한다.
- 갤리 내 모든 카트(Cart), 컴파트먼트(Compartment), 캐리어 박스(Carry on box) 등의 닫힘 상태를 확인하고 유동 물질을 고정한다.
- 갤리 커튼을 고정한다.
- 기내 탑재된 주류와 기내면세품을 sealing하고 인수인계에 필요한 서류를 확인한다.
- 도착지에 따라 하기할 물품과 교대 팀에게 인수인계할 물품을 정리한다.

객실승무원은 착륙을 위한 객실과 안전을 위해 갤리 점검을 철저히 실시한다.

8) 착륙(Landing)

항공기가 목적지 공항에 착륙을 하기 위해 기장은 착륙 시그널(Landing Signal)을 객실승무원과 승객들에게 안내한다. 이때 방송 담당 객실승무원은 안내방송을 실시하고 객실, 갤리, 화장실을 최종적으로 점검한다. 착륙을 위해 객실의 조명을 dim 상태로 조절하고 객실승무원도 지정된 승무원 좌석에 앉아 좌석벨트와 어깨끈(Sholder Harness)을 착용한다. 비상사태 발생에 대비하여 30 Seconds Review를 실시한다.

4. 착륙 후 객실서비스

항공기가 목적지 공항에 착륙한 후 엔진의 역회전이 끝난 시점에 방송 담당 객실승무원은 Farewell 방송을 실시한다. 항공기가 주기장으로 이동(Taxing)하는 동안 승객의 안전을 위해 자리에서 일어나지 않도록 하고, 좌석벨트 표시등(Fasten Seat Belt Sign)이 꺼질 때까지 모든 승객의 착석을 유도한다.

1) Door Open & Safety Check

항공기가 완전히 정지하고 좌석벨트 표시등이 꺼지면 사무장은 Safety Check (Door Slide Mode 정상위치: Manual Position) 방송을 통해 객실승무원에게 지시하고 Slide Mode 변경을 확인한다.

Safety Check를 객실승무원으로부터 확인한 후 승객 하기를 위해 객실조명을 Full Bright로 조절한다. 승객 하기를 위한 연결 통로(Bridge)나 스텝카(Step car)가 연결된 후 항공기 Door를 열어 승객 하기를 안내한다. Door를 열 때는 좌석벨트 표시등(Off) 상태, slide mode 정상위치, Door 주변의 장애물 여부를 확인한 후 항공기 외부 운송직원에게 수신호로 사인(sign)을 주어 Door를 열도록 한다.

2) 승객 하기

항공기 Door 열고 사무장은 ship pouch를 운송담당 직원에게 전달한다. 또한 해당 항공편의 VIP, CIP, UM, 제한 승객 등 해당 항공편의 특이 사항을 전달하여 원활한 업무가 진행될 수 있도록 한다.

승객 하기할 때 객실승무원은 지정된 승무원 좌석에서 도착시간이나 도착지에 적합한 인사말로 진심이 담긴 하기 인사를 실시한다. 유아 동반 승객, 장애인 승객, UM, 제한 승객 등 도움이 필요한 승객은 적극적으로 도와드려 신속한 하기가 이루어질 수 있도록 한다.

응급환자 → VIP, CIP →
일등석 승객 → 비즈니스석 승객 →
UM, 노약자, 유아동반 승객 → 일반석 승객 →
제한 승객 → 스트레처(stretcher) 승객

▲승객 하기 순서

3) 승객 하기 후 객실 점검

객실승무원은 모든 승객이 하기한 후에는 담당 구역별로 잔류 승객 여부와 유실물 점검을 실시한다. 화장실이나 객실 등에 잔류 승객들은 신속히 하기할 수 있도록 적극 협조한다.

객실승무원은 객실 후방에서 전방으로 나오면서 담당 구역의 승객 좌석 주변, 좌석 주머니, 수하물 선반을 확인하여 승객이 두고 간 짐이나 이상한 물건이 없는지 확인한다. 유실물 발견 시에는 사무장에게 즉시 보고하고 유실물 발견 장소, 시각, 내용, 형태, 개수, 운송직원 인적사항을 Purser's flight report에 기재한다. 유실물은 운송직원에게 인계하고 운송직원과 연결이 불가한 경우에는 출·도착 안내 데스크 또는 분실물 창구에 인계한다.

객실승무원은 담당 구역의 비상구와 slide mode의 정상위치를 재확인한다. 비행 중 이상이 발견된 장비나 설비는 사무장에게 보고하고 사무장은 cabin log에 기재하여 연결편 비행에 불편함이 없도록 조치를 취한다.

4) 서비스 물품 및 기내판매 인수인계

항공기가 모기지 도착 시에는 기내 용품은 seal을 하여 하기하고 사용한 서비스 기물은 갤리 선반이나 갤리에 꺼내어 두어 하기할 수 있도록 한다. 기내판매 담당 객실승무원은 기내판매담당 직원에게 인수인계한다.

항공기가 해외 현지 도착 시에는 서비스 용품을 하기하지 않으며 sealing하여 분실을 방지한다. 서비스 용품의 보관 위치와 수량, 기타 특이사항을 교대 팀에게 전달한다. 정확한 인수인계로 비행에 필요한 물품을 현지 케이터링(catering) 직원에게 주문할 수 있도록 한다. 기내판매 관련 서류 및 기타는 연결편 담당 객실승무원과 상호 인수인계가 불가능한 경우에는 도착지 지상직원에게 문의 후 현지 사정에 맞도록 하며 Purser's flight report에 기재한다.

5) 디브리핑

객실승무원은 모든 승객이 하기 완료 후 객실사무장이 주관하에 디브리핑(Debriefing)을 실시한다. 디브리핑은 비행 종료 후 실시하는 것이 원칙이며, 비행 중 발생한 문제점이나 특이사항 등에 대해 서로 의견을 공유하여 다음 비행에 더 나은 서비스를 제공하기 위해 실시한다.

디브리핑(Debriefing) 내용

- Cabin 설비 점검 사항 및 Cabin Log 기재 여부
- 기내환자 및 부상 승객 발생 여부 및 처리내역
- 음료 등을 비롯한 SVC 물품 관련 특이사항
- 기내분실물 발생 여부 및 처리내역
- 승객 좌석배정 관련 특이사항
- Cleaning Coupon 발급 여부 및 처리내역
- 기내 난동승객 또는 불만승객 발생내역 및 처리 여부
- VIP/CIP 탑승 여부 및 보고방법
- 기내 접수서류 및 설문지(승객 우편물, 회원 신청서 등)

WORKSHEET

1. 국제선 객실서비스의 비행 전 준비 업무 중 객실브리핑에 대해 설명해 보세요.

2. 국제선 객실서비스의 비행 전 준비 업무 중 합동브리핑에 대해 설명해 보세요.

3. 비행 전 객실 점검의 주요 내용에 대해 설명해 보세요.

4. 항공기 승객 탑승 순서에 대해 설명해 보세요.

5. 기내식음료서비스의 종류와 서비스 방법에 대해 설명해 보세요.

6. 기내식의 특성과 서비스 방법에 대해 설명해 보세요.

7. 착륙 후 업무 중 기내점검 및 유실물 처리 절차에 대해 설명해 보세요.

Chapter

4

국내선 객실서비스 절차

학습목표

1. 국내선 비행 준비업무 이륙 전 객실서비스에 대해 알 수 있다.
2. 국내선 비행 중 업무인 기내 순회와 식음료서비스에 대해 알 수 있다.
3. 국내선 착륙 후 업무인 승객하기와 유실물 처리에 대해 알 수 있다.

1. 비행준비 업무

1) 비행 전 준비

국내선은 국제선 서비스 기준에 따르며 메이크업(Make-up) 및 헤어두(Hair-do), 유니폼 등 비행 근무를 위한 용모와 복장으로 정해진 객실 브리핑(Cabin Briefing) 시간에 늦지 않도록 회사에 출근한다.

회사의 지정된 장소에서 Show-up을 마치면 객실 브리핑을 위해 해당 비행편 관련 정보 및 최근 공지사항 등을 확인 숙지하고 정해진 시간 및 장소에 객실 브리핑에 참석한다.

(1) 객실승무원 필수휴대품

- I.D Card(직원신분증)
- 기내방송문(In-Flight Announcement)
- 국내선 Time Table 등
- 기타 지정된 개인 휴대물품

(2) 비행 전 숙지사항

- 해당 항공기 기종 및 특성
- 항공기 장비와 시스템
- Door 작동법 및 비상사태 처리절차
- 기내 서비스 절차
- 최신 업무 및 공지 사항(불만/칭송 등)
- 브리핑 시간(항공기 출발 예정 시간(STD)) 기준

2) 객실 브리핑

객실브리핑(Cabin Briefing)은 해당 항공편 사무장 주관으로 실시한다.

- 승무원 명단 확인
- Appearance 지도(건강 상태 및 용모 · 복장 등)
- Duty Assignment 재확인
- 비행정보(승객 예약상황, 목적지 정보 등)
- VIP, CIP 및 Special 승객 탑승 사항
- 최근 업무지시 및 안전 관련 사항

3) 합동 브리핑 주요 내용

합동 브리핑(Cockpit Briefing)은 해당 항공편의 기장(P.I.C)이 주관으로 실시한다.

- 계획된 비행시간 및 고도
- 항로 및 항로상의 기상상태
- 목적지 기상상태
- 승객 예약상황 및 VIP/CIP, 환자 등의 승객정보
- 화물 탑재 상황
- 안전 및 보안 관련 유의사항
- 승무원 상호 간의 협조사항

4) 지상(Ground) 준비 업무

(1) 비행 전 점검

객실승무원은 항공기에 탑승한 후 지정된 휴대수하물 보관 장소에 기내반입 휴대수하물을 보관한다. 해당편 담당 업무에 따라 각 구역별 최후방 좌석의 하단 및 수하물 선반 또는 코트룸에 보관하여 승객들의 휴대수하물 보관에 불편함을 초래하지 않도록 한다.

또한 안전 및 서비스 관련 물품 등 비행 전 점검(Pre-Flight Check)을 실시한다.

승객의 안전과 항공기 안전 운항을 위해 담당 구역별로 구비되어 있는 비상 및 보안 장비 그리고 항공기 설비 및 장비 시스템 그리고 서비스 물품을 점검한다. 서비스 물품 미탑재 시 사무장에게 바로 보고하여 조치를 취하도록 하며 이로 인해 항공기 출발이 지연되지 않도록 한다.

기내방송 담당 객실승무원과 객실사무장은 기내방송 설비(PA)상태를 점검할 때에는 객실승무원들은 담당구역별로 기내방송 설비(PA)의 음량, 파열음 등의 상태(기장 방송 포함)를 모니터링(Monitoring)한다. 각종 장비 및 시스템 점검 상태 등의 이상 유무를 함께 객실사무장에게 보고한다. 이상 상태에 따라 객실정비사가 필요한 경우 설비를 교체 또는 수리하여 비행 중 승객에게 서비스제공에 불편함이 없도록 한다.

객실 내 좌석 및 통로(Aisle)의 기내청소 작업 상태 및 좌석 앞주머니 속에 비치된 기내지, 안전 안내서(Safety Information Card), 구토용 위생봉투 등의 비치 여부를 확인하고, 승객 좌석의 모니터(Monitor)와 스크린(Screen)의 작동 여부와 이상 유무를 확인하도록 한다. 통로 측에 돌출되어 있는 모니터는 비상탈출에 지장을 줄 수 있으므로 승객 탑승 및 하기 그리고 이·착륙 시에는 원위치 하도록 한다.

화장실이 위치한 구역의 담당 객실승무원은 화장실의 청결 상태 및 화장실 설비의 작동 여부를 확인하도록 하고, 각 갤리에 설치되어 있는 장비의 작동 여부 및 서비스 물품 탑재이상 유무를 확인한다.

(2) Catering Item 점검

서비스 물품은 국내선 기용품 탑재 목록에 따라 Carry-On Box 내 서비스 물품의 탑재 여부를 점검 · 확인한다.

- 음료 및 신문
- Muddler Box, Large Tray, Small Tray, Coffe Pot 등 각종 기물
- Instant Coffee, 녹차 Pack, Cocktail Napkin, Cart Mat, Paper Cup, Sugar & Cream(무설탕 등), SVC Tag, Tray Mat, Trash Bag, 방향제(Cabin 및 Lavatory 겸용), 각종 신청서 및 안내서, 엽서, 볼펜, 일회용 비닐장갑 등 소모품
- 기타 Serving Cart, Cart Holder 등

모든 점검이 끝나면 신문은 제호가 보이도록 서비스 카트(Serving Cart) 상단에 한글신문을 중단에는 영자신문과 스포츠 신문을 준비하여 연결통로(Bridge) 또는 스텝카(Step Car)에 준비한다. 이때 주요 일간지 등을 따로 보관하여 나중에 탑승하는 승객이나 VIP/CIP 승객에게 서비스한다.

2. 이륙 전 객실서비스

1) 승객 탑승 업무

승객 탑승은 일반적으로 항공기 출발 예정 시간(STD: Scheduled Time of Departure) 약 20분 전에 이루어진다. 탑승구에서 환영인사를 하는 승무원은 단정한 복장을 갖추고 밝은 표정으로 인사를 하도록 하며, 정시 운항 및 승객탑승이 원활히 진행될 수 있도록 탑승권의 날짜와 편명을 확인하고 해당 좌석 방향으로 적극적인 안내를 한다.

노약자, 어린이 동반 승객 등 도움이 필요한 승객에게 객실승무원은 도움을 드린

다. 항공기 비상구열 좌석 승객에게는 비상구 좌석브리핑(briefing)을 하여 비상구의 위치와 사용법, 비상구 좌석 승객의 준수 사항, 비상 시 탈출 승객 협조에 대한 안내 내용을 전달한다. 비상구열 좌석 착석이 불가한 승객의 경우 사무장에게 보고하여 즉각 좌석을 재배정할 수 있도록 한다.

2) 항공기 Door Close 및 이륙 준비

승객 탑승이 완료되면 객실승무원은 승객의 휴대수하물 정위치 보관 및 수하물 선반 닫힘 상태, 승객 착석 상태를 재확인한다. 사무장은 운송 직원에게 전달받은 비행에 필요한 서류의 이상 유무를 확인한 후 기장에게 '객실준비완료'상태를 보고한다.

항공기 Door 닫은 후 객실승무원은 객실사무장의 'safety check' 안내 방송에 따라 각 담당 Door의 Slide Mode(팽창위치: Armed Position)를 변경하고 상호확인 후 사무장에게 보고한다. 모든 항공기 Door의 Safety Check가 확인되면 사무장은 기장에게 'push back' 준비완료를 보고한다.

기내 방송 담당승무원의 Welcome 방송에 따라 객실승무원은 담당 구역에서 승객에게 정중하게 인사한다.

Welcome 방송에 이어 Safety Demonstration을 Video Tape 또는 객실승무원의 실연으로 비상구 위치, 좌석벨트 사용법, 구명복 사용법, 산소마스크 사용법, 전자기기 사용 금지에 대한 안내를 한다.

이륙 전 최종 점검 사항

- 승객 착석 상태
- 좌석벨트 착용, 좌석 등받이, 테이블(Tray Table), 팔걸이, 발받침대 정위치
- 휴대수하물 정위치 보관 및 수하물 선반 닫힘 상태
- 갤리 컴파트먼트(Compartment) 닫힘 및 유동물 고정 상태
- 화장실 변기 덮개 닫힘 상태

이륙 전 객실 최종 안전 점검이 끝나면 객실승무원은 지정된 승무원 좌석에 착석하여 좌석벨트와 어깨끈을 착용하고 비상사태 발생 시를 대비하여 30 Seconds Review를 실시한다.

3. 비행 중 객실서비스

1) 이륙 후(After Take-Off) 객실 업무

항공기가 이륙 후 안전 고도에 이르러 좌석 벨트 표시등이 꺼지면 음료서비스 준비를 한다. 항공사별 서비스에 차이가 있을 수 있으며, 일반적으로 서비스 카트에 생수, 주스, soft drink, 커피 등을 준비하여 서비스 절차에 따라 서비스를 실시한다.

뜨거운 것은 뜨겁게 차가운 것은 차갑게 서비스하며 뜨거운 음료인 커피는 온도 및 농도를 확인하고, 차가운 음료인 생수, 주스, soft drink 등은 차갑게 서비스할 수 있도록 준비한다.

음료서비스 요령

- 서비스 카트(service cart)를 이용하여 서비스할 때 카트(cart)를 잠금 장치(locking pedal)를 이용하여 카트(cart)를 늘 고정시켜 둔다.
- 창 측 승객, 어린이나 노약자, 여성 승객에게 먼저 서비스한다. 어린이 승객에게는 음료컵에 컵 뚜껑(cup lid)를 덮고 빨대(straw)를 꽂아 서비스한다.
- 승객의 주문을 받은 후에는 주문 내용을 재확인하고 드린다.
- 음료를 서비스하기 전 테이블(tray table)을 직접 열어 드리고 창 측 승객의 경우 양해를 구해 승객이 직접 테이블 열도록 유도한다.
- 주문받은 음료를 드리기 전 테이블에 냅킨을 먼저 놓아드리고 음료를 서비스한다. 뜨거운 음료를 서비스할 때는 주의 안내를 한다.
- 취침 승객에게는 '서비스 태그(service tag)'를 적극 활용하고 착륙 전에 서비스할 수 있도록 한다.
- 음료서비스 후 refill을 하고 다른 요구 사항이 있을 경우 적극적으로 도움을 드린다.

음료서비스 중 기체 흔들림이 있을 경우(Turbulence: Seatbelt Sign On) 뜨거운 음료 서비스는 잠시 중지하고 차가운 음료 위주로 서비스 하도록 한다. 이때 뜨거운 음료를 요청하는 승객에게는 개별적으로 기류변화에 대한 안내 및 양해 말씀을 드리고, 좌석 벨트 표시등이 꺼지면 객실사무장은 운항승무원과 협의하여 기류 변화 유형 및 기내상황 등을 고려하여 뜨거운 음료 서비스 재개 여부를 결정한다.

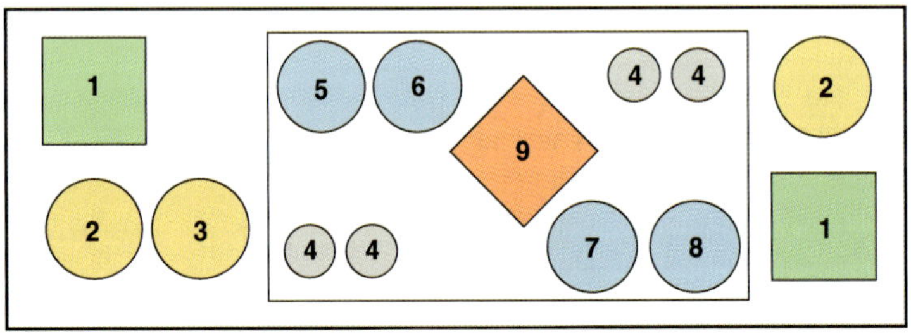

1. Cocktail Napkin
2. Coffee Pot
3. Hot Water Pot
4. Paper Cup
5~8. Cold Beverage
9. Muddler Box

비행 중 통로에 공백이 생기지 않도록 순회(Walk-around)를 하며 통로 정리(Aisle Cleaning) 및 사용된 컵을 회수하고 승객 좌석 주변을 청결하게 한다. 신문을 서비스하지 못한 승객에게는 다 보신 승객의 신문을 가져다 권해 드린다. 어린이나 노약자들에게는 주의를 기울여 좀 더 세심한 서비스를 할 수 있도록 한다. 야간 비행의 경우 독서를 하는 승객에게 독서등을 켜드리며 다가가는 서비스를 한다.

2) 착륙(Landing) 준비

기장이 좌석 벨트 표시등을 켜면서 Approaching Signal을 보내면 객실승무원은 항공기의 착륙을 위한 준비를 한다. 객실승무원은 객실 순회를 하며 남아 있는 서비스 용품을 회수하고 승객이 보관 의뢰한 물품을 반환한다. 착륙 전 담당 구역의 객실, 화장실, 갤리 등 객실 안전 점검을 실시한다.

착륙 전 최종 점검 사항

- 승객 착석 상태
- 좌석벨트 착용, 좌석등받이, 테이블, 팔걸이, 발받침 정위치
- 휴대수하물 정위치 보관 및 수하물 선반 닫힘 상태
- 갤리 컴파트먼트 닫힘 및 유동물 고정상태
- 화장실 변기 덮개 닫힘 상태
- 비상구 주변과 통로의 clear 상태, slide mode

항공기 착륙을 위한 최종 객실 안전 점검을 실시하고 승무원 좌석에 착석하여 좌석벨트와 어깨끈을 착용하고 30 Seconds Review를 실시한다.

4. 착륙 후 객실서비스

1) Door Open & Safety Check

항공기가 목적지 공항에 착륙한 후 기내 방송 담당 객실승무원은 Farewell 방송을 실시하고, 이동(Taxing) 중에는 승객의 안전을 위해 좌석 벨트 표시등이 꺼질 때까지 모든 승객의 착석을 유도하여야 한다.

항공기가 완전히 정지한 후, 객실승무원은 객실사무장의 기내 방송(PA) 지시에 따라 Safety Check(Door Slide Mode 정상위치: Manual Position)를 실시하고 사무장에게 인터폰으로 보고한다. 항공기 Door를 열 때 객실사무장은 좌석 벨트 표시등이 꺼졌는지 확인한 후 항공기 외부 운송직원에게 수신호로 신호를 주어 외부에서 Door를 열도록 한다.

2) 승객 하기

항공기 Door 열고 사무장은 ship pouch를 운송담당 직원에게 전달한다. 또한 해당 항공편의 VIP, CIP, UM, 제한 승객 등 해당 항공편의 특이 사항을 전달하여 원활한 업무가 진행될 수 있도록 한다. 객실승무원은 승무원 좌석 주변에서 하기 인사를 실시하며 도움이 필요한 승객은 적극적으로 도와드린다. 특히, UM, 장애인 승객, 유아동반 승객, 노약자, 제한 승객의 경우 담당 승무원을 지정하여 도와 드린다.

3) 승객 하기 후 객실 점검

승객 하기 후, 객실승무원은 유실물 점검을 실시한다. 유실물 점검은 좌석 주변 및 좌석 주머니(Seat Pocket)를 확인하고 수하물 선반은 모두 열어 내부를 육안으로 확인한다. 코트룸이나 화장실 내에 잔류 승객 여부도 확인한다.

비행 중 객실 이나 객실설비에 관한 내용은 cabin log에 기재한다. 최종적으로 slide mode의 정상위치를 확인한다.

4) 디브리핑

비행 종료 후 객실사무장이 주관하는 디브리핑(Debriefing)에 참석한다. 비행 중 특이사항을 중심으로 의견을 나누고 보고 사항이나 업무개선이 필요한 경우 객실사무장은 보고서(Report)를 작성하고 이를 보고한다.

디브리핑(Debriefing) 내용

- Cabin 설비 점검 사항 및 Cabin Log 기재 여부
- 기내환자 및 부상 승객 발생 여부 및 처리내역
- 음료 등을 비롯한 SVC 물품 관련 특이사항
- 기내분실물 발생 여부 및 처리내역
- 승객 좌석배정 관련 특이사항
- Cleaning Coupon 발급 여부 및 처리내역
- 기내 난동승객 또는 불만승객 발생내역 및 처리 여부
- VIP/CIP 탑승 여부 및 보고방법
- 기내 접수서류 및 설문지(승객 우편물, 회원 신청서 등)

WORKSHEET

1. 국내선 객실서비스의 비행 준비 업무의 절차에 대해 설명해 보세요.

2. 국내선 객실서비스의 이륙 전 지상 준비업무에 대해 설명해 보세요.

3. 이륙 전 승객 탑승 업무에 대해 설명해 보세요.

4. 항공기 Door Close와 이륙 준비업무에 대해 설명해 보세요.

5. 국내선 비행 중 객실서비스 업무에 대해 설명해 보세요.

6. 착륙 후 디브리핑(Debriefing)에 대해 설명해 보세요.

Chapter

5

여객운송서비스

학습목표

1. 여객운송서비스의 개념을 알고 분류별 특징에 대해 알 수 있다.
2. 출국 수속 절차와 세관 · 출국 사열 · 검역(C.I.Q) 규정을 알 수 있다.
3. 입국 수속 절차와 세관 · 입국 사열 · 검역(C.I.Q) 규정을 알 수 있다.

1. 여객운송서비스 개념 및 분류

1) 여객운송서비스의 개념

항공사의 운송서비스는 여객과 화물의 영업, 정비, 운송, 일반지원업무 등 항공운송과 관련된 전반적인 업무이다. 이러한 운송서비스 업무 중 공항을 중심으로 여객을 대상으로 제공되는 서비스를 여객운송서비스라 하고 화물과 관련된 업무는 화물운송서비스로 구분하고 있다.

여객운송서비스 업무는 출발지 공항에서 항공편의 운항시간에 정상적인 운항을 하기 위해 비행준비를 하고 승객의 여행 관련 서류 확인, 좌석 배정과 수하물 위탁 접수, 탑승을 위한 기타 서비스를 제공한다. 도착지 공항에서는 항공기에서 하기하여 입국수속의 절차를 원활하게 할 수 있도록 도움을 주고 승객의 수하물의 도착 확인과 분실 또는 파손 수하물에 대한 조치를 취하는 등의 서비스를 제공한다. 여객운송서비스는 운송준비업무, 출·입국 안내업무, 탑승수속업무, 의전업무, 수하물 사고처리업무 등으로 구분할 수 있다. 특히 항공사에서 제공하는 서비스는 물적 서비스와 인적 서비스로 구분할 수 있으며 물적 서비스는 항공기 기종, 좌석, 기내 엔터테인먼트, 화물탑재 공간 등이며, 인적 서비스는 무형의 서비스로 항공운송과 관련된 예약발권, 탑승수속, 지상서비스, 객실서비스 등 모든 서비스라고 할 수 있다.

여객운송서비스는 전 과정이 하나의 상품으로 승객에게 제공되며 과정별 서비스가 개별의 서비스가 아닌 유기적인 관계로 이루어진다.

2) 여객운송서비스의 분류

(1) 운송준비업무

해당 항공편의 출발 시간, 승객예약상황, 항공기 기종, 탑승객 좌석수, VIP 및 CIP 현황, 특수여객 명단, 항공사별 공지사항 등을 파악하여 운송준비를 한다. 또한 승객의 원활한 탑승 수속업무를 진행하기 위해 탑승권, 해당 국가 출·입국신고서, 수하물표 등 장비와 관련 서류에 관해 확인하고 준비하는 업무이다.

(2) 출 · 입국 안내업무

출 · 입국 안내업무는 일반안내와 출국장 안내업무, 입국장 안내업무로 구분할 수 있다. 일반안내는 예약, 발권, 출국과 해당 국가의 입국절차와 규정, 기타 공항이용이나 항공여객과 관련된 제반 사항에 대한 문의 및 불편사항을 담당하는 업무 이다. 출국장 안내업무는 출국과 관련된 C.I.Q(Customs, Immigration, Quarantine)절차에 대한 안내 및 보조업무 그리고 통과 여객에 대한 탑승 수속 등을 안내하는 업무이다. 입국장 안내업무는 항공기에서 하기하는 승객에 대한 검역, 입국심사, 세관검사 등과 관련된 안내를 하고 「출입국관리법」에 따라 문제가 발생하였을 경우 관련 기관이나 관련 부서와 협의 및 조치를 취하는 업무이다.

(3) 탑승 수속업무

탑승 수속은 여행객이 공항에 도착하여 출국 준비를 하는 가장 기본 절차이며 항공사의 운송업무의 중심이다. 탑승 수속업무는 정해진 절차와 규정에 따라 신속하고 정확하게 수행되어야 한다. 탑승 수속업무는 항공여행 승객의 여권, 비자 등 여행서류를 점검하고 항공권을 확인하여 예약등급별 항공기 좌석을 배정하고 탑승권을 교부하는 업무이다. 승객이 수하물이 있을 경우 위탁수하물과 기내반입 수하물에 대한 분류를 하고 위탁수하물의 경우 수하물표를 부착하여 항공기 화물 칸에 탑재할 수 있도록 한다.

(4) 의전업무

공항을 이용하는 여객 중 항공사의 특별한 예우를 필요로 하는 경우가 있다. 정부의 고위관리나 외교관, 주요 외국인 방문객 등의 VIP 여객이나 항공사의 사업상의 CIP 여객 등에게 국가적 이익이나 항공사와의 우호적 관계를 형성하고 유지하기 위해 예우가 필요하다. 이러한 의전업무를 M&A(Meet and Assistance)라고 한다.

(5) 수하물 사고처리업무

항공기를 이용하는 여객의 수하물 운송과정에서 발생하는 수하물의 지연, 분실, 파손 등의 문제가 발생하는 경우 원인을 규명하고 신속하게 사고를 수습하는 업무이다. 사고 수하물의 발생은 항공기 탑재 누락, 수하물표의 미부착이나 이탈, 도난, 도착지 미확인, 수하물 파손, 지상조업의 과실 등 다양하게 발생된다. 항공사는 운송과정에서 발생한 사고 수하물에 대해 여객에게 보상할 책임이 있다.

2. 출국 수속 절차

출국 수속은 국제선 항공기를 이용하기 위한 첫 번째 단계로 공항에 도착해서 해당 항공사 카운터에서 탑승 수속을 받아야 한다. 탑승 수속이 끝나면 보안검사와 출국, 세관 검사를 거친 후 항공기에 탑승하기까지의 과정이다.

1) 탑승 수속

탑승 수속은 국내선과 국제선에 따라 시간 차이가 있으며 일반적으로 국내선의 경우 20분 전 국제선의 경우 40분 전 체크인 카운터(check-in counter)에서 탑승 수속을 완료하여야 한다. 탑승 수속은 항공 여객의 수요가 많거나 출발 항공편이 많은 시간에는 공항 상황에 따라 소요 시간이 상이하므로 여유롭게 공항에 도착하여 탑승 수속을 하는 것이 필요하다.

탑승 수속을 위해서는 여권을 준비하고 여행 국가에 따라서 비자발급 유무 확인한 후 여객 예약정보를 바탕으로 좌석을 배정한다. 이때 여객의 위탁수하물이 있을 경우 수하물을 접수하여 수하물표를 배부한다.

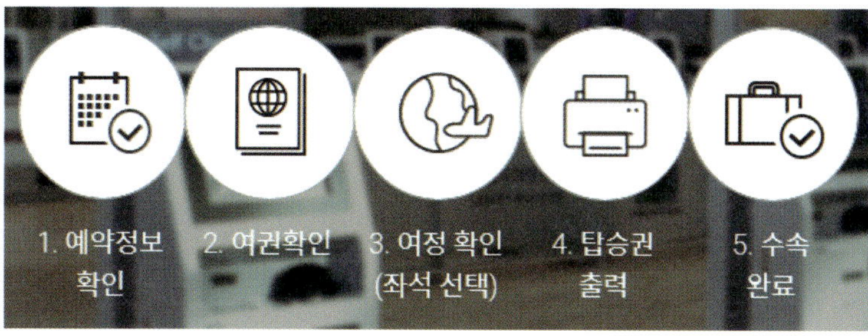

▲ **셀프 체크인(self check-in)**

출처: 인천공항

셀프 체크인(self check-in)은 항공기 출발 1시간 전까지 셀프 체크인이 가능하며 비자가 필요한 국가, 공동운항, 유아동반 등의 경우는 체크인 카운터에서 해야 한다. 셀프 체크인 이용방법은 예약정보확인, 여권확인, 여정확인, 좌석선택, 탑승권 출력 순으로 탑승수속을 한다. 셀프 백드랍(self-bag drop)의 경우 비자 등 서류 확인이 필요한 경우 항공사나 노선의 제한이 있을 수 있으며 탑승권과 여권 스캔, 수하물 투입, 수하물 위탁규정 확인, 수하물 태그 부착, 확인증 발행 순으로 이용할 수 있다.

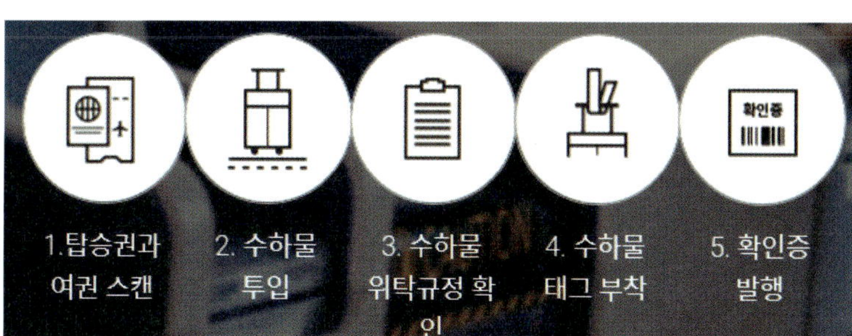

▲ **셀프 백드랍(self-bag drop)**

출처: 인천공항

모바일이나 웹 체크인은 예약이 확약된 전자항공권(e-Ticket) 소지 승객으로 출발 예정 48시간부터 1시간 전까지 이용 가능하다. 모바일 · 웹 체크인 완료 후 탑승권을 발급받은 승객 중 위탁수하물이 없는 경우에는 체크인 카운터를 방문하지 않고 출발장 입장이 가능하며 탑승권에 인쇄된 바코드를 출발장 앞 탑승권 확인 기기에 인식하면 된다. 위탁수하물이 있는 경우에는 수하물 전용 카운터에서 수속해야 한다. 모바일 · 웹 체크인 완료 후 교환증을 발급받은 경우 수하물 전용 카운터에서 여권 및 비자를 제시 후 탑승권으로 교환해야 한다.

(1) 항공권

항공권은 국제항공운송협회에서 정한 표준양식에 따라 항공사와 여객 간의 계약 내용을 표기하고 운송약관에 따라 운송서비스 제공됨에 대한 증서이다.

항공권의 종류로는 항공사 출국 수속 카운터에서 여행 일정에 따라 여객과 위탁수하물에 대해 항공사에서 발행하는 증서인 여객항공권과 항공예약시스템(CRS: Computer Reservation System)의 예약된 자료와 발권 정보를 이용하여 발행되는 자동발권 항공권, 항공권에 발권 및 탑승 정보를 마그네틱 자료에 입력하여 탑승권 용도로 사용하는 자동발권 탑승권이 있다.

전자항공권(e-Ticket)은 실물 항공권 형태가 아닌 항공사 CRS의 정보와 여행 관련 세부일정, 탑승자 정보가 기록된 항공권이다. 전자항공권 정보에는 항공사에서 부여된 예약번호와 항공권 번호, 항공 여정 등이 있으며, 종이 항공권을 대신하여 사용되고 있다. 전자항공권 사용으로 항공사는 인력 감축 및 수수료를 감소할 수 있고 승객은 예약, 취소가 간편하고 셀프 체크인(self check-in)이 가능해졌다.

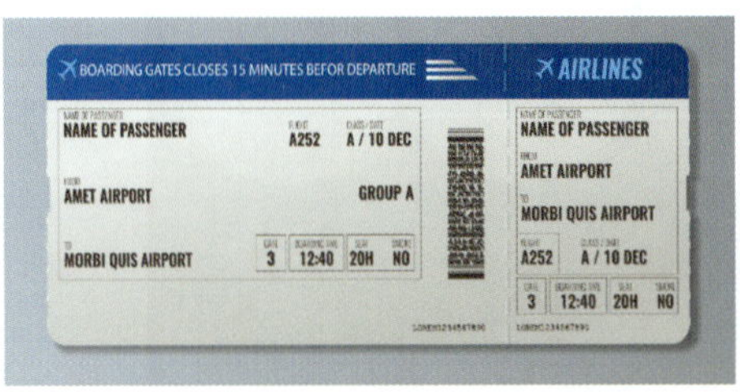

(2) 여권

여권은 한 나라의 국민이 외국 여행 시 국가가 여행객의 신분과 국적을 공적으로 증명하는 증명서이며 여행객에 대한 편의 제공과 보호를 위한 문서이다.

여권에 기재되는 내용은 여권의 종류, 발행국가, 여권 번호, 영문과 한글 성명, 국적, 생년월일, 주민등록번호, 성별, 발급일, 발행관청, 기간만료일, 사진 등이다. 여권을 발급받으려면 외교부장관에게 본인이 직접 여권 발급을 신청하여야 하며, 대리인 신청의 경우 외교부령으로 정하는 사람에 대해서는 신청할 수 있다.

여권은 국가가 자국민에 대해 발급하는 증명서로 외국인과 무국적자의 경우 거주국이 발급하는 외국인 여권, 난민의 지위에 관한 협약의 체약국이 발급한 난민 여행 증명서, 국제연합(UN) 및 전문 기구가 그 직원 등에게 발급한 국제연합 통행증 등이 여권과 동일하게 사용할 수 있다.

여권은 사용 횟수에 따라 단수 여권과 복수 여권으로 구분되며 단수 여권은 1회에 한하여 사용할 수 있는 여권이고 복수 여권은 기간 내 무제한으로 사용할 수 있는 여권이다. 여권의 사용자 기준으로는 다음과 같이 구분할 수 있다

여권의 종류

종류	내용
일반 여권	일반인에게 발급되며 개인적 사유로 여행 시 발급
관용 여권	국가의 공적인 일로 해외 출장이나 여행 시 발급
외교관 여권	국가를 대표하여 업무를 수행하거나 외교관 여권의 필요성이 인정되는 사람에게 발급

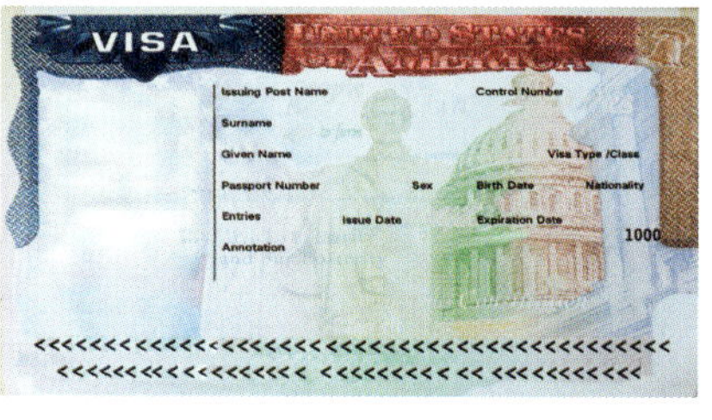

(3) 입국사증

개인이 외국으로 입국하기 위해 해당 국가의 대사, 공사, 영사로부터 여권 검사를 받고 서명을 받는 것을 입국사증(Visa)이라 한다.

입국사증은 사용자에 따라 일반 비자, 공무 비자, 외교 바자로 구분되고 입국 목적에 따라 관광 비자, 체류 비자, 통과 비자로 구분된다. 입국사증은 국가 간 비자면제협정(Visa Waiver Agreement)을 체결한 경우에는 입국 목적과 체류 기간에 따라 비자를 면제하여 비자 없이 입국이 가능하다.

우리나라의 경우 유럽 지역 26개 국가들과 쉥겐협약을 체결하여 가입국을 여행할 때 여권의 유효기간이 3개월 이상 남아 있을 경우 자유롭게 이동할 수 있다. 이 외에도 괌, 사이판, 마카오, 필리핀, 인도네시아, 홍콩, 태국, 말레이시아, 싱가포르, 멕시코, 남아프리카 공화국, 튀니지 등은 일정 기간 동안 체류할 경우 별도의 비자 없이 여행할 수 있다.

미국 입국사증의 경우 2008년 전자여행허가(미국 비자면제프로그램: Visa Waiver Program)에 가입함으로써 우리나라 국민은 인터넷에서 간단한 등록절차를 거쳐 전자여행허가서(ESTA: Electronic System of Travel Authorization)를 발급받는 것만으로 비자 없이 미국을 방문할 수 있다. 단, ESTA는 전자여권에만 적용된다. 하지만 수시로 협정 체결이 변경될 수 있으니 여행을 떠나기 전 해당 대사관에 연락하여 정확히 확인해 둘 필요가 있다.

(4) 수하물

수하물이란 항공여행을 하는 여객이 여행 시 휴대 또는 탁송을 의뢰하는 소지품 및 물품을 의미한다. 여객이 탑승 수속을 할 때 항공사에 탁송을 의뢰하여 수하물표를 발행한 위탁수하물(checked baggage)과 기내에 휴대하여 운송하는 휴대수하물(carry on baggage)로 구분된다.

위탁수하물의 경우 수하물 이름표를 부착하고 운송 도중 파손이나 손상되기 쉬운 수하물의 경우 취급주의 표시를 하여야 하며 현금, 보석, 부패성 물품 등에 대해서는 운송이 제한된다. 또한 폭발성 · 인화성 물질, 가스류, 방사선 물질 등 위험물은 항공사의 승인이 없이는 운송이 불가능하다. 휴대수하물은 삼변의 합이 115cm

이내의 크기로 수하물은 반드시 머리 위 선반이나 앞 좌석 밑에 안전하게 수납할 수 있어야 한다. 액체류의 경우 각 용기의 용량이 100mL 이하로 1인당 1개의 1L 용량의 투명 비닐 지퍼백에 넣어 휴대반입이 가능하다.

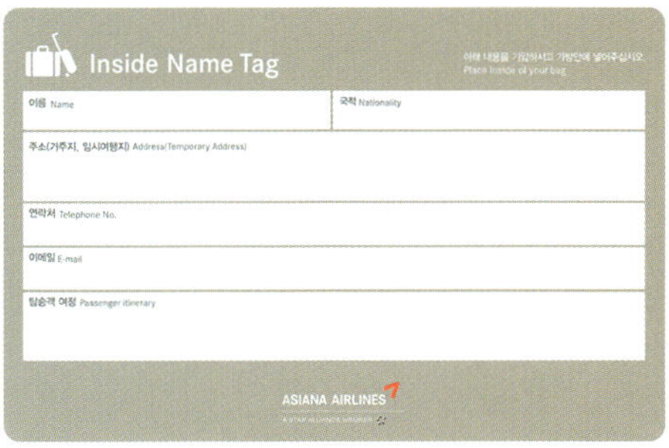

① 기내반입 휴대수하물 외에 추가반입 가능 물품

- 소형서류가방
- 노트북 컴퓨터
- 작은 크기 면세품
- 비행 중 사용하는 유아용 음식
- 몸이 불편한 손님의 지팡이 또는 목발
- 시각장애인의 안내견
- 일자형으로 접히는 소형유모차

② 항공기 위탁 금지 물품

- 페인트, 라이터용 연료와 같은 발화성 · 인화성 물질
- 산소캔, 부탄가스캔 등 고압가스 용기
- 총기, 폭죽 등 무기 및 폭발물류
- 리튬배터리 장착휠
- 기타 탑승객 및 항공기에 위험을 줄 가능성이 있는 물품

③ 기내 휴대 제한 물품(SRI: Security Removed Item)

- 항공기 안전운항과 여객의 생명과 재산을 보호하기 위해 휴대금지 물품

- 보안검색 시 해당 물품에 대한 검색 및 반입 금지
- **기내 반입 금지 물품:** 가위, 면도날, 얼음송곳, 도끼, 화살, 도검 등

④ 별도의 좌석을 구매해야 운송이 가능한 물품

- 삼변의 합이 115cm를 초과하는 첼로, 가야금, 거문고 등 대형 악기
- 의료용 산소통

(5) 도움이 필요한 승객

항공여행을 할 때 건강상의 이유나 비동반 소아, 장애인 등 도움이 필요한 여객의 경우 항공사에 의뢰하여 항공여행에 도움을 받을 수 있다. 여행 시작 전 미리 항공사에 요청해야 하며 경우에 따라 필요 서류를 제출해야 하고 여행이 불가할 수 있으므로 사전에 확인이 필요하다.

① 한가족 서비스/패밀리 서비스

- 보호자 없이 여행하는 만 70세 이상의 승객
- 7세 미만의 유·소아 2명 이상을 혼자서 동반한 1인 승객
- 출발지 공항에서 좌석배정과 수하물 수속 시 전담 직원의 안내
- 필요 시 출국장에서 전동차나 휠체어 이용
- 목적지 공항 입국서류 작성
- 도착지 공항 탑승구에서 담당직원의 도움으로 입국 수속 및 수하물 인수

② 비동반 소아(UM: Unaccompanied Minor)

- 만 5세 이상에서 만 11세 이하(국내선: 만 13세 미만)
- 동반자가 만 18세 미만의 경우
- 출발지와 도착지에서 어린이를 배웅 · 마중할 보호자 확인
- 출발지 공항에서 도착지 공항까지 담당직원의 도움
- 항공기에서 담당 객실승무원의 도움

③ 장애인 및 몸이 불편한 승객

- 시각 · 청각 장애인 승객을 위한 서비스
- 필요 시 인도견 항공기 동반 탑승
- 의학적 도움이 필요한 승객을 위해 의료용 침대 제공
- **의사소견서 제출**: 정상좌석 사용이 불가능, 산소공급 · 주사처치 등 의학적 처치 필요, 중대한 질병이 있는 경우
- 건강상의 이유로 거동이 불편한 승객에게 휠체어 서비스 제공

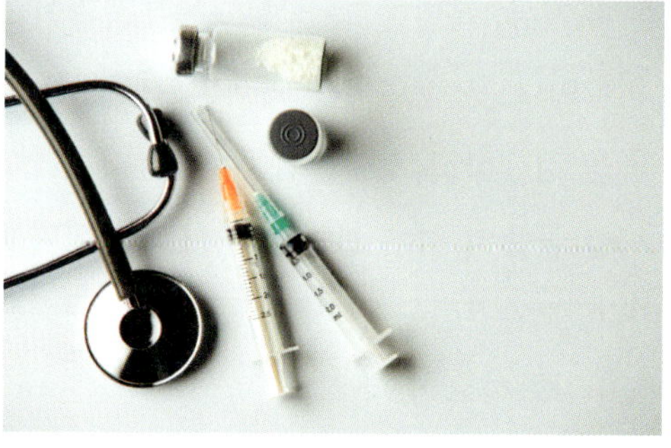

④ 임산부 승객

- 임신 32주 미만: 항공여행에 제한 없음
- 임신 32주 이상~36주: 탑승 수속 시 의사진단서 및 건강상태 서약서 제출
- 37주 이상(다태 임신 시 33주 이상): 항공여행 불가능

(6) 반려동물 동반 승객

항공기에 반려동물과 함께 탑승하여 항공여행이 가능하지만 기내 항공운송이 가능한 반려동물은 개, 고양이, 애완용 새만 동반 여행이 가능하다. 성인 탑승객 1인당 기내반입 1마리, 위탁수하물로 2마리가 가능하고 새의 경우 1케이지(cage)당 한 쌍을 기내 동반할 수 있다. 항공기 기종에 따라 반입 가능한 반려동물의 마리 수가 정해져 있으며 항공여행 전 미리 확인하는 것이 필요하다.

기내반입이 가능한 반려동물의 경우는 케이지를 포함하여 반려동물의 무게가 7kg 이하이고 운반 용기의 삼변의 합이 115cm 이하로 앞 좌석 하단에 들어갈 수 있는 크기로 케이지 높이는 최대 21cm 이내이어야 한다.

2) 보안검색

항공여행을 위해 항공사 탑승 수속을 한 후 출국장으로 들어가기 전에 항공기와 여객의 안전을 위해 항공기에 탑승하는 모든 여객과 기내반입 휴대 물품에 대해서 보안검색을 한다. 보안검색 사항은 무기류, 폭발물 등 국토교통부장관이 고시하는 위해물품 소지 여부를 확인하기 위함이다. 보안검색은 여객의 경우 문형탐지기를 통과한 후 금속탐지기로 여객의 몸을 검색하고 기내반입 휴대물품은 엑스레이 검색대에 올려 검색한다. 기내반입 제한 물품의 경우 보안검색 시 확인되면 폐기처리되므로 미리 확인하는 것이 필요하다. 보안검색은 전 세계 공항에서 인력을 보강하고 장비를 개선하는 등 보안검색을 강화하고 있다.

3) C.I.Q(Custom/Immigration/Quarantine)

(1) 세관(Custom)

세관(Custom) 신고는 입국할 때 관세의 부과 · 감면 · 징수와 관련하여 신고하는 것 이외에 출국 시에도 필요에 따라 세관 신고를 하여야 한다.

우리나라에 거주하는 여객이 출국 시 가지고 나가는 물품에 대해서는 세금을 징수하지 않으며 출국할 때 소지하였다가 입국 시 다시 반입할 고가의 물품은 출국세관 신고를 해야 입국 시 해당 물품에 대해 관세 부과가 발생하지 않는다.

해외여행 시 사용하고 입국 시 재반입할 고가(통상적으로 600달러 이상)의 골프채, 보석류, 시계, 카메라, 모피의류, 전자제품 등(외국산, 국산 불문)은 최초 출국 시 휴대물품 반출신고서에 모델, 제조번호 등 상세한 규격을 기재하여 세관에 신고하여야만 입국 시 면세통관이 가능하다.

출국세관 신고를 할 때에는 탑승권으로 신원확인을 한 후 여권과 물품을 보여주어 확인증을 발급받는다. 확인증은 입국 시 해당 물품과 함께 입국세관에 제출해야 한다. 동일한 물품을 소지하고 다시 출국할 경우에는 세관 신고를 다시 하지 않아도 무방하다.

(2) 출국심사(Immigration)

해외로 출국하는 모든 사람의 여권의 유효 여부, 본인 명의 여권 소지 확인, 위 · 변조 여권, 출국 금지 대상자 등을 확인하기 위한 출국심사(Immigration)를 한다. 병역의무자의 경우 국외여행을 하고자 할 때에는 지방병무청장으로부터 국외여행 허가를 받아야 한다. 자동출입국 심사서비스(SeS: Smart Entry Service)는 사전에 지문과 얼굴 정보를 등록한 후 직접 여권과 지문, 얼굴 정보를 자동출입국심사대에 인식시켜 출입국심사를 받는 시스템이다. 자동출입국 심사서비스는 주민등록이 된 7세 이상 대한민국 국민과 17세 이상 등록외국인은 가입할 수 있으며, 만 19세 이상의 대한민국 국민이면 사전등록을 하지 않아도 출입국 전 과정에서 심사관과의 인터뷰 없이 무인 키오스크(kiosk)를 이용하여 출입국심사를 받을 수 있다.

(3) 검역(Quarantine)

해외에서 전염병이나 해충이 들어오는 것을 방지하기 위해 공항에서 여객이나 여객이 소지한 동·식물에 대한 검역(Quarantine)을 한다.

여객은 예방접종이 필요한 국가로 출국 시 예방 주사의 접종을 확인하여 전염병의 전파를 방지하고 예방하기 위한 조치이다.

반려동물과 출국할 경우 도착지 국가에서 요구하는 검역증명서를 공항 내 동·식물 검역실에서 검역신청 후 검사를 받고 증명서를 발급받을 수 있다. 모든 식물은 도착지 국가의 규정에 따라 식물 검역증명서가 필요할 수 있으며 출발 당일 대상 물품을 공항 내 동·식물 수출 검역실에서 증명서를 발급받을 수 있다. 도착지 국가의 규정을 확인하고 출국 전 해당 기관에서 검역증명서를 발급받아 도착 후 불편함을 초래하지 않도록 한다.

4) 항공기 탑승

출국심사를 마친 여객은 항공기에 탑승하기 위해서 항공권이나 이·착륙 항공기 안내판을 확인하고 해당 항공편의 탑승 게이트(Boarding Gate)에서 항공기에 탑승한다.

출국장은 에어 사이드(Air Side)에 해당하는 시설로 관세를 면한 면세품을 구입할 수 있으며 입국 시 반입할 경우 면세 범위를 확인해야 한다. 그 외에도 여객의 편의를 위한 식당, 휴게시설, 항공사 라운지 등이 있다.

항공기 탑승 시간은 항공기 기종, 항공사 기준, 목적지 등에 따라 다르므로 탑승 시간을 확인하고 미리 탑승 게이트에서 대기해야 한다. 일반적으로 국제선은 항공기 출발 30분 전부터 탑승 우선 순서에 따라 탑승을 시작한다. 항공기 탑승 마감 시간 이후에는 항공기 탑승이 거절될 수 있다.

항공기 탑승할 때에는 항공보안 규정에 따라 탑승 게이트에서 해당 항공사의 운송직원이 탑승권과 여권으로 신원확인을 한다.

탑승 우선순위

1. Stretcher 승객 및 운송제한 승객
2. 노약자, 유아 · 소아 동반 승객
3. VIP 및 CIP 승객
4. First Class 승객
5. Prestige Class 승객
6. Economy Class 승객

3. 입국 수속 절차

항공기가 목적지 공항에 도착하면 여객들은 항공기에서 하기를 하여 입국 수속을 받아야 한다. 입국 수속은 국제선의 경우 한 나라의 국민이 다른 나라에 입국하거나 다른 나라에서 자국으로 입국하는 경우가 있다. 도착장 수하물 컨테이너에서 위탁 수하물을 회수하고 검역, 입국 사열, 세관(C.I.Q: Custom, Immigration, Quarantine)을 입국 수속절차에 따르며 각 절차 및 규정은 국가마다 다르게 적용되는 것을 확인하여야 한다. 통과 여객이나 연결편 승객, 추방자 등은 운송직원의 안내에 따라 입국 수속 절차를 따른다.

하기 우선순위

1. 응급환자
2. VIP 및 CIP 승객
3. First Class 승객
4. Prestige Class 승객
5. Economy Class 승객
6. Stretcher 승객 및 운송제한 승객

1) 검역(Quarantine)

국제적인 교역의 증가로 국가 간에 전파되는 감염병의 예방을 위해 해외에서 들어오는 항공 여객은 검역검사를 받아야 하며 동물, 축산물을 가지고 입국할 경우에는 농림축산검역본부에 출발 국가에서 발행한 검역증명서를 제출해야 한다. 기내에서 객실승무원이 나누어주는 검역 신고서를 미리 작성하여 입국 수속 시 제출하면 편리하고 신속하게 받을 수 있다.

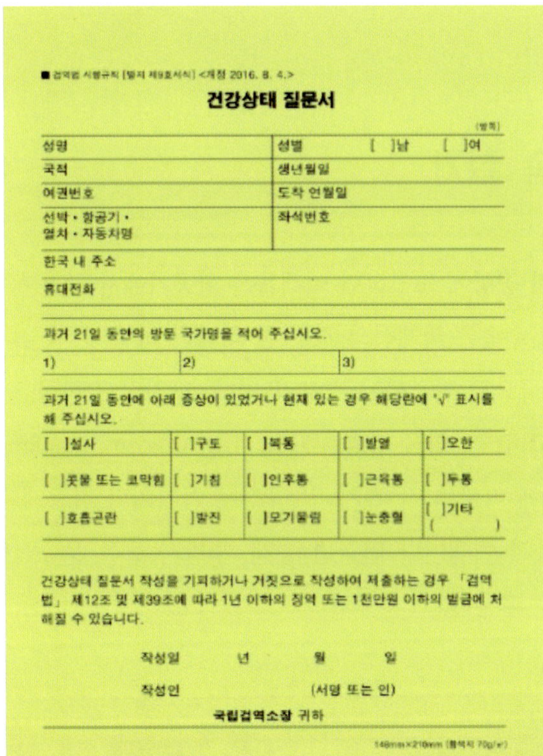

■ 검역법 시행규칙 [별지 제9호서식] <개정 2016. 8. 4.>

건강상태 질문서

(앞쪽)

성명	성별 [ ]남 [ ]여
국적	생년월일
여권번호	도착 연월일
선박 · 항공기 · 열차 · 자동차명	좌석번호
한국 내 주소	
휴대전화	

과거 21일 동안의 방문 국가명을 적어 주십시오.

1)	2)	3)

과거 21일 동안에 아래 증상이 있었거나 현재 있는 경우 해당란에 "√" 표시를 해 주십시오.

[ ]설사	[ ]구토	[ ]복통	[ ]발열	[ ]오한
[ ]콧물 또는 코막힘	[ ]기침	[ ]인후통	[ ]근육통	[ ]두통
[ ]호흡곤란	[ ]발진	[ ]모기물림	[ ]눈충혈	[ ]기타 ( )

건강상태 질문서 작성을 기피하거나 거짓으로 작성하여 제출하는 경우 「검역법」 제12조 및 제39조에 따라 1년 이하의 징역 또는 1천만원 이하의 벌금에 처해질 수 있습니다.

작성일 년 월 일

작성인 (서명 또는 인)

국립검역소장 귀하

148mm×210mm [황색지 70g/㎡]

오염지역에서 입국한 항공기 검역의 경우 항공기 내 위생상태를 조사하고 감염병 매개체 유무조사와 오수 적재 식품 검체 채취를 실시한다. 승객과 승무원은 발열 검사와 건강상태질문서를 제출하여야 한다. 이상 발견 시 역학조사 후 필요시 검체 채취를 하고 시 · 도를 통하여 추적관리를 하며 중앙검역 의료지원센터에 격리 조치를 하기도 한다.

2) 입국심사(Immigration)

국가별 입국서류의 양식에 따라 내용을 기재하여 입국 수속 시 여권과 함께 제출하여 입국 수속을 받는다. 우리나라의 경우 내국인 입국서류가 생략되었으며 자동출입국심사 이용대상은 자동출입국심사(SeS: Smart Entry Service)가 가능하다. 만 19세 이상의 국민은 사전등록 절차없이 바로 이용 가능하고 만 7세에서 만 18세 이하는 사전등록 후 이용해야 한다. 외국인의 경우 17세 이상 등록외국인과 17세 이상 단기체류 외국인도 사전등록 없이 바로 이용 가능하다.

유인 입국심사는 내 · 외국인의 분리심사를 원칙으로 하고 있으며 국민과 외국인 심사대를 확인하고 입국신고서와 여권을 제출하여 심사를 받는다.

국가별 출입국 규정 조회는 TIMATIC(Travel Information Manual Automatic)에서 가능하며 목적지, 출발지, 여행목적, 환승 여부와 여객의 국적, 여권 종류, 유효기간 등을 입력하면 해당 국가의 여권, 비자, 예방접종, 세관 등에 관한 정보를 알 수 있다.

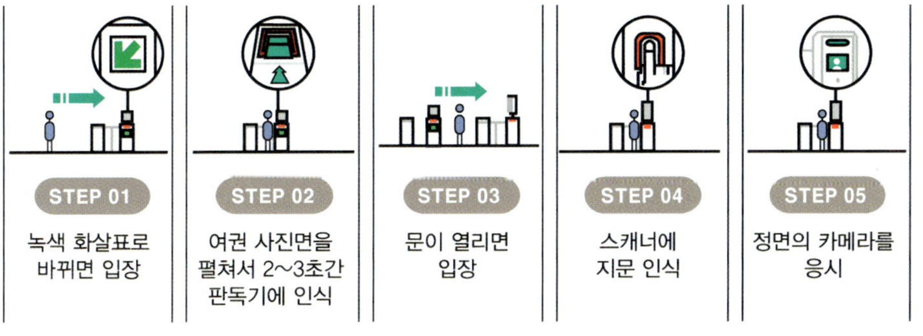

▲ 자동출입국심사

출처: 인천공항

3) 수하물 인도

항공편 탑승 수속 시 위탁한 수하물을 해당 항공편의 화물인도 컨베이어 벨트에서 수하물을 찾는다. 기내수하물제한품목(SRI: Security Removed Item)의 경우 해당 항공사 운송직원에게 해당 물품표를 제출하고 인도받는다. 수하물을 찾을 때는 본인의 수하물과 수하물 꼬리표를 확인하는 절차가 필요하다.

4) 세관검사(Custom)

위탁수하물을 찾은 후에는 세관신고서를 작성하여 제출해야 하며 우리나라로 입국하는 모든 여행자는 신고물품이 없어도 반드시 작성하여 제출한다. 세관신고서는 기내에서 미리 작성하면 편리하게 세관검사를 받을 수 있으며, 가족과 함께 입국 시에는 가족당 1장만 작성하면 된다. 신고 물품이 있는 경우 물품을 기재하고 세관원의 안내에 따라 휴대품 통관 절차를 받는다.

별송품이 있는 경우 세관신고서 2매를 작성하여 1매는 제출하고 1매는 입국지 세관장의 확인을 받아 별송품 통관 시 통관지 세관장에게 제출하면 된다.

대한민국 여행자 휴대품 면세범위는 다음과 같다.

- **여행자 휴대품 면세범위**: US $600
- **반출입 금지품목(통관 불가)**: 국헌 · 공안 · 풍속을 저해하는 서적 · 사진 · 필름 등의 물품, 정부의 기밀을 누설하거나 첩보에 제공하는 물품, 위조 · 변조 · 모조의 화폐 · 지폐 · 은행권 · 채권 기타 유가증권

• 반출입금지물품을 휴대반입할 경우 몰수되며, 세관의 정밀검사 및 조사를 받은 후 범죄혐의가 있을 경우에는 관세법 위반으로 처벌
• **별도 면세 상품:** 주류(1L 이하로 US $400 이하), 담배 1보루, 향수 60mL
• 농림축산물은 1인당 총량 40kg 이내, 해외취득가격이 10만 원 이내이고, 검역에 합격한 경우. (단, 한약은 1인당 10품목 이내)
• **농림축산물(한약재) 면세 범위:** 참기름, 참깨, 꿀, 고사리, 더덕 각 5kg, 쇠고기 10kg, 인삼(수삼, 백삼, 홍삼), 상황버섯 각 300g, 잣 1kg, 녹용 150g, 기타 한약재 품목당 3kg

휴대 반입한 물품 중에서 반입 금지 및 제한 물품이 있는 경우에는 현품을 확인하고, 제반 요건의 구비 등을 심사한다.

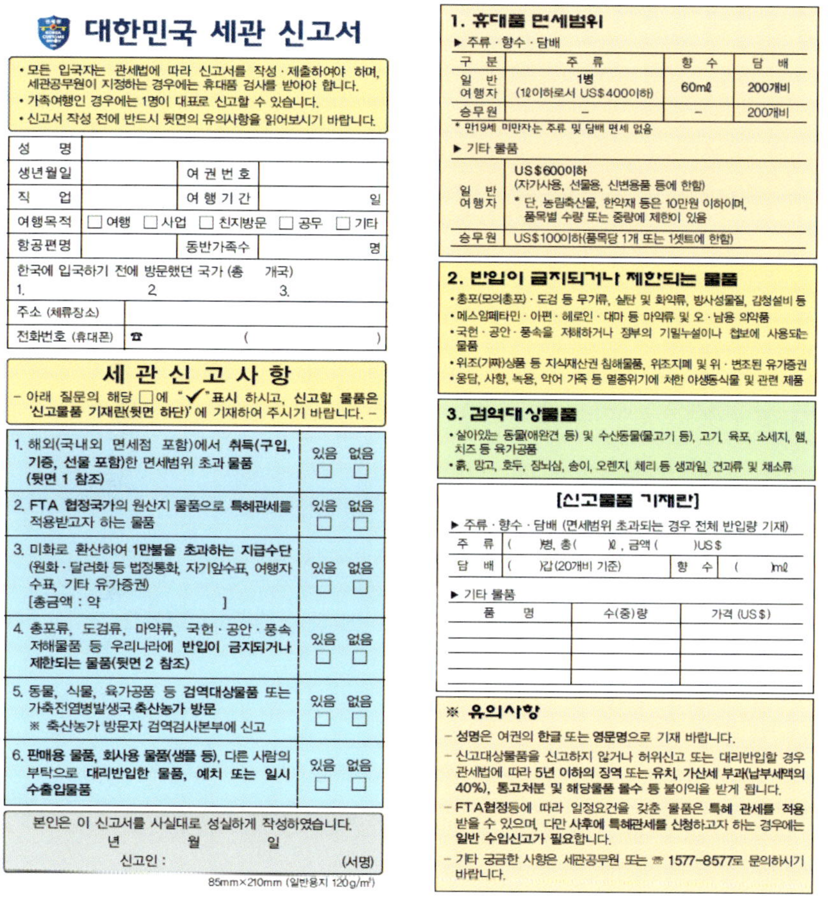

대한민국 세관 신고서

• 모든 입국자는 관세법에 따라 신고서를 작성·제출하여야 하며, 세관공무원이 지정하는 경우에는 휴대품 검사를 받아야 합니다.
• 가족여행인 경우에는 1명이 대표로 신고할 수 있습니다.
• 신고서 작성 전에 반드시 뒷면의 유의사항을 읽어보시기 바랍니다.

성 명			
생년월일		여권번호	
직 업		여행기간	일
여행목적	□ 여행 □ 사업 □ 친지방문 □ 공무 □ 기타		
항공편명		동반가족수	명
한국에 입국하기 전에 방문했던 국가 (총 개국) 1. 2. 3.			
주소 (체류장소)			
전화번호 (휴대폰)	☎ ( )		

세 관 신 고 사 항

– 아래 질문의 해당 □에 "✔"표시 하시고, 신고할 물품은 '신고물품 기재란(뒷면 하단)'에 기재하여 주시기 바랍니다. –

1. 해외(국내외 면세점 포함)에서 취득(구입, 기증, 선물 포함)한 면세범위 초과 물품 (뒷면 1 참조)	있음 □ 없음 □
2. FTA 협정국가의 원산지 물품으로 특혜관세를 적용받고자 하는 물품	있음 □ 없음 □
3. 미화로 환산하여 1만불을 초과하는 지급수단 (원화·달러화 등 법정통화, 자기앞수표, 여행자수표, 기타 유가증권) [총금액 : 약]	있음 □ 없음 □
4. 총포류, 도검류, 마약류, 국헌·공안·풍속 저해물품 등 우리나라에 반입이 금지되거나 제한되는 물품(뒷면 2 참조)	있음 □ 없음 □
5. 동물, 식물, 육가공품 등 검역대상물품 또는 가축전염병발생국 축산농가 방문 ※ 축산농가 방문자 검역검사본부에 신고	있음 □ 없음 □
6. 판매용 물품, 회사용 물품(샘플 등), 다른 사람의 부탁으로 대리반입한 물품, 예치 또는 일시 수출입물품	있음 □ 없음 □

본인은 이 신고서를 사실대로 성실하게 작성하였습니다.
년 월 일
신고인 : (서명)

85mm×210mm (일반용지 120g/m²)

1. 휴대품 면세범위

▶ 주류·향수·담배

구 분	주 류	향 수	담 배
일반 여행자	1병 (1ℓ이하로서 US$400이하)	60mℓ	200개비
승무원	–	–	200개비

* 만19세 미만자는 주류 및 담배 면세 없음

▶ 기타 물품

일반 여행자	US$600이하 (자가사용, 선물용, 신변용품 등에 한함) * 단, 농림축산물, 한약재 등은 10만원 이하이며, 품목별 수량 또는 중량에 제한이 있음
승무원	US$100이하(품목당 1개 또는 1셋트에 한함)

2. 반입이 금지되거나 제한되는 물품

• 총포(모의총포)·도검 등 무기류, 실탄 및 화약류, 방사성물질, 감청설비 등
• 메스암페타민·아편·헤로인·대마 등 마약류 및 오·남용 의약품
• 국헌·공안·풍속을 저해하거나 정부의 기밀누설이나 첩보에 사용되는 물품
• 위조(가짜)상품 등 지식재산권 침해물품, 위조지폐 및 위·변조된 유가증권
• 웅담, 사향, 녹용, 악어 가죽 등 멸종위기에 처한 야생동식물 및 관련 제품

3. 검역대상물품

• 살아있는 동물(애완견 등) 및 수산동물(물고기 등), 고기, 육포, 소세지, 햄, 치즈 등 육가공품
• 흙, 망고, 호두, 장뇌삼, 송이, 오렌지, 체리 등 생과일, 견과류 및 채소류

[신고물품 기재란]

▶ 주류·향수·담배 (면세범위 초과되는 경우 전체 반입량 기재)

주 류	( )병, 총( )ℓ, 금액 ( )US $		
담 배	( )갑(20개비 기준)	향 수	( )mℓ

▶ 기타 물품

품 명	수(중)량	가격 (US $)

※ 유의사항

– 성명은 여권의 한글 또는 영문명으로 기재 바랍니다.
– 신고대상물품을 신고하지 않거나 허위신고 또는 대리반입할 경우 관세법에 따라 5년 이하의 징역 또는 유치, 가산세 부과(납부세액의 40%), 통고처분 및 해당물품 몰수 등 불이익을 받게 됩니다.
– FTA협정등에 따라 일정요건을 갖춘 물품은 특혜 관세를 적용받을 수 있으며, 다만 사후에 특혜관세를 신청하고자 하는 경우에는 일반 수입신고가 필요합니다.
– 기타 궁금한 사항은 세관공무원 또는 ☎ 1577-8577로 문의하시기 바랍니다.

WORKSHEET

1. 운송서비스 중 여객운송서비스의 개념에 대해 설명해 보세요.

2. 여객운송서비스를 업무별 분류하고 이에 대해 설명해 보세요.

3. 출국 · 입국 수속 절차와 규정에 대해 설명해 보세요.

4. 위탁수하물과 휴대수하물의 규정에 대해 설명해 보세요.

5. 항공여객운송서비스 중 도움이 필요한 승객에 대해 설명해 보세요.

6. C.I.Q(Custom/Immigration/Quarantine)에 대해 설명해 보세요.

Chapter

6

효과적인 고객응대

학습목표

1. 고객과의 상호작용 시 가장 중요한 대화의 중요성을 인식하고, 고객 중심의 대화를 할 수 있다.
2. 고객의 입장을 이해하고 배려하는 마음을 담아 고객 감동 서비스를 할 수 있다.
3. 정중하고 친절한 객실서비스 표준 동작을 할 수 있다.
4. 상황에 따른 적절한 응대표현을 습득할 수 있다.

1. 고객의 성향 및 서비스 품질 평가

1) 고객의 성향과 진실의 순간(Moments of Truth)

(1) 고객의 성향

항공기를 이용하는 승객들의 성향은 과거와 비교했을 때 현재는 여러모로 다른 성향과 특징을 보이고 있다. 한국인들이 세계여행을 세계에서 6번째로 많이 한다고 한다. 1위가 미국이고 2위가 중국, 3위가 독일, 4위가 영국, 5위가 프랑스이다. 그리고 7위가 일본이다. 그러나 인구대비 비율로는 우리나라가 세계에서 가장 해외여행을 많이 하는 나라이다. 해외여행 비율 1위로 코로나 19 이전 최근 5년간 해외여행객 수가 2018년에 2,869만 5,983명으로 78.5% 증가하였다. 항공기를 여러 번 이용하면서 승객들의 성향도 변화가 생겼다. 과거에는 항공기의 운임(가격)에 민감하였다면 현재는 가격에 대해 예전보다 덜 민감하게 느끼며, 항공사를 선택할 때에도 국적사를 선호하였으나 현재는 마일리지 등 이해관계를 더 중요시 여기고 있다. 서비스에 대해 불만을 느끼거나 손해를 보았다면 피해에 대한 소송제기 등 적극적으로 보상을 요구하고 있다. 또한 고객층이 다양화되면서 승객의 요구사항도 다양하고 개별화되어 가는 추세이다. 고객의 기대 수준이 높아지면서 일반적인 서비스에는 감동 받지 않으며, 요구 수준과 기대치가 한층 높아져 있다.

서비스 불만 사례로 수하물 및 변칙적인(Irregular) 상황에 대한 클레임(Claim) 및 불만 강도가 높아져 기내농성을 하기도 하고, 소송을 제기할 뿐만 아니라 본사로 항의 방문을 하기도 한다. 마일리지가 누락되었거나 스케줄이 변경되면 고객은 권익에 관한 문제에 민감한 반응을 나타내며, 자기주장을 강하게 표현하기도 한다. 친절과 감성의 서비스보다 정확한 안내와 정보제공 서비스를 더 중시 여긴다. 조사에 의하면 인적 서비스 불만의 50%가 안내 잘못에 대한 것과 업무지식 미흡으로 나타났다. 또한 AVOD고장과 프로그램 관련 불만 및 요구사항이 증대되고 있다.

승객들은 지상에서 불만사항이 발생하면 그러한 감정을 기내로 와서 객실승무원에게 표현하거나 손해나 불만에 대한 보상기대를 요구하는 경향이 있다. 하물며, 탑승한 기내에서 객실승무원의 서비스가 만족되지 않는다면 승객의 불만은 더 커지기도 한다. 따라서 고객을 응대할 때는 고객 성향과 특징 및 심리를 파악하여 효과적인 서비스 응대가 될 수 있도록 해야 한다.

고객 성향의 변화

과거의 고객	현재의 고객
일부 계층	다양한 계층
여행 경험이 적고 여행 목적이 주로 공적인 업무	다양한 경험과 다양한 여행 목적
서비스 불만과 피해에 대한 Claim이 상대적으로 적고 약함	서비스 불만과 피해에 대한 실질적 보상을 요구
제공되는 서비스만 받음	요구사항이 다양하고 개별화됨
직원의 지시나 안내에 잘 따르는 편	직원의 지시나 안내에 잘 따르지 않음
서비스에 감동하고 고객의 기대가 높지 않음	웬만한 서비스에 감동하지 않으며 고객의 기대가 높음

(2) 진실의 순간

고객이 서비스에 대해 이미지를 결정하게 되는 15초 내외의 짧은 순간을 스웨덴 경제학자 리처드 노먼은 진실의 순간(Moments of Truth)이라고 하였다. 고객이 어떤 특정 시점에 갖게 되는 느낌이 기업의 이미지나 생존을 결정짓는다는 뜻이다. 고객은 서비스 제공자와 이 짧은 접점 때 서비스 품질에 대한 견해를 형성하고 서비스에 대해 평가하게 된다.

항공사는 서비스 흐름에 따른 주요 MOT(진실의 순간: Moments of Truth)가 있다. 예약을 시작으로 항공기가 목적지 공항에 도착하여 위탁수하물을 찾게 되는 때까지가 마지막 접점이라고 할 수 있다. 객실서비스는 승객과 오랜 시간 대면한다는 점에서 더 많은 접점의 순간들이 있다. 그 중 객실서비스의 결정적 순간들은 탑승 시 객실승무원의 환영인사를 받을 시점, 좌석을 찾고 있을 시점, 짐 보관에 대한 도움이 필요할 시점, 음료와 식사를 제공 받을 시점, 필요한 것을 요청하거나 문의할 시점 등이라고 할 수 있다. 이 외에도 다양한 접점의 순간들이 있다. 객실승무원의 업무 특성상 승객과의 대면접점 시간은 비행시간이다. 오랜 시간 서비스를 해야 하기에 고객 만족을 위해 더 많은 노력과 헌신을 요구하게 된다. 이러한 대면서비스는 언어적 행동뿐만 아니라 비언어적 행동도 중요한 서비스 품질 요인으로 작용하기에 항공사는 객실승무원의 커뮤니케이션 스킬과 밝은 표정 및 미소를 강조하고 있다.

2) 서비스 품질 평가

(1) 서비스 품질 평가 요인

항공사의 상품은 무형의 운송서비스이며, 생산되는 운송서비스 상품인 객실의 좌석과 화물의 적재공간은 다른 제품과는 달리 재고가 불가능한 소멸성의 성격을 지니고 있으며, 생산과 소비가 동시에 이루어지는 동시성을 지니고 있다. 또한 제공자마다 제공되는 서비스품질이 다르고, 상황과 여건에 따라 서비스의 내용과 상품으로서의 가치는 항상 다르게 평가되는 이질성을 가지고 있다.

항공운송서비스가 상품으로서의 경제적 가치를 가지려면 내재적 편익, 보조적 편익, 서비스 지원 시설, 서비스 물품, 이 4가지가 충족되어야 한다. 내재적 편익이란 핵심적이고 본질적인 운송서비스의 속성을 구성하는 요소로, 항공기의 안전성, 항공기 객실의 쾌적함, 운항의 정시성과 공항 접근의 용이성, 스케줄 및 노선의 다양하고 편리함 등이 이에 해당한다. 보조적 편익은 운송서비스의 간접 보조적으로 관련되어 있는 편익으로, 예약과 발권 서비스, 객실승무원의 친절과 기내의 인테리어 등 객실서비스와 공항 서비스 등이 해당된다. 서비스 지원 시설은 운송서비스가 제공되기 위해 필요한 시설과 장비 등의 물적 자원으로서 항공기, 공항, 정비, 안전 및 보안 시설 등이 해당된다. 마지막인 서비스 물품은 항공유, 기내에서 제공되는 모든 서비스 물품, 안전 보안 장비, 의료 장비 등이 해당된다.

고객은 자신의 경험, 외부 커뮤니케이션, 개인적 욕구, 구전에 의해 서비스에 대한 기대감을 형성하며, 실제 서비스가 아닌 인식된 서비스로 서비스의 수준을 평가한다. 서비스란 제공된 서비스에 대한 고객의 만족이며, 고객의 만족은 결국 충성심(Royalty)으로 연결되므로 그 중요성은 매우 크다. 고객의 서비스 인식에서 서비스 품질 평가 기준은 다음과 같다.

서비스 품질 평가 기준

서비스 품질	의미	설비 및 태도
유형성 (Tangible)	외형적 시설, 정비, 외양	• 최신 장비를 갖추고 있다. • 시각적으로 보기에 좋다. • 적합한 시설과 분위기를 구축하고 있다. • 직원의 옷차림과 용모가 단정하다.
응답성 (Responsiveness)	즉각적으로 서비스를 제공하려는 의지	• 소요시간을 정확히 알려준다. • 즉각적으로 서비스를 제공한다. • 자발적, 적극적으로 고객을 돕는다. • 매우 바쁠 때에도 신속하게 대응한다.
신뢰성 (Reliability)	약속한 서비스를 정확하게 수행하는 능력	• 고객의 문제를 적극적으로 해결한다. • 약속한 서비스를 제공한다. • 시간을 정확히 지킨다.
공감성 (Empathy)	고객에 대한 개별적 관심, 맞춤 서비스	• 고객에게 개인별 관심을 가진다. • 맞춤서비스를 제공한다. • 고객의 이익을 진심으로 생각한다. • 고객의 요구(Needs)를 이해한다.
확실성 (Assurance)	직원의 지식, 정중함과 고객에게 믿음과 확신을 심어주는 능력	• 편안하고 안전을 제공한다. • 예의가 바르고 공손하다. • 질문에 답변할 충분한 지식이 있다.

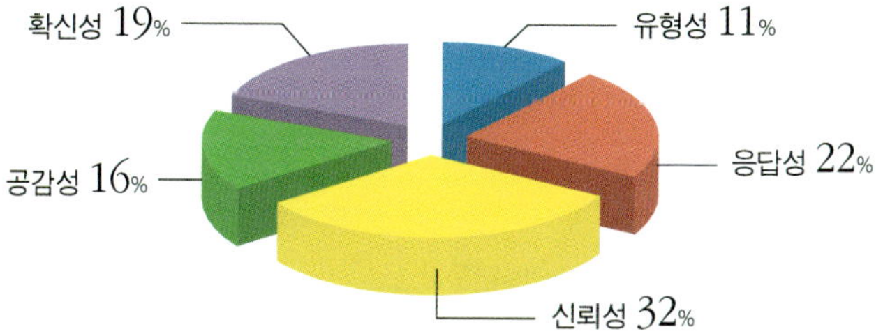

▲ 서비스 차원의 상대적 중요도

(2) 우수와 불만 서비스 평가

불만 등급은 대략 5단계로 구분하여 판정하게 되며, 고의성과 중과실이 인정되거나 회사의 이미지를 훼손하거나 금전적, 물적 손실을 크게 입혔을 경우 판정 기준의 1등급에 해당된다. 2등급은 서비스 마인드가 없고, 책임감이 결여되었고, 규정과 표준 절차를 미 준수하였거나 입무지식과 자질이 부족하고 본인의 과실과 부주의 그리고 고객에게 잘못된 안내 등으로 인해 피해가 발생했을 시이다. 3등급은 고객의 단순 불만이나 불편한 설비/제품/제도/절차/정책/시스템 관리 및 운영 소홀에 대한 불만이며, 4등급은 고객의 주관적인 판단과 익명의 불만, 음해성 불만 행위, 과도한 요구, 시행 중인 설비/제품/제도/절차/정책/시스템에 대한 불만이 해당된다.

칭송 판정 기준은 적극적이고 능동적인 자세로 탁월한 서비스를 수행하여 대내·외적으로 타의 모범이 되는 것을 1등급 우수 사례로 판정하게 되며, 2등급 우수 사례는 상황에 맞는 최적의 서비스 수행을 위한 노력이 인정될 때이다. 3등급은 서비스 태도 및 수행과 고유의 새로운 설비, 제품, 제도, 절차, 정책 및 시스템에 대한 고객의 단순 칭송이 해당되며, 4등급은 익명 또는 구체적 사례가 결여된 단순 칭송과 다수 고객 및 사회적 통념에 의해 설비, 제품, 제도, 절차, 정책 및 시스템 등에 대한 주관적 칭송이 해당된다.

이와 같은 다양한 불만과 칭송을 접수하여 사후관리 및 고객 응대에 활용하고 있다. 이러한 내용들은 서비스를 개선할 수 있는 실마리를 제공하기도 하고 서비스 관리 및 점검에도 의미가 있으며, 서비스 평가 및 분석에도 적합하며, 서비스에 대한 이해와 전사적 정보공유를 함으로 교육의 효과도 나타낼 수 있다. 자료 분석을 통하여 고객 유형 및 기여 정도에 따라 선물(Giveaway) 및 칭송(Complimentary) 서비스를 제공하기도 하고, 까다로운(Unruly) 고객 등을 특별 관리하는 데도 활용하기도 한다.

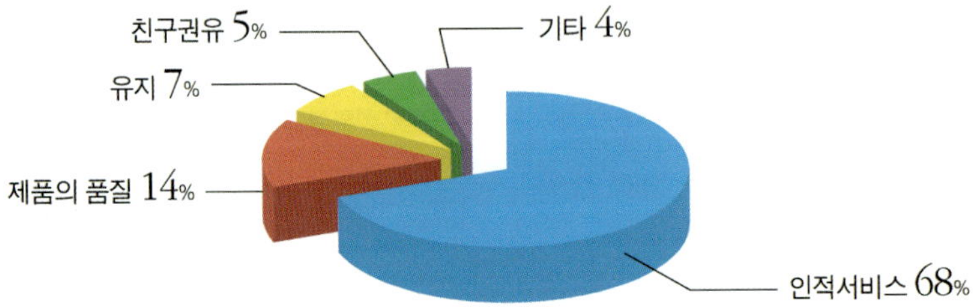

▲ 고객 이탈의 원인(미국품질관리학회)

고객 유지의 중요성

- 고객 유지율을 5% 늘리면 업종에 따라서 최고 125%의 매출 신장이 나타나기도 한다.(BAINS & COMPANY의 연구)
- 불만을 토로하지 않고 이탈하는 고객 중 1%만 불만을 해결하여 유지할 수 있다면 20만~40만 파운드(2억 9,508~5억 9,016만 원)의 추가 수익을 올릴 수 있다.(British Airways의 연구)

고객이 원하는 서비스

- 실질적 혜택
- 서비스의 고급화
- 정확한 안내 및 정보 서비스
- 합리적 보상기준과 신속한 사후처리

2. 승객의 심리 이해와 대화의 기본원칙 및 불만고객 관리

1) 승객의 심리와 욕구 이해

서비스 전략에서는 고객의 심리와 욕구를 파악하는 것이 중요하다. 항공기에 탑승하는 승객들은 일반적으로 자신을 알아주고 받들어 주기를 원하는 환영의 기대심리를 가지고 있다. 또한 항공료와 항공 객실 등급에 상용하는 서비스에 대한 기대를 가지고 있으며, 자존심을 인정하는 우월적인 심리를 가지고 있다.

모든 고객의 개인적인 욕구는 자기의 존재를 알아주고 자신을 잘 대접해 주길 원하며, 자신이 중요한 사람으로 인식되길 원한다. 더 나아가 존경받기를 원하고, 칭찬받고 싶은 욕구도 있으며 자신의 요구를 수용해 주기를 원한다. 이러한 개인적 욕구를 충족시키려면 고객을 항상 겸손하게 대하고 고객의 말이나 행동, 표정에 귀를 기울여야 한다.

또한 고객은 항공사가 제공하는 제품과 정보, 서비스 등의 실제적 욕구가 채워지길 바란다. 이러한 실제적 욕구를 충족시키려면 신속하고 효과적으로 대화해야 하며, 적절한 행동이나 조치를 취해야 한다.

2) 승객만족을 위한 대화의 기본원칙

(1) 고객의 자존심 중시

고객을 중요한 사람으로 대접하며, 존경심을 가지고 대하도록 한다. 각 개인이 특별하다는 느낌이 들 수 있도록 노력해야 하며, 때로는 고객을 칭찬하거나 찬사를 보내도록 한다. 칭찬할 때는 단순하고 대담하게 하며, 칭찬이 잘 생각나지 않을 때는 소유물에 대한 칭찬을 하도록 한다. 그리고 항상 감사의 표시를 습관화한다.

예시

- "네. 알겠습니다."
- "감사합니다."
- "아주 좋은 생각이십니다."
- "뵙게 되어 영광입니다."

(2) 공감적으로 경청하고 표현

대부분의 사람들은 타인의 말에 진정으로 귀를 기울이기보다는 상대의 말에 어떻게 대꾸할 것인가에 더 정신을 집중한다고 한다. 경청에는 적극적 경청과 공감적 경청이 있다. 적극적 경청은 귀로 듣되 자기 입장에서 듣는 것이며, 공감적 경청은 귀로 듣되 자기 입장을 버리고 상대입장에서 듣는 것이다. 승객의 말을 들을 때는 승객의 입장에서 생각해야지 회사의 입장에서 응대하게 되면 고객은 만족하지 못할뿐더러 불만으로까지 이어질 수 있으니 유의해야 한다. 비록 승객의 요구 상황 자체가 해결되지 않더라도 승객의 불만, 갈등을 공감적으로 경청하기만 해도 불만의 90%가 해소된다고 한다.

예시

- “기다리는 것이 얼마나 힘든지 이해합니다.”
- “왜 그렇게 느끼시는지 잘 알겠습니다.”
- “~할 때는 정말~하죠.”
- “그러한 일이 저에게 일어났다면, 저도 역시 화가 났을 겁니다.”

(3) 비언어적인 표현에 유의

경청의 기본자세는 승객의 정면을 향하고, 눈을 정면으로 보고 시선을 자주 마주치며 고개를 끄덕이거나 메모를 하며, 적극적으로 응대하고 있다는 표현을 하여야 한다. 커뮤니케이션의 수단은 입을 통해 말하는 것은 7%이고, 어조, 억양, 음성은 38%이며, 비언어적 몸짓이 55%를 차지한다. 즉 비언어적 몸짓은 미소, 시선, 표정, 손짓 등이 포함된다. 오해의 60%가 잘못된 경청 태도에서 기인한다고 한다. 단지 1%만이 잘못된 문서에 의한다고 하니 비언어적인 몸짓과 말투가 얼마나 중요한지를 알 수 있다.

비언어적인 요인으로는 용모, 복장, 몸짓언어, 공간언어가 있으며, 용모와 복장은 첫인상을 좌우한다. 몸짓 언어는 스피치에 활력을 준다. 용모와 복장은 자신을 표현하는 첫 번째 방법이다. 자신의 모습을 잘 연출하는 것은 무엇보다도 자신을 존중하는 것이며, 또한 단정한 옷차림은 상대방에게 존경을 표하는 것이다. 때와 장소에 맞는 단정한 용모, 복장은 첫인상을 결정짓는 중요한 요소이며 나아가 기업의 이미지를 만들게 된다.

용모, 복장

① **신뢰감 있는 외모**: 타인의 신뢰를 얻게 되어 일의 성과를 높이고, 기분 전환이 되어 긍정적인 마인드 컨트롤이 가능하다.

② **상황에 적합한 복장**: 상황과 격식(주제, 청중, 시간, 장소)에 맞는 복장을 입어야 한다.

③ **적절한 화장**: 메이크업은 단순히 예뻐 보이기 위해서가 아니라 장점을 살리고 단점을 보완하되 최대한 세련되게 개성을 표출한다.

④ 단정한 헤어스타일: 헤어스타일은 외적인 이미지를 갖추는 데 결정적인 역할을 한다.

옷차림이 사람마음을 움직인다.

대학생을 대상으로 옷차림 유형에 따라 타인이 부탁을 응하고 거절하는지에 대한 반응을 실험했다. 여학생에게 4가지 유형의 옷차림을 한 뒤 남학생들에게 편지를 건네며 경비실에 맡겨달라는 부탁을 하도록 했다. 이때 4가지 유형의 옷차림은 대학생다운 옷차림, 집에서나 입을 만한 옷차림, 어울리지 않은 과한 화장과 눈살을 찌푸리게 할 정도의 옷차림, 단정한 준정장 옷차림으로 나누었다.

실험 결과 집에서나 입을 만한 옷차림은 23명 중 14명이 대답했지만 실제 편지를 경비실에 전달한 학생은 7명이었다. 어울리지 않은 과한 화장과 눈살을 찌푸리게 할 정도의 옷차림은 22명 중 13명이 경멸과 호기심의 표정을 하고 부탁을 들어 주었다. 대학생다운 옷차림과 단정한 준정장 옷차림은 각각 21명 모두 승낙하였고 부탁도 다 들어주었다. 똑같은 사람이 복장만 달리 했을 뿐인데 실험결과에서는 옷차림으로 타인의 마음을 움직일 수 있음을 알 수 있었다.

몸짓 언어

① 몸짓은 표현을 생생하게 한다.

② 바른 자세는 긍정적인 이미지를 준다.

③ 자연스러운 움직임은 청중을 편안하게 한다.

④ 풍부한 표정은 정보를 구체화한다.

⑤ 눈 맞춤은 청중과의 교감을 형성한다.

심리적 거리인 공간언어

① 친밀한 거리(15~46cm): 연인의 거리

② 개인적 거리(46~120cm): 팔을 뻗어서 닿는 거리, 각종 사교모임, 친구모임, 조용한 대화 시 적절한 거리

③ 사회적 거리(1.2~3.6m): 보통의 목소리로 말할 때 들을 수 있는 거리, 낯선 사람과 유지하는 일반적인 거리로 공식적인 의사결정이나 사회적 담화가 여기에 속한다.

④ 공적거리(3.6m 이상): 목소리를 높여 이야기하는 거리로 언어학자들은 이 거리에서 단어나 어구의 선택이 신중해진다고 주장한다. 강의, 연설 혹은 공공인물이 일반대중과 격리된 거리이다.

3) 불만고객 관리

고객의 불만은 가장 중요한 품질 관리 정보가 될 수 있다. 불만고객은 기본적으로 상대조직에 관심과 애정을 가지고 있다. 불만이 잘 해결된다면 충성고객이 될 수 있는 잠재고객이다. 불평을 하는 사람이 불평을 하지 않는 사람보다 반복구매의 경향이 높다. 고객의 불만을 만족스럽게 처리하는 데서 오는 평균 이익 증가율은 100~170%이다. 존 굿맨(John Goodman)은 '아무런 불만이 없었던 고객보다 불만이 있었지만 원만히 해결된 경험을 가지고 있는 고객이 조직이나 회사에 대한 만족도가 훨씬 높다'고 했다. 고객의 불만은 초기에 잘 응대해야 한다. 잘못된 응대로 고객의 불만을 방치할 경우 걷잡을 수 없는 상황으로 발전하게 된다. 불만고객의 응대는 세심한 배려와 전문적인 기술을 필요로 한다. 1도, 2도 불만고객 응대는 끝까지 메모를 하면서 들어주는 것이 중요하다. 그리고 공감하며 사과를 드린다. 단, 책임이 없을 시에는 한정적으로 사과한다. 그리고 문제를 해결해 드린다. 때로는 사과의 의미로 작은 서비스 용품 또는 선물을 한다. 3도 불만고객은 정중히 사과를 드린다. 공감적으로 경청하고 문제해결에 도움을 청하여 문제해결을 위해 약속을 한다. 추가적인 이익을 제공하고 약속은 반드시 지키도록 한다. 해결 뒤에도 후속 조치를 한다.

고객 불만의 단계

- 1도 불만: 불편하다(고객의 실수, 직원의 실수, 시스템 문제).
- 2도 불만: 어이가 없고 불편하다(직원의 무성의한 태도).
- 3도 불만: 폭발할 것 같은 분노를 느낀다(고객이 큰 손실과 피해를 입었는데 무시하거나 제대로 된 보상이 주어지지 않았을 때).

대부분의 고객 불만은 잠재화된다

96% ⇨ 말하지 않는다.

90% ⇨ 원수가 된다.

평균 ⇨ 9명에게 불만을 전한다.

13% ⇨ 20명에게 불만을 전한다.

4명의 고객이 불만을 말했다면 말하지 않은 96명을 기억하라!

서비스 제공자는 고객의 기대를 충족시키거나 고객의 기대를 뛰어넘는 서비스를 제공하는 것이 기본 원리이다. 고객이 회사의 생존을 좌우하는 아주 중요한 존재이기 때문이다. 그러나 제 아무리 고객이 중요한 존재이고 회사의 생존을 좌우한다고 해도 억지를 부리거나 난동을 부리며 무조건 큰소리만 지르는 지각없는 고객이라면 단호하게 NO!라고 말 할 수 있어야 한다. 항공사의 항공편 운항시간표와 스케줄은 예정에 불과하며, 운송계약을 구성하는 것은 계약조건이 아니다. 항공사의 불가피한 사정으로 인하여 언제든지 정부에서 인가한 운항시간이 변경될 수 있다. 이러한 이유로 비행기 연착에 대해 원칙적으로 책임을 지지 않아도 된다. 단 다른 대체편을 주선해 주거나 고객이 원할 때 요금을 환불해 주는 등의 조치를 취할 수 있을 뿐이다.

교양이나 자질을 갖추지 못한 고객의 불만이라면 명확하고 단호한 태도로 일을 처리할 필요가 있다. 서비스는 턱없는 대가를 요구하고 대우받기를 고집하는 주종관계가 아니기 때문이다. 보다 질 높은 서비스를 주고받으려면 고객도 자격과 자질을 갖추어야 한다. 군림하는 자세로 종 대하듯 하는 관계는 오히려 서비스의 질을 떨어트리고 서로에게 불쾌감만 조성할 뿐이다.

그러나 전문적으로 고객 불만을 해결하려면 풍부한 업무경험과 상품지식, 법률지식이 있고, 융통성과 적극성이 있으면서 감정에 쉽게 치우치지 않으며, 용모 단정하고 호감이 가는 인상을 가지도록 노력해야 한다.

불만고객 내 편 만들기 화법

- **공감 표현법:** (사실) 때문에 + (감정과 느낌)~하시겠네요.
- **사과하는 법:** 사과하고 싶은 Point에 맞추어 사과한다.
  "많이 기다리게 해서 죄송합니다."
- **질문방법:** 상황을 잘 모를 경우 고객이 말을 많이 하도록 한다.

고객을 흥분시키는 말

- **고객 가르치기:** 고객님, 제가 그런 뜻으로 말씀드린 건 아니잖아요.
- **고객 의심:** 고객님 말씀이 정말이시라면, 제가 확인해 보고~
- **고객 무시하여 밝혀내기:** 지금 확인해 보니, 고객님께서 ~하지 않으셨네요.
- **정당화하기:** 저희로서는 어쩔 수 없는 부분이기 때문에~, 회사규정상
- **개인화하기:** 누가 그랬는지 모르겠지만, 제가 생각하기로는~

Don't를 Do로 하는 화법

- 그건 안 됩니다. → 죄송합니다만 ○○○한 이유로 그 일은 처리가 어렵습니다. 대신 ○○○은 어떠십니까?
- ~하고 있었어요. 잠시만요. → 고객님, 급히 ○○을 처리 중입니다. 잠시만 기다려 주시겠습니까?
- 제가 판매하지 않아서 잘 모르겠습니다. → 그 일은 ○○○승무원이 담당자입니다. 제가 불러드리겠습니다.

컴플레인 처리 4단계

- **1단계:** 경청, 문제의 의식(구체적인 원인 파악)-고객의 말을 끝까지 듣는다.
- **2단계:** 공감 및 이해-고객의 감정의 완화, 진심어린 응대어 구사, 고객의 입장을 충분히 공감
- **3단계:** 해결 방법 제시-부드러운 표현으로 해결 방법 제시, 최선의 방법을 성의 껏 설명
- **4단계:** 긍정적인 인상 남기기-정중하게 잘못을 인정, 고객의 불만에 감사 표시

해결 방안을 검토할 경우 주의사항

- 즉시 시행 가능한 것부터 검토한다.
- 고객이 만족할 만한 내용을 검토한다.
- 명확한 말투로 설명한다.
- 책임질 수 있는 대안이어야 한다.

『승객의 불만은 승객의 기대에 못 미치는 서비스, 지연 서비스, 직원의 실수 및 무례함, 약속 미이행, 책임 전가, 단호한 거절에서 유발되는 것이 대부분이다. 이때, 사과하고 불만의 핵심을 정확히 알아내어 신속하고 친절하게 응대하여 승객과 논쟁하는 일이 없어야 한다. 이러한 기본자세를 함양하고 승객을 한 명의 가족처럼 생각하고 따뜻한 마음으로 다가간다면 분명 승객은 좋은 비행이었다고 생각할 것이다.』

불만고객을 만족고객으로 만드는 10가지 방법

① 먼저 사과한다.

- "죄송합니다." 이 한마디는 불만고객 응대의 가장 중요한 포인트이다.
- "미안합니다."보다 한 단계 높은 사과의 표현인 "죄송합니다."로 일단 유감의 뜻을 표한다.

② 열심히 고객의 불만을 듣는다.

- 고객의 말을 끊지 않도록 주의하며 잘 듣고 불만의 문제를 파악하며 숨은 요인을 찾는다. 이때 고객의 불만을 이해하고 함께 어려움을 걱정하고 있다는 인상을 심어 주도록 한다.
- 당신이 진심으로 듣지 않는다면 고객은 더욱 강도 높게 불쾌감을 표현할 것이다.

③ 변명을 하지 않는다.

- 설령 고객이 잘못 알고 있거나 우리가 정당하다 할지라도 규정 등을 내세우며 변명하여 고객의 노여움을 사지 않는다.

④ 고객 관점의 어휘 사용으로 공감대를 형성한다.

- "저희에게 솔직하게 말씀해 주셔서 감사합니다." "상황에 대해 말씀해 주신 덕분에 저희가 필요한 조치를 할 수 있었습니다. 감사합니다." "많이 속상하시겠습니다. 죄송합니다." 등의 말로 고객과 대립의 상황이 아니라 문제해결을 위한 고객의 입장에 있음을 느끼도록 한다.

⑤ 불만고객은 정면보다 어깨를 나란히 마주하는 자세를 취한다.

- 화가 난 고객과 정면으로 대하게 되면 도전적인 인상을 줄 수 있다.
- 나란히 서서 자연스럽게 고객의 편에서 상황을 보겠다는 마음을 고객에게 심어 준다.

⑥ 천천히 침착한 목소리로 이야기한다.

- 톤을 낮춘 목소리는 침착한 분위기를 만들어 고객의 마음을 누그러뜨린다.
- 천천히 이야기하는 것은 신중하게 단어를 선택함으로써 실수를 적게 하게 하며, 성실히 대응하는 이미지를 심어 준다.

⑦ 문제가 어려울 경우 객실사무장이 해결을 돕도록 한다.

- "책임자 불러와." "사무장 오라고 해." 등의 말을 들어 본 경험이 있을 것이다. 많은 고객은 책임자와 문제해결을 하고 싶어 한다.
- 원칙적으로 문제는 당사자가 해결해야 하는 것이나 이런 경우에는 고객이 상사에게 불만사항을 두 번 반복하여 더욱 화나지 않도록 사전에 상사에게 고객의 불만내용을 가감 없이 객관적으로 전달하여 문제해결을 돕도록 한다.

⑧ 장소를 바꾼다.

- 긴 시간이 요구된다는 판단이 서거나 다른 고객의 시선을 많이 집중시킬 시에는 정중히 "죄송하지만, Galley로 가셔서 말씀해 주시겠습니까?" 등의 응대로 자연스럽게 고객을 다른 장소로 모신다.
- Galley에서 차를 접대하며 화를 가라앉힐 시간을 드린다.
- 고객은 책임자의 사과를 받고, 차 한 잔 마시는 시간을 가지는 과정에서 화를 가라앉히고 해결의 실마리를 찾게 된다.

⑨ 대안을 강구해 드린다.

- 먼저 고객에게 대안을 제시할 수 있도록 한다.
- 고객의 요구를 다 듣지 못할 경우 실현 가능한 최선의 대안을 제시해 준다.
- 이 경우에도 다시 한 번 고객에게 사과의 말을 한 후 고객과 적절한 합의를 도출한다.

⑩ 고객과 합의한 대안은 성실히 실천한다.

- 고객과의 약속은 성실히 이행한 후 이행 과정과 고객이 만족했는지에 대해 확인하는 절차가 필요하다. 작은 정성에서 고객은 감동한다.
- 그리고 향후 동일한 고객 불만이 발생하지 않도록 내부적인 대책을 논의한다.

3. 객실서비스 내·외적 이미지와 기본자세

1) 서비스 내적 이미지

객실서비스란 승객을 만나기 전부터 시작되며, 승객의 보이지 않는 마음까지 읽어 내야 하는 고도의 감성 기술이 필요하다. 항공사 직원으로서 기본적으로 갖추어야 할 서비스마인드를 함양해야 하며, 고객 불만의 원인 및 유형에 대한 이해와 상황에 대한 대처방안 습득을 통한 대 고객 서비스 질의 향상을 도모해야 한다. 서비스 정신으로 사명감과 희생정신이 필요하며 서비스 기본자세를 갖추어 숙련된 동작으로 승객을 응대하여야 하며, 전문적이고 기술의 숙련도를 키워야 한다.

SERVICE의 7가지 의미

S Smile, Speed → 서비스는 미소와 함께 신속하게 하는 것
E Emotion → 서비스는 감동을 주는 것
R Respect → 서비스는 고객을 존중하는 것
V Value → 서비스는 고객에게 가치를 제공하는 것

I	Image → 서비스는 고객에게 좋은 이미지를 심어 주는 것
C	Courtesy → 서비스는 예의를 갖추고 정중하게 대하는 것
E	Excellence → 서비스는 고객에게 탁월하게 제공되어야 하는 것

고객 서비스 마인드

① 상대방의 입장이 된다. 내가 받고 싶은 것을 고객에게 해 드린다.
② 내가 행한 서비스는 어떤 형태로든지 다시 나에게 돌아온다.
③ 서비스의 3원칙(신속, 정확, 친절)을 행동화한다.
④ 우리 회사의 대표자라는 주인정신을 가진다.

고객 응대의 마음가짐

① 항상 성의를 가지고 응대한다.
② 친절한 마음씨를 잃지 않는다.
③ 올바른 예절로 응대한다.
④ 업무 지식을 풍부하게 갖고 확실히 처리한다.
⑤ 적극적인 태도로 승객의 의도를 확실하게 파악한다.
⑥ 승객의 성격을 재빨리 파악한다.
⑦ 약속은 반드시 지킨다.

객실승무원의 고객응대 매너

① 승객에게 무관심한 모습을 보이지 않는다.
② 양해를 구하지 않은 채 기다리게 하지 않는다.
③ 동료와의 사담, 승객에 대한 험담이나 비평을 하지 않는다.
④ 승객과 논쟁하지 않는다.
⑤ 자신과 관계없는 일이라 '모른다'라고 방관하지 않는다.
⑥ 바쁘다고 소란스러워 보이지 않는다.
⑦ 몸가짐을 단정히 한다.

2) 서비스 외적 이미지

(1) 밝은 표정

Boarding 시에는 승객과의 첫 대면이므로 탑승 시부터 활기차고 밝은 표정으로 고객을 환영하고 적극적으로 응대하여야 한다. 표정은 첫인상을 결정하는 데 매우 중요한 역할을 한다. 밝은 표정으로 신속하고 정다운 인사는 고객의 낯선 곳에 대한 긴장을 풀어주며, 원활한 서비스를 할 수 있는 편안함을 더해 주게 된다.

메긴슨(l. C. Megginson)은 "첫 만남, 즉 첫인상에서 호감을 주면 심리적 계약이 발전하여 신뢰가 형성되고 영향력이 커지지만, 거부감을 주면 계약 발전에 실패하여 관계가 정지된다."고 했다.

사람과 사람이 처음 만났을 때 시각적인 외모는 2초, 말하는 소리까지는 7초 만에 첫인상이 결정된다고 한다. 첫인상의 이미지를 결정하는 데에는 불과 7초밖에 걸리지 않는다는 것이다. 그리고 한 번 형성된 첫인상은 쉽게 바뀌지 않는다. 정보처리 과정에서 초기 정보가 후기 정보보다 훨씬 더 중요하게 작용하는 초두효과(Primacy Effect) 때문이다. 마음이 따라야 표정도 열리고 음성도 밝아진다. 그러나 마음이 열리지 않은 상태에서도 스스로의 마음을 컨트롤하는 사람이 프로다운 모습이다. 늘 즐거운 마음으로 사람을 대하는 습관을 가지는 것이 중요하다.

① 표정 트레이닝

밝은 표정은 단지 눈과 입 꼬리가 올라가는 것만으로는 진정한 밝은 표정을 가질 수 없다. 내면에서 우러나는 사명감과 희생정신 등의 서비스 정신이 기반이 되어야 한다. 내가 하는 일에 자부심을 가지고 일을 할 수 있다는 것에 늘 감사하는 마음이 나를 행복하게 만들어 줄 것이며, 내 표정 또한 밝은 이미지가 될 수 있다.

이러한 내적 마인드가 나에게 용기와 힘이 되어 줄 것이다. 그런 다음 안면 근육 운동을 해 준다면 훨씬 편안한 미소를 지을 수 있을 것이다. 안면 근육 운동 전에 우선 어깨와 목의 근육을 풀어 주는 것도 필요하다. 혈액순환을 원활하게 하여 얼굴빛을 화사하게 하는 효과가 있다. 그다음 눈썹을 위로 끌어 올려 눈 주위와 이마 근육을 풀어주고, 입은 입술 주위의 근육을 귀 방향으로 최대한 당겨준다. 윗니 아랫니 각각 12개가 보일 정도로 당겨 스트레칭을 한다. 이러한 안면 근육 운동을 틈틈이 해 준다면 훨씬 큰 효과를 볼 수 있을 것이며, 자연스러운 미소를 위해서는 꾸준한 노력과 반복 연습이 필요하다.

② 얼굴 근육

레오나르도 다 빈치의 미술작품 〈모나리자〉의 미소 뒤에는 44개의 얼굴 근육이 숨겨져 있다고 한다. 실제로 얼굴에는 60여 개의 근육이 존재하며, 웃을 때 필요한 근육의 개수는 최소 17개이며, 그 이상의 근육을 사용하는 사람도 있다고 한다. 우리가 느끼는 감정에 의해 표정의 변화가 일어나며, 이때 얼굴 근육이 정밀하고 조화롭게 수축 이완되는 것이다. 웃는 얼굴은 찌푸리는 얼굴보다 더 많은 근육을 필요로 하므로 자연스러운 미소를 지을 수 있으려면 꾸준한 노력을 해야 한다.

안면근육은 저작근(Mastication)과 표정근(Expression)으로 나뉘는데, 아래 그림은 표정근이다. 표정근이 발달하면 얼굴에 생기가 돌고 인상이 부드러워진다. 또한 표정근 운동은 뇌의 온도를 낮춰 정서적인 안정도 준다고 한다. 하루 15분 표정 근육 운동하는 것을 생활화하도록 한다.

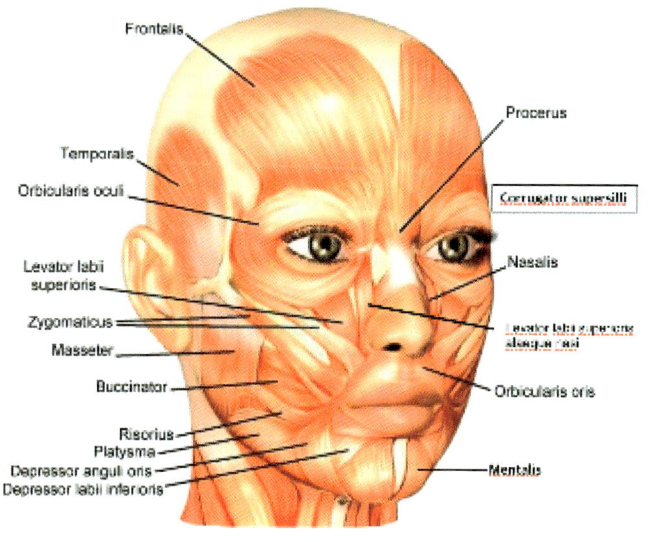

▲ 표정근(Expression)

표정연습

눈동자	• 눈동자를 8박자의 속도로 왼쪽에서 오른쪽으로 돌린다. • 눈을 꼭 감았다가 번쩍 뜬다. • 눈을 지그시 감는다.
눈썹	• 거울을 보며 눈썹을 4박자에 올렸다가 원 위치로 내리는 것을 반복
입	• 입을 아, 에, 이, 오, 우 모양으로 크게 움직인다. • 윗니와 아랫니 사이를 살짝 띄우고 윗니와 아랫니 12개가 보이도록 귀 방향으로 당긴다.
턱 & 볼	• 윗니와 아랫니 사이를 살짝 띄우고 턱을 왼쪽 오른쪽으로 반복해서 움직인다. • 입을 다물고 볼 가득하게 공기를 넣어 본다. • 입속에 넣은 공기를 오른쪽 왼쪽으로 보내며 운동을 한다.

(2) 매력적인 음성

① 발음

정보전달을 잘 하려면 발음이 정확해야 한다. 서둘러서 발음하거나, 어리광 부리는 것처럼 콧소리, 지나치게 흥분해서 숨이 찬 소리로 이야기하면 발음이 불분명해진다.

② 발음 연습

- 발음교정을 위해 나무젓가락이나 볼펜 등을 입에 물고 문장 등을 정확하게 읽는다.
- 입을 크게 벌리고 또박또박 소리 내어 읽는 연습을 한다.
- 일상생활 속에서 실천해야 한다.
- 과장되게 문장마다 힘을 주는 것이 아니며 억양은 대화하듯이 자연스럽게 발음은 끝까지 분명히 한다.

③ 정확한 발음 훈련

- 1단계: 목과 어깨 스트레칭과 간단한 준비운동으로 온몸의 긴장을 풀어준다.
- 2단계: 하품을 해서 목구멍을 열고 입안의 근육을 풀어준다.
- 3단계: 안면 근육운동으로 얼굴 전체근육은 물론 입과 턱의 긴장을 풀어준다. 특히 하, 헤, 히, 호, 후 복식으로 발음하며 크게 정확한 입모양으로 턱의 긴장을 풀어주는 것은 중요하다. 1일 100회(약 10분 소요)를 천천히 하다

익숙해지면 빠르게 한다.

- 4단계: 입술의 긴장을 풀어준다. "푸후~~~~", "맘맘맘~~~~"의 입술소리내기를 각각 30초 이상 2회 실시한다.
- 5단계: 혀의 긴장을 풀어준다. 혀끝으로 치아를 마사지하고 혀를 내밀어 아래 위 좌우로 길게 뺀다. 혀를 안으로 둥글게 만다. ㄱ(기역)부터 ㅎ(히읗)까지 자음 발음을 연습한다.
- 6단계: 어금니를 붙이지 않고 턱에 힘을 빼는 연습을 한다. 아래턱을 많이 움직이며 큰소리로 책읽기를 한다. 입을 크게 벌려 아래턱을 많이 움직이면 발음이 훨씬 좋아진다.
- 7단계: 정확한 발음을 익히도록 한다. 자음 소리 중 비음은 "니으~은~", "미으~음~", 유음은 "리으~을~"이다. 이 발음을 정확하게 할 수 있도록 발음발성표를 보고 연습한다.

발음발성표

	ㅏ	ㅑ	ㅓ	ㅕ	ㅗ	ㅛ	ㅜ	ㅠ	ㅡ	ㅣ
ㄱ	가	갸	거	겨	고	교	구	규	그	기
ㄴ	나	냐	너	녀	노	뇨	누	뉴	느	니
ㄷ	다	댜	더	뎌	도	됴	두	듀	드	디
ㄹ	라	랴	러	러	로	료	루	류	르	리
ㅁ	마	먀	머	며	모	묘	무	뮤	므	미
ㅂ	바	뱌	버	벼	보	뵤	부	뷰	브	비
ㅅ	사	샤	서	셔	소	쇼	수	슈	스	시
ㅇ	아	야	어	여	오	요	우	유	으	이
ㅈ	자	쟈	저	져	조	죠	주	쥬	즈	지
ㅊ	차	챠	처	쳐	초	쵸	추	츄	츠	치
ㅋ	카	캬	커	켜	코	쿄	쿠	큐	크	키
ㅌ	타	탸	터	텨	토	툐	투	튜	트	티
ㅍ	파	퍄	퍼	펴	포	표	푸	퓨	프	피
ㅎ	하	햐	허	혀	호	효	후	휴	흐	히

발음연습 I

① 간장공장 공장장은 강공장장이고, 된장공장 공장장은 장공장장이다.

② 저기 있는 저 분은 박 법학박사이고, 여기 있는 이분은 백 법학박사이다.

③ 저기 가는 저 상장사는 새 상장사이냐 헌 상장사이냐.

④ 중앙청창살은 쌍 창살이고, 시청창살은 외 창살이다.

⑤ 한양양장점 옆 한영양장점, 한영양장점 옆 한양양장점

⑥ 저기 있는 말말뚝이 말 맬만한 말말뚝이냐 말 못 맬만한 말말뚝이냐.

⑦ 옆집팥죽은 붉은 팥 팥죽이고, 뒷집 콩죽은 검은콩 콩죽이다.

⑧ 검찰청 쇠창살은 새 쇠 철창살이냐 헌 쇠 철창살이냐.

⑨ 내가 그린 기린그림은 잘 그린 기린그림이고, 네가 그린 기린그림은 못 그린 기린그림이다.

⑩ 생각이란 생각하면 생각할수록 생각나는 것이 생각이므로 생각하지 않는 생각이 좋은 생각이라 생각한다.

발음 연습 II

안녕하십니까? KBS 뉴스 ○○○입니다. 영등포구 여의나루역 옛 여의나루 근처에서 붉은 풋 팥죽과 콩죽, 깨죽 요리대회가 열렸다고 합니다. 팥식이네 앞집 밤팥죽씨는 붉은 풋 팥죽에 도전했고 뒷집 콩숙이네 홍콩죽씨는 햇콩 단콩 콩죽에 도전했다고 합니다. 그리고 마지막 도전자 콩숙이네 옆집 깨숙이네 감깨죽씨는 검은깨 들깨 통깨 복합깨죽에 도전했다고 합니다. 그런데 대회를 관람하던 깨콩순씨가 붉은 밭 풋 팥죽, 햇콩 단콩 콩죽, 검은깨 들깨 통깨 복합깨죽에 모두 성공해 결국 팥죽, 콩죽, 복합깨죽 우수상을 차지했다고 합니다.

정확한 표준어 발음 구사

- 조사 **의** 는 발음 시 **에** 로 발음한다.

  여러분의 탑승 → 여러분에 탑승, 영화의 제목은 → 영화에 제목은

- 단어의 중간이나 끝의 **의** 는 발음 시 **이** 로 읽는다.

  주의 → 주이, 문의 → 문이, 유의 → 유이

- 장단음: 변:함, 대:한, 항:공, 금:지, 보:관, 감:사, 주:목, 조:심, 예:정, 이:륙,

전:자, 안:내, 말:씀, 도:착, 항:공, 이:용, 최:선, 계:속

- 이중모음: 보관(보간×), 좌석(자석×), 회원사(해언사×), 환영(한영×), 지정된(지정덴×), 촬영(차령×), 전원(저넌×), 승무원(성무언×), 기류변화(기루번하×), 예정(애정×)
- ㅎ 발음: 비행기(비앵기×), 양해(양애×), 운행(운앵×), 변화(벼나×), 화면(하면×)

Welcome 기내 방송

소중한 여행을 저희 대:한 항:공과 함께 해 주신 손님 여러분, 안녕하십니까. 스카이팀 회원사인 저희 대:한 항:공은 여러분의(에) 탑승을 진심으로 환영합니다.

이 비행기는 (도시명: 로스앤젤레스)까지 가는 대:한 항:공 017편입니다. 목적지인 (도시명: 로스앤젤레스)까지 예:정된 비행시간은 이:륙 후 10시간 20분입니다.

오늘 (홍길동)기장을 비롯한 저희 승무원들은 여러분을 정성껏 모시겠습니다. 출발을 위해 좌석벨트를 매:주시고 등받이와 테이블을 제자리로 해 주십시오. 계:속해서 기내 안전에 관해 안:내해 드리겠습니다. 잠시 화면(/승무원)을 주:목해 주시기 바랍니다.

3) 올바른 자세

(1) 올바른 인사법

인사는 상대를 존중하는 마음이며, 호감을 드러내는 표시이기에 진심이 담긴 인사는 승객을 감동시키고, 승객의 마음의 문을 여는 열쇠가 될 수도 있다. 또한 올바른 인사는 자신의 교양과 인격을 나타내게 되고, 상사에 대한 존경심, 동료에 대한 우애를 표현함으로써 원만한 직장생활을 할 수 있는 원동력이 되기도 한다.

인사의 3가지 Point

- 상대의 눈을 보고 밝은 미소로 인사한다.
- 상체를 숙이고 잠시 멈추고 올라오도록 한다.
- 상황에 맞는 인사를 덧붙인다면 친밀감이 생겨 좋은 인상을 남기게 된다.

인사말과 마음가짐

인사말	마음가짐	인사 각도
안녕하십니까? 어서 오십시오.	반갑게 환영하는 마음	30도
즐거운 비행 되십시오	행복한 시간이 되길 바라는 마음	15도
감사합니다.	감사하는 마음	45도
죄송합니다.	사죄하는 마음	45도
안녕히 가십시오.	다시 만나기를 바라는 마음	30도

인사의 종류

목례 15도
• 가장 가벼운 인사 • 자주 만나거나 복도, 실내 등 협소한 장소에서 마주칠 때 • "실례합니다." "네, 잘 알겠습니다." "잠시만 기다려 주시겠습니까?"

보통례 30도
• 일반적인 인사 • Boarding과 Farewell 인사 • "안녕하십니까?" "안녕히 가십시오." "어서오십시오." "감사합니다."

정중례 45도
• 정중함을 표현하는 인사 • 감사, 사과 등을 표현할 때 • "대단히 감사합니다." "대단히 죄송합니다."

▲ 목례 15도

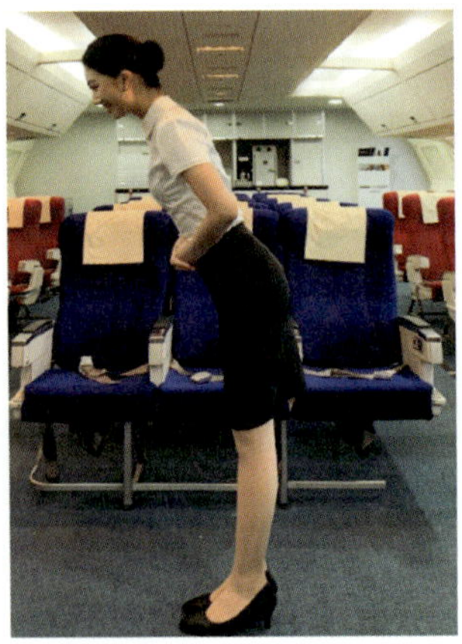

▲ 보통례 30도

▲ 정중례 45도

인사법

- **1단계:** Eye Contact 한 후 미소 짓는다.
- **2단계:** 인사말 후 상체를 숙인다.
- **3단계:** 숙인 상태로 1초간 멈춘다.
- **4단계:** 천천히 일어나면서 다시 미소 짓는다.

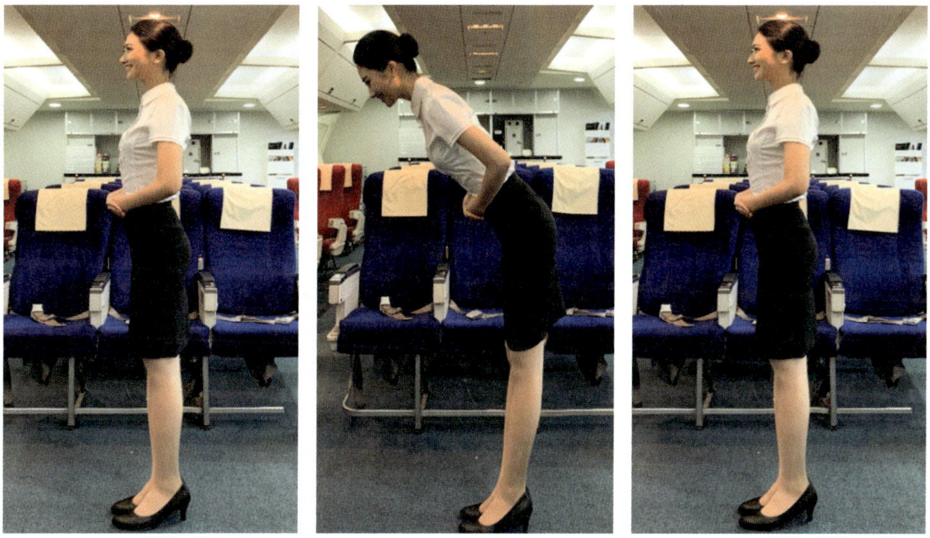

(2) 세련된 자세

① 고객 응대 자세

- 승객과 장시간 대화를 나눌 경우와 사과를 할 때 눈높이 자세를 취한다.
- 등을 곧게 펴고 15도 정도로 허리를 굽힌다.
- 승객과의 눈높이를 맞추기 위해 승객의 Armrest 옆쪽에서 한쪽 무릎을 꿇고 상체가 흔들리지 않도록 안정된 자세로 응대한다.
- 메모를 할 때는 Serving Tray를 받쳐 사용하며, Tray 뒷면이 보이지 않도록 주의한다.
- 메뉴를 안내할 때는 손가락을 가지런히 모아 손바닥이 위로 오도록 하여 가리킨다.

② 선 자세

- 시선은 정면을 향한다.
- 턱은 당겨 바닥과 수평으로 둔다.
- 허리는 곧게 편다.
- 아랫배에 힘을 주고 Hip은 약간 들어올린다.
- 머리와 어깨가 한쪽으로 치우치지 않게 거울을 보고 바른 자세가 되도록 한다.
- 무게 중심은 엄지발가락에 둔다.
- 고객 응대 시 두 손을 앞으로 모아 공손하고 정중한 자세를 취한다.

③ 걷는 자세

- 어깨와 등을 펴고 양 무릎을 스치듯 걸으며, 시선은 승객을 향하고 걷는다.
- 발끝은 평행으로 하고, 걷는 방향이 직선이 되도록 무릎을 스치듯 걷는다.
- 발소리가 나지 않도록 체중은 발 앞에 싣는다.
- 통로(Aisle)를 걸을 때는 가볍고 경쾌하게 걸으며, 급할 때는 빠른 걸음으로 조용히 걸으며, 승객의 좌석이나 팔에 부딪히지 않도록 조심한다.

④ 승무원 좌석 착석 시

- 이·착륙 시 승무원 좌석에 앉아 허리 벨트와 어깨 벨트를 착용한다.
- 다리를 꼬거나 구두를 살짝 벗고 다리를 흔드는 모습은 절대 해서는 안 된다.
- 여성 승무원은 손을 무릎 위에 가지런히 올려놓고 양다리를 모아 수직으로 한다.
- 남성 승무원은 발을 허리만큼 벌리고 양손은 가볍게 주먹 쥐어 양 무릎 위에 올려놓는다.
- 승무원 좌석이 급하게 접하지 않도록 손으로 받쳐 닫도록 한다.
- 비상 시에 당황하지 않고 신속하게 대처할 수 있도록, 해야 할 비상 처리 절차를 30초간 생각해 보는 30 Seconds Review를 실시하도록 한다.

⑤ 방향 안내

- 방향을 가리킬 때는 손가락 끝을 가지런히 모으고 손바닥을 위로 향하게 하여 손 선제로 가리킨다.
- 손을 펴는 각도로 표현하며, 멀리 있는 곳은 팔을 길게 펴고 가까운 곳은 팔꿈치를 살짝 굽혀 안내한다.
- 우측을 가리킬 경우에는 오른손으로, 좌측을 가리킬 경우에는 왼손을 사용한다.
- 뒤쪽을 가리킬 경우에는 몸의 방향도 뒤로 하여 지시한다.
- 사람을 가리킬 경우에는 두 손을 사용하여 한 손은 가리키는 분을 향해 뻗고 나머지 손은 받치듯이 동작을 취한다.

⑥ 물건 집을 때

- 양다리를 모으고 옆으로 돌려 앉는다.
- 상체는 가급적 곧게 편다.
- 치마를 입을 시 더욱 조심하도록 한다.

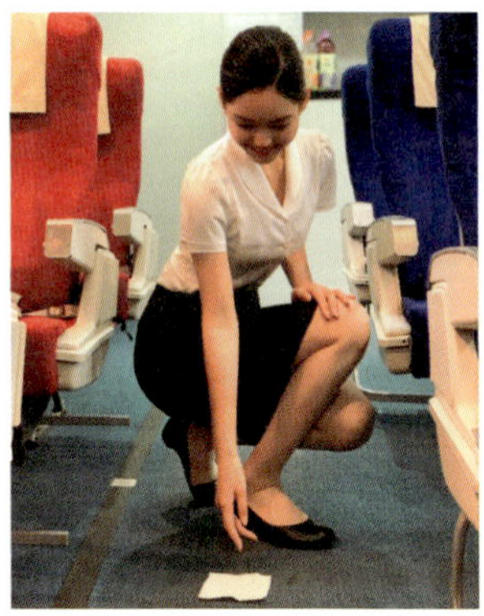

(3) 올바른 서비스 자세

① Towel Service

- 한 손은 바스켓 아래에 다른 손은 Tongs을 잡고 "뜨거우니 조심하십시오."라고 말하며 건넨다.
- Disposable Towel도 한 분 한 분에게 정성껏 서비스한다.

② Tray Service

- Tray의 긴 쪽을 통로 방향과 나란히 하고, 뒷면이 보이지 않도록 하여 너무 높이 들지 않도록 한다.

- 승객의 영역을 침범하지 않도록 주의한다.
- 회수 시 한 손은 Tray 옆 테두리를 잡고 Tray는 항상 통로에 나란히 위치하고, 회수 한 컵은 안쪽부터 채운다.
- 회수 한 컵이 Tray가 넘치도록 하지 않는다.
- Meal Tray 서비스 및 회수 시 승객의 머리 위로 지나다녀서는 안 되며, 허리를 숙여 낮은 높이로 조심스럽게 운반하도록 한다.
- 음료 서비스 시 허리를 숙이고 승객이 잘 보이도록 Tray를 낮추어 준다.

③ Cart 이동 시

- 내용물이 흐트러지지 않게 조심스럽게 취급한다.
- Cart 손잡이를 양손으로 안정감 있게 잡는다.
- 서비스 시에는 반드시 Locking 하도록 한다.
- 진행 방향의 장애물을 확인하고 승객에게 주의 안내를 한다.

④ Meal Service

- 밝은 표정으로 승객의 얼굴을 보면서 식사 종류와 내용을 안내한다.
- 승객을 정면으로 향하고 두 손은 가지런히 모은다.
- 주문 내용은 복창으로 확인한다.
- 안쪽 승객부터 주문을 받는다.
- 주문은 여성, 노인, 승객 우선으로 받는다.
- 왼쪽 승객은 왼손으로 오른쪽 승객은 오른손으로 서비스한다.
- 뜨거운 내용물을 서비스 시 각별히 유의하고 "뜨거우니 조심하십시오."라고 말한다.
- "맛있게 드십시오."라고 하며 Eye Contact으로 마무리 한다.

⑤ Refill Service

- 와인 Refill 시에는 White Wine과 Red Wine을 양손에 들고 나가며, 1/3 정도 남아 있을 때 권유한다.
- 생수 Refill 시에는 한 손에는 생수병을 다른 한 손에는 Small Tray에 종이컵을 뒤집어 두 줄로 쌓고, 고객이 컵을 빼어 Small Tray에 올리도록 하고 Small Tray를 통로로 가져가 생수를 따르고 승객이 잘 가져 갈 수 있도록 낮추어 제공한다.

4) 기물 취급 요령

(1) CART

① 종류와 용도

종류	용도
Meal Cart	Meal 서비스 및 회수 시 보관 Large Tray Meal 14개씩 양쪽으로 총 28개 탑재 Small Tray Meal 28개씩 양쪽으로 총 56개 탑재 2/3 Tray Meal 총 42개 탑재
음료 Cart	liquor, 주스류, 맥주, Ginger Air, 콜라, 땅콩 등이 탑재되어 식사 전 음료 서비스 시 사용
Serving Cart	Boarding 시 신문을 Setting 하여 Door 앞에 배치 Headphone 서비스 및 회수 시 사용 First/Business Class Entree 및 샐러드, 디저트 서비스 시 사용
면세 Cart	각종 면세 용품이 채워져 있음

② 취급 요령

가. Meal Cart

- Cart 보관 및 정지 시에는 반드시 Lock Pedal로 고정한다.
- 서비스 시작 시에는 Aisle을 나가기 전에 Door을 Open한다.
- Aisle을 지나갈 때는 승객이 다치지 않도록 조심하두록 말하며 주의하도록 한다.
- Cart 보관은 항상 정 위치에 두도록 한다.
- Cart 상단에 서비스 용품을 Setting 할 때 뜨거운 음료는 오른쪽에 오도록 한다.
- Door를 닫고 반드시 Lock 상태가 되도록 한다.

나. Serving Cart

- 무거우니 조심히 펼쳐 상단에 있는 Locking 고리로 고정한다.
- 정지 시에는 반드시 Lock Pedal로 고정한다.
- 상단과 중단에 Cart Mat나 린넨을 깔고 사용한다.(신문 서비스 시에는 제외)

- 하단에는 서비스 용품을 두지 않는다.
- 중단에 있는 물품은 서비스할 승객의 반대방향에서 꺼내도록 한다.
- 사용 후 접어서 정 위치에 보관한다.

(2) Tray

① 종류와 용도

종류	용도
Large Tray	음료 서비스 및 회수 시 사용
Small Tray	음료 서비스 시 및 Individual 서비스 및 회수 시 사용 Coffee는 설탕, 프림, Tea는 티와 레몬을 Setting 하여 서비스 시 사용

② 취급 요령

- Tray에 약간의 물을 부어 Tray Mat를 붙이면 음료가 미끄러지는 것을 방지할 수 있다.
- Tray는 긴 쪽이 Aisle과 평행되도록 하고 Tray의 중간 부분을 잡되 엄지손가락은 위로, 나머지 손가락으로는 Tray를 받쳐 잡는다.
- Tray는 승객에게 밑면이 보이지 않는 높이로 든다.
- 회수 때 한 손으로 Tray를 잡되 위치는 항상 Aisle과 평행되도록 하며, 회수된 컵은 Tray의 안쪽부터 올려놓는다.

(3) Basket & Tongs

① 종류와 용도

종류	용도
Bread Basket & Tongs	Bread 서비스 시 사용
Towel Basket & Tongs	Hot Towel 및 disposable Towel 서비스 및 회수 시 사용

② 취급 요령

- Basket의 밑면을 손가락을 활짝 펴 안정되게 받친다.
- 빵을 서비스할 때 왼손에는 Bread Basket 오른손에는 Tongs를 잡고 Tongs

를 이용해 하나씩 서비스한다.

- Tongs을 사용 하지 않을 때는 Tongs을 잡은 오른 손을 Basket 아래에 위치하도록 한다.

(4) Cup

① 종류와 용도

종류	용도
Plastic Cup 6온스(OZ)	차가운 음료(주스, 생수, 칵테일) 서비스 시 사용
Glass Cup 4온스(OZ)	Economy Wine 잔으로 Meal Tray에 Setting 되어 있음
Paper Cup 6온스(OZ)	뜨거운 음료(Coffee, Tea) 서비스 시 사용
Paper Cup 3온스(OZ)	brushing cup(양치 컵)으로 화장실에 Setting

② 취급 요령

- 음료 서비스 시에는 Cup의 밑 부분을 엄지, 검지, 중지로 잡고 약지, 소지(새끼손가락)로 컵의 바닥을 받쳐 Cup의 입이 닫는 부분에 손이 닿지 않도록 조심한다.
- 음료를 담을 때는 7부 정도가 적당하다.
- 차가운 음료는 Plastic Cup을 사용하고 뜨거운 음료는 Paper Cup을 사용하도록 한다.

4. 효과적인 객실서비스 대화 기법

1) 효과적인 커뮤니케이션

효과적으로 커뮤니케이션을 잘 한다는 것은 단순하게 말만 잘 하는 것도 아니며, 남의 말을 잘 경청만을 말하는 것도 아니다. 커뮤니케이션을 잘 한다는 것은 나와 승객 간에 내용과 감정적인 교환(소통)에 있어서 탁월하다는 것을 뜻한다.

(1) 객실서비스 커뮤니케이션 요령

① 이해하기 위해 들어라

우리는 흔히 탐색, 판단, 조언, 해석하기 위해서 듣고 말하는 것이 보통 사람의 커뮤니케이션의 이유일 것이다. 그러나 효과적인 커뮤니케이션이란 판단이나 탐색, 조언이나 해석이 아닌 타인을 그대로 이해하는 데 있다. 상대방의 말을 그대로 들어주는 능력, 즉 이해하기 위해서 듣는 자세는 효과적인 커뮤니케이션에서 가장 중요하다.

② 어떻게 전달할까에 더욱 집중하라

승객과의 대화 시에는 항상 밝은 표정과 미소로 대화에 응하며, 상냥하고 친근감 있는 목소리로 알아듣기 좋도록 적당한 속도와 분명한 발음으로 대화한다. 커뮤니케이션의 3대 요소인 비언어적 몸짓, 음성, 사용하는 단어 중에 비언어적인 부분과 청각적인 요소가 93%를 차지한다. 아무리 좋은 말이라도 말하는 사람의 태도와 분위기가 적합하지 않으면 좋은 결과를 가져올 수 없다. 말의 내용과 구조보다는 어떻게 말할까에 더욱 집중하도록 한다.

③ 감정에 공감을 하라

사람은 누구나 이해받기를 원하고, 이해 받는다고 느꼈을 때 마음의 안정을 얻는다. 성의를 가지고 상대의 입장에서 말하고자 하는 의도가 느껴질 때까지 인내하며 들을 때 심리적 안정과 함께 오픈마인드를 하게 된다. 이렇듯 공감적 경청은 사람들에게 치료의 효과가 있다.

④ 해결 지향적으로 'Helper'의 역할을 하라

기내에서 승객의 필요를 도와주고 해결해 줄 사람은 객실승무원이다. 적극적으로 승객의 필요를 먼저 인지하고 해결 지향적으로 승객을 응대하려는 'Helper'라는 마음가짐을 스스로 가지는 것이 중요하다. 이러한 자세는 자부심과 소명의식을 필요로 한다. 해결지향적인 'Helper'의 자세는 승객의 마음을 열게 하고, 커뮤니케이션의 생산성을 극대화할 수 있다.

⑤ 동의하는 언어를 적극 활용하라

이는 의견과 동의를 구할 때 상대방의 감정적인 부분을 충분히 고려하면서 긍정적인 결과를 기대하게 할 수 있는 방법이다. "네, 잘 알겠습니다." "주신 의견에 감사합니다." "그러셨군요."라는 상대방의 입장에서 시작해서 상대방의 말로 결론을 맺는 것이 중요하다.

(2) 경청하는 방법

경청(傾聽)이란 기울어질 '경'자에 들을 '청'으로 남의 말을 귀 기울여 주의 깊게 들으라는 뜻이다. 청(聽)의 부수글자를 풀어 보면 王, 耳, 十, 目, 一, 心 이며, 王, 耳는 왕 같은 귀라는 것으로 매우 커다란 귀, 즉 집중해서 들으라는 의미이고, 十, 目은 듣는다는 것은 열 개의 눈을 갖는 행위로 상대의 말이 어떤 의미를 갖는지를 파악하기 위해 그의 표정이나 눈빛, 태도 등의 비언어적 요소를 열 개의 눈으로 파악하여 들으라는 뜻이다. 一, 心은 진정한 듣기는 상대의 생각과 마음을 읽는 것으로 상대와 한마음이 되라는 의미가 담겨 있다.

사람은 말하는 것보다 5배로 빨리 듣는다. 1분에 120단어를 말한다면 600단어를 들을 수 있다고 한다. 이런 속도 차이 때문에 말하는 사람이 하는 말을 온전히 듣지 못하고 다른 생각을 할 수 있으므로 경청할 때는 주의 집중을 요하게 된다.

① 경청의 의미

- 관심의 집중이다. → 승객에게 관심을 집중한다.
- 감정을 수용하는 것이다. → 승객의 감정을 이해하고 수용한다.
- 상대를 존중하는 사랑의 마음이다. → 승객을 존중하는 마음을 품는다.
- 노동이며 봉사이다. → 듣는 다는 것은 쉬운 일이 아니기에 노동과도 같다. 하지만 봉사하는 마음으로 헌신하는 자세가 필요하다.

② 바람직한 경청의 태도

- 말하고 있는 승객을 정면으로 보고 시선을 자주 마주친다.

- 진지한 자세를 취한다.
- 잘 듣고 요지를 파악하여 맞장구를 치면서 적절한 질문을 섞어가면서 모르면 정중하게 물어보고 복창 또는 요약한다.
- 좋은 시선 접촉을 유지하며, 말을 중간에 끊지 않는다.
- 성의를 가지고 승객의 입장에서 말하고자 하는 의도가 느껴질 때까지 인내하며 편안하고 자연스러운 자세를 취하여 상대의 마음을 편하게 해 준다.

③ 잘못된 경청의 자세

- 선택적 경청으로 자기가 원하는 것, 듣고 싶은 말만 골라서 듣는 것이다.
- 자기중심적 경청으로 말한 사람의 의도와는 상관없이 자기 마음대로 왜곡하고 해석해서 듣는 것이다.
- 경청을 가장하는 것은 듣기는 하지만 다른 생각을 하면서 듣거나 자기감정에 몰두하므로 별 생각 없이 멍하게 듣는 경우이다.
- 편견을 가지고 듣는 것이다.

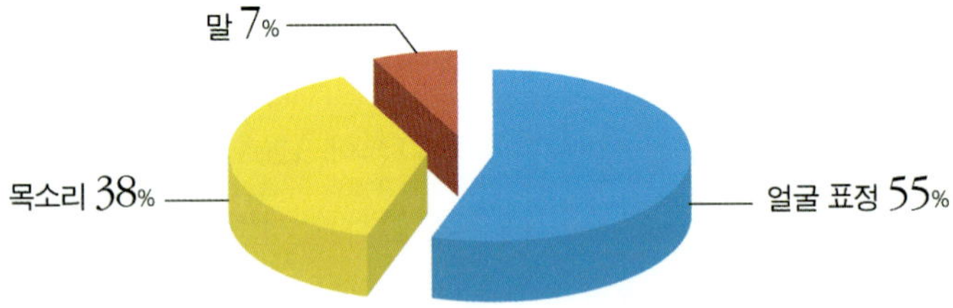

▲ **메리비언 법칙**

『상대가 말로는 괜찮아 하는데 표정이 서운해 보이면 표정 55%가 맞는 것이다.』

(3) 고객 응대 시 유의사항

- 절대 "안 됩니다. 없습니다."라고 먼저 대답하기보다는 쿠션 언어를 사용하고 대안을 제시하는 것이 좋다.
- 외국어나 전문용어를 삼가고 고객의 수준에 맞는 용어를 선택한다.
- 승객의 말을 잘 이해했는지 재확인하도록 한다.

- 고객의 요구 상황은 잊지 않고 반드시 서비스한다.
- 고객의 요구 사항을 메모하는 습관을 갖는다.
- 고객을 설득시키거나 가르치려는 태도를 보이지 않는다.
- 회사 규정을 강조하지 않는다.
- 승객의 좌석에 기대거나 한 손으로 물건을 전달하지 않는다.
- 승객을 무시하는 언행을 해서는 절대 안 된다.
- 승객의 잦은 요구에 귀찮아하는 태도나 바쁘다는 표현을 하지 않도록 한다.
- 경어를 반드시 사용하도록 한다.
- 승객 앞에서 승무원 간에는 존칭어를 사용하고 품위 있게 대하도록 한다.

경어 사용 예문

상황	Point	대화법
Double Seat 승객 응대	우선 불편을 드린 것에 대해 정중한 사과를 드린다.	손님, 정말 죄송합니다.
	상황을 설명하고 신속히 재배정을 도와드린다.	좌석 배정에 착오가 생긴 것 같습니다. 불편하시더라도 잠시만 여기 앉아서 기다려 주시겠습니까. 제가 지상직원에게 확인 후 도와드리겠습니다.
	짐을 들어 드리고 승무원 좌석을 펴서 앉아 기다리도록 조처한다.	
	기다려 주신 것에 대해 감사 표시를 한다.	손님, 기다려 주셔서 감사합니다. 좌석 안내해 드리겠습니다.
	좌석으로 안내할 때 짐을 들어 드린다.	제가 들어 드리겠습니다.
	안내 후 양해해 주신 것에 감사표시를 한다.	불편을 끼쳐드려 너무 죄송합니다. 또한 양해해 주셔서 감사합니다. 필요하신 사항 있으시면 언제든지 저희 승무원을 불러 주십시오. 즐거운 비행되십시오.
	비행 중 계속 Personal Touch를 한다.	따뜻한 차 한잔 드시겠습니까? 더 필요하신 것은 없으신가요?
	Double Seat은 고객 두 분 모두에게 불편을 드린 것이니 먼저 탑승하여 좌석에 앉아계시던 승객에게도 불편을 끼친 점에 대해 이해를 구한다.	손님, 불편을 끼쳐드려 정말 죄송합니다. 즐거운 비행 되십시오.

2) 표준 용어 사용

항공사 전문용어와 불필요한 외국어 및 약어 사용을 지양하고 표준어 및 경어를 사용하도록 한다. 객실승무원들 간에 사용하는 외국어, 전문용어를 승객에게 사용하게 되면 승객은 그 말뜻을 이해하기 어렵고 혹시 나만 모르나 싶어 질문을 하지 않게 되면 오해를 불러 일으킬 수 있으며, 때로는 불쾌감을 줄 수도 있다. 다양한 연령과 국적의 승객들이 잘 이해하고 편의를 도모할 수 있도록 어려운 용어의 사용은 피해야 한다.

전문용어와 표준용어

전문 용어	표준 용어
Agent로 가셔서 확인해 보시기 바랍니다.	여행사로 가셔서 확인해 보시기 바랍니다.
손님의 좌석은 Aisle Seat입니다.	손님의 좌석은 통로쪽 입니다.
Safety Instroduction Card를 확인하시기 바랍니다.	안전 안내 책자를 확인하시기 바랍니다.
P/A가 나온 뒤에	기내 방송이 나온 뒤에
Boarding Pass 좀 보여주시겠습니까?	탑승권 좀 보여주시겠습니까?
Cancel 되었습니다.	취소되었습니다.
Charter Flight는	전세편은
Connection 하시려면	연결편을 이용하시려면
Crew들이 교체됩니다.	저희 승무원들이 교체됩니다.
Refill 해 드릴까요?	한 잔 더 드릴까요?
Delay 되어서	지연 되어서
저희 AP님이 도와드릴 겁니다.	저희 부사무장님이 도와드릴 겁니다.
Direct Flight는	직행편은
공항에 Duty Free Shop을	공항에 면세점을
E/D 카드는 작성하셨나요?	출입국 카드는 작성하셨나요?
Complaint 한 것을	불편사항을
Seat Belt 매 주시기 바랍니다.	좌석 벨트 매 주시기 바랍니다.
저희 Departure Time은	저희 출발 시간은
Flight Number를 적어 주십시오.	항공기 편명을 적어주십시오.
Over Booking입니다.	초과예약입니다.

전문 용어	표준 용어
Passport 좀 보여주시겠습니까?	여권 좀 보여주시겠습니까?
저희 Procedure에는	저희 절차에는
Reconfirm 하셔야 합니다.	재확인하셔야 합니다.
Seat Number가 어떻게 되십니까?	좌석번호가 어떻게 되십니까?
Cockpit에	조종실에
Lavatory 사용은	화장실 사용은
P(Prestige) Class는	상위 클래스는
Give Way를	기념품을
On Time 예정입니다.	정시에 도착할 예정입니다.
Return Flight에서 구입하시면 됩니다.	돌아오는 비행기에서 구입하시면 됩니다.
Overhead Bin에 넣어주시기 바랍니다.	선반에 넣어주시기 바랍니다.
Meal이	식사가
Ground Staff에게	지상직원에게
Blanket과 Pillow를 가져다 드리겠습니다.	담요와 베개를 가져다 드리겠습니다.
Baby Bassinet을 설치해 드리겠습니다.	아기 침대 설치해 드리겠습니다.

3) 효과적인 응대표현

(1) 부정적 표현을 해야 하는 경우

승객이 무리한 요구를 할 때 쿠션 용어를 이용해 최대한 부드럽게 표현한다. 쿠션 용어란 상대방에게 곤란하거나 거부감을 줄 수 있는 내용을 전할 때 좀 더 완충하기 위해 사용하는 언어로 이와 같은 용어들은 부정적 답변을 들었을 때 고객이 느낄 수 있는 불만을 조금이라도 누그러뜨리는 데 도움이 된다. 그리고 "죄송합니다. 불편을 끼쳐드렸습니다."와 같이 간략하고 명확한 사과표현을 하도록 한다. 또한 뒤이어 대안을 제시하거나 고객의 요구를 들어 줄 수 없는 사유를 설명하여 고객이 이유 없이 거절당했다는 느낌을 갖지 않도록 배려하는 것이 중요하다.

- 1단계: 공감(아~, 그러셨군요)
- 2단계: 죄송합니다. 불편을 끼쳐드렸습니다.
- 3단계: 대안 제시

쿠션 용어

- 번거로우시겠지~
- 실례지만~
- 가능하시다면~
- 어려우시겠지만~
- 불편하시겠지만
- 괜찮으시다면~
- 바쁘시겠지만~
- 수고스럽지만~

① 부정의 의미를 담고 있다하더라도 긍정적인 말로 표현하면 듣는 이의 거부감을 줄일 수 있다.

"지금은 기류가 불안정하므로 화장실을 사용할 수 없습니다." (X)

→ "잠시 후 좌석벨트 사인이 꺼지면 화장실을 사용하실 수 있습니다."(O)

② 상대의 말을 수긍하고 본인의 주장을 펴는 것이 효과적이다.

"그러한 규정은 바뀌었습니다."(X)

→ "아~, 그렇게 들으셨군요. 하지만 현재 규정이 바뀌었습니다."(O)

(2) 긍정적 표현을 하는 경우

① 긍정은 강하게 표현

- **승객**: 지금 면세품을 좀 구입할 수 있나요?

"네, 어떤 물건이 필요하세요?" (X)

→ "네, 가능합니다. 필요하신 물건을 알려주시겠습니까?" (O)

② 긍정적 상황에 대한 효과 강조

- **상황**: Prestige Class에서 식사주문을 미리 받을 때

"아침 식사도 지금 주문하십시오. 어떤 메뉴로 하시겠습니까?" (X)

→ "아침 식사도 지금 주문하시면, 원하시는 메뉴를 미리 선택하실 수 있고,

비행 중 편히 주무실 수 있습니다."(O)

③ 긍정적 내용을 구체적으로 명확하게 표현

- 승객: 이번 탑승에 마일리지가 적립되나요?

"네, 가능합니다."(X)

→ "회원 가입이 돼 있는 경우라면 마일리지 적립이 가능합니다."(O)

QUIZ 고객응대 시 어떻게 표현하는 것이 적절한지 작성해 보세요.

탑승권 보여 주세요.	
입국 서류 써 보세요.	
승무원 호출하셨습니까?	
다 드셨으면 치워드리겠습니다.	
창문 좀 닫아 주세요.	
테이블 좀 펴 주세요.	
지금 화장실 사용하시면 안 됩니다.	
스포츠 신문 없는데요.	
잘 모르겠는데요.	

정답

탑승권 보여 주세요.	탑승권을 보여주시겠습니까?
입국 서류 써 보세요.	네, 제가 작성해 드리겠습니다. 세관신고서도 필요합니다.
승무원 호출하셨습니까?	네, 부르셨습니까? 무엇을 도와드릴까요?
다 드셨으면 치워드리겠습니다.	맛있게 드셨습니까? 치워드릴까요?
창문 좀 닫아 주세요.	손님, 실례합니다만, 영화 보시는 분들을 위해 창문을 닫아 주실 수 있으시겠습니까?
테이블 좀 펴 주세요.	손님, 실례합니다만, 테이블 좀 펴 주시겠습니까?
지금 화장실 사용하시면 안 됩니다.	잠시 후 기류가 좋아지면, 화장실 사용이 가능합니다.
스포츠 신문 없는데요.	죄송합니다. 스포츠 신문이 전부 서비스되었습니다. 혹시 다른 분이 다 보신 후에 그것을 가져다 드려도 괜찮으시겠습니까?
잘 모르겠는데요.	죄송합니다. 제가 곧 알아봐 드리겠습니다. 잠시만 기다려 주시겠습니까?

5. 객실서비스 절차별 및 상황별 응대 방법

1) 탑승 및 도착 시 응대 방법

(1) 기내 보관이 어려운 유모차 발견

- 승객입장: 분명히 공항에서 괜찮다고 해서 유모차를 비행기까지 가지고 갔었는데, 갑자기 안 된다고 하니 어이가 없었다. 아이도 있고 짐도 많았는데 정말 너무 힘들었다.

Point

- 승객에게 사과를 드리고, 기내 보관이 불가한 구체적인 이유를 친절히 설명해 드린다.
- "DELIVERY TO GATE" Tag이 있는지 반드시 확인한고 보관용 Tag을 챙겨드린다.
- 기내에 보관 장소가 부족할 경우 화물로 실어드리고, 불편하지 않도록 좌석까지 도와드린다.
- 비행 중에 세심한 배려를 잊지 않으며, 하기 시에도 적극적으로 도움을 주도록 한다.

응대 방법

"죄송합니다만, 이 유모차는 조금 커서 기내에서 보관하실 수가 없습니다.
제가 도착지 공항 GATE에서 바로 받으실 수 있도록 화물칸에 실어드리겠습니다.
염려하지 마시고 편히 여행하십시오.
짐은 제가 도와드리겠습니다.
이쪽으로 오시겠습니까?"

"DELIVERY TO GATE" Tag

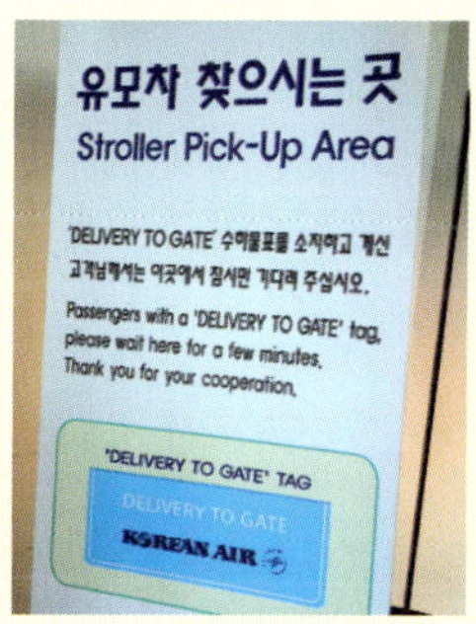

유모차를 일반 화물로 처리한 승객이 도착지 GATE에서 Baggage Claim Area까지 유모차 없이 이동하는 불편을 제거하기 위한 목적으로 접수절차는 출발지 공항 탑승구에서 실시하며 도착지 GATE에서 바로 인도 받을 수 있다. 승객은 보관용 Tag을 가지고 있어야 한다.

(2) Economy Class 승객이 옷 보관을 요청할 때

- 승객입장: 승무원에게 옷은 보관해 달라고 했더니 표정이 굳어졌다. EY이라 무시하는 듯한 느낌이 들어 기분이 나빴다. 그리고 기껏 보관해 준다고 한 것이 선반 위에 아무렇게나 집어넣고, 옷이 꼈는지도 모른 채 쾅 닫아버리는 행동에 정말 화가 났다.

Point

- 양해를 구하고, 선반 위에 옷이 끼지 않도록 잘 접어 보관해 드린다.
- 승객의 선반 위에 여유가 없으면 가까운 선반 위에 보관해 드리고 보관 장소를 알려드린다.

응대 방법

"손님, 죄송합니다만, 보관할 장소가 마땅치 않은데 제가 선반 위에 잘 보관해 드려도 괜찮으시겠습니까?

손님의 코트는 36번 G선반 위에 보관해 두었습니다."

(3) 상위 Class 물품 요청

- 승객입장: 탑승 후 슬리퍼를 달라고 하니 EY에선 서비스가 안 된다고 단호하게 말했다. 그리고 기내가 너무 건조해 스프레이를 찾으니 여성용 화장실에 있다고 하고 가버렸다. 남자인 내가 직접 여성용 화장실에 가서 가져다 쓰라는 건가요?

Point

- 승객의 자존심을 상하지 않게 해야 한다.
- 규정이나 서비스 내용에 관해 승객을 가르치려 해서는 안 된다.
- 그 자리에서 바로 안 된다고 하지 말고 찾아 본 후 완곡하게 상황을 설명 드린다.

응대 방법

- "네, 알아봐드리겠습니다. 손님, 제가 찾아봤는데 오늘 여분이 충분치 않다고 합니다. 도움을 못 드려 죄송합니다. 따뜻한 차가 혈액순환에 도움이 된다고 하는데 드시겠습니까?"
- "네, 알아봐드리겠습니다. 손님, 죄송합니다만, 지금 여분이 충분치 않다고 합니다. 기내가 많이 건조하죠? 대신 뜨거운 물수건을 가져다 드릴까요?"

2) Meal 서비스 시 응대 방법

(1) Hot Towel 서비스

- 승객입장: 잠에서 깨어나 보니 차갑게 식은 Towel만 내팽개쳐져 있었다. 그런 Towel로 뭘 하라는 건지…, 성의 없는 승무원의 태도에 정말 화가 났다.

Point

- 승객이 주무신다고 팔걸이나 승객 주변에 Towel만 덩그러니 놓고 가지 않는다.
- 주무시는 승객에게 붙이는 서비스 Tag을 적극 활용하도록 한다.
- 서비스 Tag을 승객 앞좌석에 바르게 붙이도록 한다.
- Disposable Towel도 주무시는 분께는 나중에 서비스하도록 한다.

응대 방법

- "편히 주무셨습니까? 곤히 주무셔서 Towel을 드리지 못했습니다. 여기 따뜻한 Towel입니다."

(1) Special Meal 미 탑재

- **승객입장:** 미국 여행길에 항공권을 예약하면서 아이의 햄버거를 주문했다. 그러나 기내에선 음식을 받을 수 없었고, 승무원은 무언가를 보여주며 그런 주문 사항은 연락 받지 못했다는 말만 되풀이했다. 정중한 사과의 말이라도 있었다면 좋았을텐데…

Point

- 우선 정중히 사과를 드린다.
- 대체 가능한 음식이 있는지 빨리 확인한다.
- 승객은 우리의 전문 서류는 잘 모른다. S.H.R(Special Handling Request)에 기록되어 있지 않다고 승객에게 확인하라고 보여주는 행동은 하지 않는다.
- 연결편 승객일 경우 다음 구간에서는 꼭 드실 수 있도록 조치를 취해 드린다.

응대 방법

- "손님께서 주문하신 특별식이 착오로 인해 실리지 않았습니다. 죄송합니다. 혹시 자녀분이 좋아하는 음식을 말씀해 주시면 가능한 한 제가 준비해 드리겠습니다."

(2) Meal 서비스를 Skip한 경우

- **승객입장:** 식사 서비스할 때 나만 빼고 지나쳐 버렸다. 곧 주겠지 하고 한참을 기다려도 못 받았는지조차 몰랐고, 그 많은 승무원 중 단 한사람도 관심있게 물어봐 주질 않아 기분이 나빴다.

Point

- Meal 서비스 시 Skip하지 않도록 각별히 신경을 써야 하고, Skip이 되지 않았는지 반드시 확인해야 한다.
- Meal 서비스 시에 승무원 간 정보를 공유하여 차질이 없도록 해야 한다.
- Skip된 승객을 발견 시 즉시 진심어린 사과와 신속한 응대를 하도록 한다.
- 늦게 받은 승객이 있다면 커피와 와인 서비스를 취식 속도에 맞춰 실시하도록 한다.

응대 방법

- "죄송합니다. 제가 실수로 손님을 그냥 지나쳤습니다. 바로 가져다 드리겠습니다."
- "기다려 주셔서 감사합니다. 맛있게 드십시오. 식사와 함께 와인이나 음료는 어떠십니까? 더 필요한 것은 없으신가요?"

(3) 기내식에서 이물질이 나왔을 때

- 승객입장: 밥에서 머리카락이 나와 승무원을 불렀는데 별다른 사과도 없이 ○○에서 실려서 그렇다며 변명만 늘어놓고 가버렸다. 무성의한 태도에 더 화가 났다.

Point

- 한마디의 변명보다는 진심어린 사과를 하도록 한다.
- 두 종류의 식사 서비스 시에는 다시 한 번 두 가지 중 어떤 것을 드실지 물어보는 것도 좋다.
- 관련 부서에 보고서를 작성하여 다시는 이런 상황이 발생하지 않도록 조치함을 정중히 말씀드리고 지속적인 관심을 보이도록 한다.

응대 방법

- "손님, 즐거운 식사시간에 정말 죄송합니다. 제가 곧 새것으로 가져다 드리겠습니다. 잠시만 기다려 주시겠습니까?"
- "손님, 기다려 주셔서 감사합니다. 맛있게 드십시오. 그리고 식사와 함께 와인이나 음료는 어떠십니까? 더 필요한 것은 없으신가요?"
- "여기서 나온 이물질에 관한 것은 관련 부서에 보고하여 다시는 이런 일이 없도록 노력하겠습니다. 다시 한 번 사과드립니다."

(4) Meal Tray 회수

- 승객입장: 식사 서비스를 받을 때도 던져 주는듯한 느낌이 들어 맘이 상해 있었는데 걷을 때도 별 말 없이 휙 가져가 버렸다. 그리고 창가 쪽에 있는 제 동료에게 식판을 달라고 명령하듯이 말하고는 버젓이 서 있는 태도에 정말 화가 났다.

Point

- 일사일언하도록 한다.
- 마음이 급하더라도 행동은 천천히 하도록 한다.
- 승객에게 Tray를 대신 받거나 치우게 하는 행동은 하지 않는다.
- Tray를 치우면서 맛있게 드셨는지 필요한 것은 없는지 여쭤 보도록 한다.

응대 방법

- "맛있게 드셨습니까? 치워드려도 될까요?"
- "식사를 많이 남기셨네요. 혹시 속이 불편하신 건 아니신지요?"
- "입맛에 잘 맞으셨나요?"
- "다 드셨습니까? 혹시 식사가 부족하시다면 좀 더 준비해 드릴까요?"
- "커피 한 잔 더 드시겠습니까?"

(5) 우유나 Guava Juice는 없나요?

- 승객입장: 우유를 달라고 하니까 찾아 준다고 하고는 와서 없다고 했다. 그런데 다른 승무원에게 부탁하니 갖다 주었다. 왜 없다 그랬냐고 물었더니 자기가 찾았을 땐 진짜로 없었다고 했다. 무슨 경우인지…, 나중엔 Guava Juice를 원했더니 없다고 했다. 그런데 두 번째 식사 전 음료 서비스를 하는데 Guava Juice가 나왔다. 왜들 거짓말만 하는 건지?

Point

- 내가 근무하는 Galley에 없으면 다른 Galley에도 찾아보도록 한다.
- 나중 서비스를 위해 Juice를 Keep하지 않도록 한다.
- 손님이 요구하면 바로 찾아 서비스한다.

응대 방법

- "네, 여기 있습니다. 맛있게 드십시오."

3) 기내 판매 시 응대 방법

(1) 면세 주문품이 탑재되지 않았을 때

- 승객입장: 서울에서 나갈 때 기내 면세품 예약을 했다. 그런데 막상 비행기를 타보니 "손님의 주문 예약이 되어 있지 않습니다. 여기 예약 명부를 보십시오."라고 했다. 미안하다는 말 한마디도 없이…

Point

- 우선 정중히 사과를 드린다.
- 물품 확인 후 실린 것 중에 가져다 드린다.
- 물품 확인 후 탑재가 안 되었을 경우 대체 상품을 권유하며, 자세히 상품에 대해 설명한다.

응대 방법

- "죄송합니다. 저희들의 착오로 손님께서 주문하신 물건들이 실리지 않았습니다. 일부러 예약까지 하셨는데, 준비해 드리지 못 한 점 사과드립니다. 오늘 탑재 된 물건들 중 주문하신 물건들을 찾아 준비했습니다."
- "○○은 없지만 비슷한 것으로 ○○를 권해 드릴까 하는데 괜찮으시겠습니까?"

(2) 면세품이 품절되었을 때

- 승객입장: 기내판매를 왜 합니까? 주지도 않을 거면서.. 매번 사려고 할 때마다 없다. 다 팔렸다 하고 이건 서비스도 아닙니다.

Point

- 우선 정중히 사과를 드린다.
- 물품 확인 후 실린 것 중에 가져다 드린다.
- 내용이나 가격대가 비슷한 상품을 권해 드린다.

응대 방법

- "손님, 죄송합니다. 재고가 있는지 다시 한 번 알아봐 드리겠습니다."
- "어쩌죠? 정말 죄송합니다. 다 판매가 되었네요…, 같은 가격대의 ○○○도 선물로 인기 있는 상품인데 어떠십니까?"
- "혹시 다른 분께서 이 물건을 교환하시겠다고 하시면 손님께 제일 먼저 가져다 드리겠습니다."

(3) 단거리에서 물품 구입을 못한 승객

- 승객입장: 도대체 왜 우리만 살 수 없는 건가요? 나와 내 앞, 뒷줄의 승객들만 면세품을 살 수 없었다. 기내 판매가 앞에서부터 오는 건 봤는데 미리 달라고 하면 카트가 지나갈 때 구입하라고 하고 겨우 왔다 싶으면 착륙준비 한다고 딱 잘라 거절했다.

Point

- 기내 판매 시 앞과 뒤에서 같이 판매를 하는 것이 좋다.
- 기내 판매 전담 승무원은 취약 구역의 승객 주문을 먼저 받아 불만을 최소화하는 것이 필요하다.
- 어쩔 수 없이 구입 못한 승객에게는 정중히 사과드린다.
- Out Bound 비행이라면 귀국편 사전 주문이나 인터넷, 전화주문을 적극 안내해 드리도록 한다.
- 기내 판매 중단 시에는 방송을 실시하고 승객에게 안내와 양해를 구하도록 한다.

응대 방법

- "죄송합니다. 착륙 준비를 위해 면세품 판매를 마치겠습니다. 양해바랍니다."
- "다음 여행하실 때 필요한 물건이 있으시면 귀국편 사전 주문이나 인터넷, 전화주문을 이용하시면 편하고 빠르게 구입하실 수 있습니다. 죄송합니다. 다시 한번 양해 바랍니다."

4) 기타 비행 중 응대 방법

(1) 승객이 대기 중에 화장실 점검

- 승객입장: 화장실 앞에서 힌침을 기다려 겨우 차례가 되어 들어가려는네, 승무원이 말도 없이 쑥 들어가 버렸다. 승객을 제치고 갈만큼 급한 상황이었나요?

Point

- 승객에게 양해를 먼저 구하도록 한다.
- 오해가 생길 것 같은 상황에는 문을 열어 놓고 화장실 점검을 하도록 한다.

응대 방법

- "많이 기다리셨죠? 급하지 않으시면 사용하시기 전에 제가 먼저 정리해 드려도 되겠습니까?"
- "기다려 주셔서 감사합니다."

(2) 화장실 흡연 승객

- 승객입장: 화장실에 들어갔더니 앞 손님이 담배를 피웠는지 담배 냄새가 났다. 볼일을 보기가 무섭게 밖에서 누군가가 다급하게 문을 두드려 문을 열어보니 여성 승무원이 사정 얘기를 들어보지도 않고 "담배 피셨죠? 여기서 담배 피시면 어떻게 해요?"라고 했다. 모욕을 당한 것 같아 매우 불쾌했다.

Point

- 불법방해행위를 한 승객으로 단정 지어 생각하지 않는다.
- 화장실 내 흡연이 재발되지 않도록 승객들에게 자연스럽게 알리고 수시로 화장실을 확인하도록 한다.
- 승무원이 지속적으로 흡연제지에 힘쓰고 있음을 화장실 주변 승객들에게 보여 준다.

응대 방법

- "손님, 화장실에서 담배 냄새가 나네요. 화재가 날 수도 있어 굉장히 위험한데… 사용 전에 이미 담배 냄새가 났었나요?"
- "잠시 화장실을 점검하겠습니다."

(3) Galley 불빛 및 커튼 여닫는 소리

- 승객입장: 주방 옆 좌석이라 기분이 나빴는데, 10시간 내내 수도 없이 커튼을 여닫는 소리에 잠도 한 잠 못 잤다. 그리고 새어 나오는 불빛과 잡담소리까지 정말 너무 힘들었다.

Point

- Galley와 화장실 주변 승객과는 미리 인사를 나누는 등의 특별한 관심과 배려가 필요하다.
- 커튼을 여닫을 때는 앞쪽 윗부분을 잡고 조용히 여닫도록 한다.
- Galley에서의 대화는 주의하도록 한다.

응대 방법

- "이쪽 좌석은 발을 편하게 뻗으실 수 있어서 아주 인기가 있습니다. 그리고 이 좌석은 비상 시 승무원을 도와주는 역할을 하시기에 아무나 앉을 수 없는 특별한 좌석입니다. 늘 이 자리만 지정해서 오시는 분들도 계세요."
- "저희가 일하는 곳과 가까운 자리네요. 바로 바로 서비스가 가능한 특별한 좌석이죠. 필요한 것이 있으시면 즉시 가져다 드리겠습니다."

(4) Aisle에서 승객과 맞추진 경우

- 승객입장: 통로에서 마주치면 비켜주지 않는다. 내가 비켜주어도 고맙다는 인사도 하지 않았다. 승객과 부딪히면 사과부터 해야 되는 것이 아닌가요?

Point

- 통로를 지날 때에는 승객에게 먼저 양보를 한다.
- 승객이 우선이라는 마음가짐으로 양해와 고마움을 표현하도록 한다.
- 전후 좌우를 살피는 습관을 갖도록 한다.

응대 방법

- "손님, 먼저 지나가십시오."
- "지나 가시려구요? 지나가실 수 있도록 바로 카트를 치워 드리겠습니다."
- 승무원이 먼저 지나가게 될 경우 "실례합니다. 감사합니다."

(5) Child Give away 부족

- 승객입장: 우리 아이를 위해 기념품을 부탁했다. 찾아보겠다고 말만 하고 한참을 기다리게 했고, 한참 후 와서는 없다고 말했다. 부모 입장에서 구걸하는듯한 생각이 들어 몹시 기분이 상했다.

Point

- 서비스하지 못한 경우 집으로 우송해 드림을 안내해 드린다.
- 이러한 상황을 보고서로 제출하여 조치한다.
- 대체품을 제공한다.
- 계속해서 관심을 가지고 서비스해 드린다.

응대 방법

- "손님, 오늘 기념품이 부족하게 실려서 드리질 못했습니다. 정말 죄송합니다. 아이가 심심하지 않게 제가 그림 그릴 종이를 가져다 드릴까요? 주소와 성함을 말씀해 주시면 댁으로 꼭 보내드리겠습니다."
- "어떡하죠. ㅇㅇ양, 언니가 오늘 선물을 주지 못했네요. 집으로 꼭 보내 줄게요. 대신 언니가 맛있는 과자 줄게요."

(6) 아기가 계속 울고 있는 경우

- 승객입장: 아기가 너무 심하게 울고 있는데 승무원은 와보지도 않았다. 쉴 수도 잘 수도 없었는데 와서 어디가 아픈지 달래 줄 생각도 하지 않는 승무원 때문에 너무 짜증나고 불쾌한 여행을 했다.

Point

- 유아 동반 승객은 더욱 세심한 배려가 필요하다.
- 아기를 만지거나 안아주는 것은 안 된다. 먼저 부모의 허락을 구해야 한다.
- 아이를 달래려는 것을 주변 승객이 알 수 있도록 Showing이 필요하다.
- Child Give away를 활용하여 달래본다.

응대 방법

- "제가 도와드릴 일이 없을까요?, 혹시 필요하신 것이 있으면 말씀해 주십시오."
- "어른도 장시간 비행은 힘든데 우리 아기가 얼마나 힘들겠어요."
- "제가 한번 안아 줘도 괜찮을까요?"
- "식사하실 때나 화장실 가실 때 제가 언제든지 와서 도와드리겠습니다."

(7) 어린이 승객이 기내에서 소란을 피울 경우

- 승객입장: 애들이 뛰어 다니고 소란을 피우는데 승무원이 제지도 안 하고 이래도 되는 건지…

Point

- 우선은 아이가 소란을 피우지 않도록 아이의 관심을 다른 쪽으로 유도한다. (Give away를 활용하고 Galley에서 맛있는 간식을 제공한다)
- 아이의 부모가 기분 상하지 않도록 부탁을 드려 아이를 잘 보살피도록 한다.
- 주변 승객들에게 피해가 가지 않도록 제지 및 관심을 보이고 있음을 보여주고 필요시에는 정중히 사과드린다.

응대 방법

- "○○군 많이 심심하죠?, 이쪽으로 와 볼래요?, 누나하고 놀아요. 그렇게 뛰어다니면 다쳐요. 여기 맛있는 과자도 있는데…"
- "누나가 색칠하기 줄게 예쁘게 색칠해 볼래요?"

(8) 멀미로 힘들어 하는 승객

- 승객입장: 멀미가 너무 심해서 약을 달라고 했더니, 지금 먹어봐야 별 소용이 없다는 대답과 아무런 조치도 해 주지 않는 승무원의 무성의한 태도에 화가 난다.

Point

- 멀미약의 직접적 효과와는 별도로 고객의 심리적 안정에 도움을 줄 수 있으니 약에 대한 부작용이 없는지를 물어보고 보나링 A를 제공한다.
- 시원한 물수건으로 이마와 목 뒷부분을 닦을 수 있도록 제공해 드린다.
- 시원한 음료수, 얼음 등을 권하며 계속 신경 쓰도록 한다.
- 만약을 대비해 좌석 앞, 주머니 속의 구토대를 챙겨드린다.

응대 방법

- "속이 많이 불편하신가요? 제가 시원한 물수건을 가져다 드리겠습니다."
- "시원한 물수건으로 이마와 목 뒷부분을 닦아 보시면 좀 나아지실 겁니다."
- "얼음을 입에 물고 있어 보시겠습니까?"
- "수면을 취하시면 멀미를 하지 않으니 수면을 청해 보시겠습니까?"

(9) 담요가 부족한 경우

- 승객입장: 기내가 너무 추워서 승무원에게 담요를 달랬더니 없다고 했다. 얼마 후 다른 승무원에게 요청하니 가져다주었다. 비교된다.

Point

- 승객이 요청한 것은 열심히 찾아보는 성의를 보인다.
- 사용치 않고 가지고 있는 승객에게 여쭈어 보는 것도 하나의 방법이다.
- 객실온도를 점검해 본다.
- 따뜻한 음료를 서비스해 드린다.

응대 방법

- "많이 추우신가요?, 제가 온도를 확인해 보겠습니다."
- "제가 찾아보겠습니다. 죄송합니다. 기내에 담요가 많이 부족해서요. 대신 따뜻한 차 한잔 드시겠습니까?"
- "손님 지금은 어떠신가요? 좀 따뜻해지셨나요?"

(10) 어려 보이는 승객

- **승객입장**: 제가 어려 보인다는 소리는 많이 들어 봤지만 이건 너무 한 것 아닌가요? 애도 아닌데 반 토막 말을 하질 않나, 어리다는 이유로 차별대우를 하고 몹시 불쾌했다.

Point & 응대 방법

- 나이에 상관없이 정중한 태도로 존중해 드린다.
- 일반 승객에 비해 소외감을 느끼지 않도록 배려한다.
- Tea, Coffee 서비스 시 지나치지 않도록 한다.
- Call 응대 시 지시나 훈계는 삼가하도록 한다.
- ○○어린이, ○○양, ○○군, ○○학생 등의 적절한 호칭을 사용한다.

(11) 안전관련 비행 중 승무원 좌석에 앉아 있는 승객

① 비행 중 승무원 좌석에 앉아 있는 승객

- **승객입장**: 다리가 너무 아파서 승무원 좌석에 앉아 있는데 다짜고짜 "손님, 자리로 돌아가세요."라고 소리를 질러 너무 무안하고 황당했다. 승객의 상태가 어떤지도 모르고 명령만 하는 승무원의 태도에 문제가 있다고 생각한다.

② 기체 동요 시 돌아다니는 승객

- **승객입장**: 화장실에 가려고 했더니 식사 서비스 카트로 막고 있어 오랫동안 참았었다. 카트가 지나간 후 도저히 못 참겠어서 화장실로 뛰어갔는데, 이번엔 비행기가 흔들린다고 승무원이 팔을 잡아 당겼다. 이럴 땐 어떻게 해야 하나요? 정말 난감하다.

Point

- 승객이 그렇게밖에 할 수 없었던 입장을 생각해 준다.
- 규정 안내 시 강압적인 말투나 가르치려는 태도는 승객의 기분을 상하게 할 수 있으니 삼가해야 한다.

(12) 음료를 쏟아 승객 의복 훼손 시

Point

- 먼저 정중한 사과를 드리며, Cleaning Coupon(USD 10 상당)을 제공한다.
- 훼손이 심할 경우 쿠폰을 3장까지 제공한다.
- 발급 후 Report를 작성한다.

(13) 외국인과 직함이 불분명한 승객

Point

- 남자인 경우 'Sir', 여자인 경우 'Ma'am'이 무난하다.
- 20세 이상의 승객은 선생님, 여사님, 손님이라 호칭한다.

(14) 단순 장애 고객

Point

- 보호자를 동반하는 정신지체 또는 자폐증 등의 발달장애 고객과 단순 장애 고객은 고객의 의사와 상관없는 안내서비스를 제공하는 것은 그 자체로 장애인에 대한 차별 행위가 될 수 있으므로 고객이 요청을 할 때에만 서비스를 제공한다.
- '장애', '장애인' 등의 직접적인 표현을 할 경우 수치감이나 모욕감을 줄 수 있기에 간접적인 표현을 해야 한다.
- "저희가 특별히 주의해서 모셔야 할 건강상의 다른 불편사항은 없으십니까?"

5) 상황별 기내 대화

TAXING 중 좌석 이탈

- 손님, 아직 비행기가 이동 중에 있습니다. 자리에 그대로 앉아 계시기 바랍니다. 감사합니다.
- 손님, 좌석에 앉으셔서 비행기가 완전히 멈출 때까지 기다려 주시기 바랍니다.

식사 언제 주나요?

- 지금 준비 중입니다. 조금만 기다려주시겠습니까?
- 많이 시장 하시면 땅콩과 음료 한 잔 더 가져 다 드릴까요?
- 토마토 주스 괜찮으십니까?

내리면 돈 지불하겠으니, 비즈니스로 옮겨 주세요.

- 죄송하지만 기내에서는 (정산시스템이 없어) 좌석 승급이 불가하오니 양해바랍니다.

다리가 아픈데 비즈니스 클래스 빈자리가 많은 것 같으니 가서 좀 앉으면 안 될까요?

- 손님, 죄송합니다. 상위 클래스 좌석 승급은 기내에서 어려우니, 좀 더 편하게 앉으실 수 있는 일반석 좌석이 있는지 한번 알아보도록 하겠습니다. 잠시만 기다려 주시겠습니까?

Meal Choice가 안 됐을 경우

- 손님, 죄송합니다. 지금 원하시는 Meal이 다 서비스 되었는데 괜찮으시다면 이 Meal로 드려도 되겠습니까?
- 오늘 Meal이 몇 개 몇으로 실렸는데 앞에서 서비스가 다 되었습니다. 죄송합니다. 다음 식사 때는 손님께 주문을 먼저 받도록 하겠습니다. 양해해 주시기 바랍니다.
- 양해해 주셔서 감사합니다. 맛있게 드십시오.
- 더 필요한 것은 없으십니까?

기내 Entertainment System 미 작동 시

- 죄송합니다. 제가 바로 Reset해 드릴 테니 잠시만 만지지 말고 기다려 주십시오.
- 제가 잠시 후 와서 확인해 드리겠습니다.
- 두 번 했는데 안 됐을 경우 다른 좌석 이동을 권한다.
- 빈 좌석이 전혀 없는 경우 승객이 계속 불만 제기 시 안내 방송 후 AVOD System 전체 Reset을 수행한다.

장애 고객이 비상구 좌석으로 재배치를 요청할 경우

• 고객님, 죄송합니다만, 고객님께서 원하시는 좌석은 비상구 옆에 위치한 자리로 비상 시에 승무원을 도와 고객의 비상 탈출에 협조해 주셔야 합니다. 괜찮으시다면, 앞쪽 복도 측으로 화장실 이용이 용이한 좌석으로 준비해 드리면 어떨까요?

임산부 고객

• 손님 불편한 점은 없으신지요? 기내 환경이 지상과 다르기 때문에 건강 문제에 혹시라도 이상이 있으시거나 필요하신 것이 있으면 어제든지 알려주십시오.
• 고객의 신체적 특징이나 외형적 특성을 근거로 주관적 판단에 의해 임신 여부 및 임신기간을 확인하는 것은 좋지 않다.

체취가 심한 고객을 응대하는 경우

• 제스처나 특정행동에 주의한다. 체취는 신체적 특성, 종교와 마찬가지로 인종이 다른 고유한 특징 등 하나로 감정적 표현이나 오해를 받을 만한 불필요한 언행은 삼가도록 한다.

도착지 입국서류가 불충분한 고객을 응대할 경우

• 미국에 입국하실 때는 비자가 필요하지만, 비자가 없으시다면, 전자여권과 여행허가서로 입국이 가능합니다. 관련된 서류도 맞게 작성하셨는지 확인해 드려도 괜찮으시겠습니까?

SERVICE Role Play Check List

반　성명　　　　　　　　　　　　　　　　점수

1. Boarding 시
탑승권 확인, 인사, 짐정리 도움, 좌석 안내. 특수고객 Care

2. Slide CHK
Cross CHK, PA로 Door closing 방송(부산으로 가는 114편 도어 닫겠습니다), 인터폰으로 기장님께 Boarding완료 보고

3. Welcome 방송 시
Belt CHK, Overhead bin 닫힘 상태 점검, Tray table 정위치, 등받이 정위치, 창문 열기, GLY점검, 화장실 변기뚜껑 닫고 점검

4. 승무원 좌석 착석 후 사무장이 Light Dim으로 조절

5. SVC 시작 전 사무장이 Light Bright로 조절

6. Meal Cart SVC (상단에 Hot, Cold 음료 탑재) 1,2,2,4 서비스
나머지 Tray로 회수

7. 불만승객응대(사례 하나씩)

8. Approaching 방송 실시와 착륙 준비
Belt CHK, Overhead bin 닫힘 상태 점검, Tray table 정위치, 등받이 정위치, 창문 열기, GLY점검(Locking & Latching), 화장실 변기뚜껑 닫고 점검

9. 승객하기(하기 순서)
응급환자→VIP/CIP→F/C, P/C→UM→Y/C→제한승객(노약자)→Stretcher 승객 및 Wheelchair 승객

10. Farewell인사

11. 객실 유실물, 잔류승객 점검
잡지꽂이, 승객 좌석하단과 객실 벽면, 앞좌석 주머니 속(손을 넣어 직접 확인)

WORKSHEET

1. 진실의 순간(Moments of Truth)에 대해 설명해 보세요.

2. 승객만족을 위한 대화의 기본원칙에 대해 설명해 보세요.

3. 컴플레인 처리 4단계에 대해 설명해 보세요.

4. 올바른 인사법에 대해 설명해 보세요.

5. 경청하는 방법에 대해 설명해 보세요.

6. 객실서비스 절차별 및 상황별 응대 방법에 대해 Role play를 해 보세요.

7. 객실서비스 필수표현 대화 기법을 사용하여 Role play를 해 보세요.

참고문헌

구성관 · 배정환 · 임명재(2020). 포틱스 산업론. 윤성사

국토해양부 항공정책실(2011). 항공정책론. 백산출판사

김선희 외(2017). NCS기반 항공기 식음료론. 백산출판사

박혜정(2014). 항공객실업무. 백산출판사

양정미 외(2019). NCS기반 항공객실업무개론. 센게이지러닝코리아

유경인(2020). 항공기 객실업무를 위한 객실구조와 비행안전. 기문사

윤문길 · 이휘영 · 윤덕영 · 이원식(2011). 글로벌 항공운송 서비스경영. 한경사

정영미(2020). 혁신적 항공운송 및 객실서비스 패러다임. 새로미

네이버 기관단체사전

네이버 지식백과(인물세계사)

대한항공 객실승무원 업무교범

대한항공 객실승무원 업무규정집

대한항공 뉴스룸 https://news.koreanair.com

대한항공 홈페이지 www.koreanair.com

도심공항 홈페이지 www.calt.co.kr

두산백과

싱가포르 창이 국제공항 홈페이지 www.changiairport.com

아시아나항공 홈페이지 https://flyasiana.com

아시아나항공 홈페이지 www.flyasiana.com

에어로케이 홈페이지 https://aerok.com

에어부산 홈페이지 www.airbusan.com

에어서울 홈페이지 https://flyairseoul.com

에어프레미아 홈페이지 https://airpremia.com

위키백과

이스타항공 홈페이지 www.eastarjet.com

인천국제공항 홈페이지 www.airport.kr

제주항공 홈페이지 www.jejuair.net

제주항공우주박물관 https://blog.naver.com/fly_jam/220477810761

진에어 홈페이지 www.jinair.com
티웨이항공 홈페이지 www.twayair.com
플라이강원 홈페이지 www.flygangwon.com
항공포탈시스템 www.airportal.go.kr
https://commons.wikimedia.org/wiki/File:American_Airlines_NC90423.jpg#/media/File:American_Airlines_NC90423.jpg
https://commons.wikimedia.org/wiki/File:Douglas_DC-3,_SE-CFP.jpg#/media/파일:Douglas_DC-3,_SE-CFP.jpg
https://commons.wikimedia.org/wiki/File:Fokker_DR_1_ILA_2004.jpg#/media/파일:Fokker_DR_1_ILA_2004.jpg
https://commons.wikimedia.org/wiki/File:Ju-Air_Junkers_Ju-52_in_flight_over_Austria.jpg#/media/파일:Ju-Air_Junkers_Ju-52_in_flight_over_Austria.jpg
https://fr-fr.facebook.com
https://terms.naver.com/entry.nhn?docId=3567288&cid=59014&categoryId=59014
https://www.facebook.com/pg/fly2ohare/photos
https://www.facebook.com/pg/hkairport.official
https://www.facebook.com/pg/JFKairport.Official
ICAO 홈페이지 www.icao.int

찾아보기

ㅅ

ㅇ

ㅈ

ㅊ

ㅋ

ㅌ

ㅍ

ㅎ

기타

저 / 자 / 소 / 개

■ 김윤숙

한국항공대학교 일반대학원 경영학박사

전) 대한항공 객실 부사무장

강남대학교 초빙교수

인천재능대학교 겸임교수

인하공업전문대 외래교수

현) 한국관광대학교 항공서비스과 조교수

한국항공경영학회 이사

항공서비스교육연구회 이사

한국항공보안학회 편집위원

■ 정영미

경기대학교 관광전문대학원 관광학박사

전) 대한항공 객실 사무장

경기대학교, 세종대학교, 부천대학교 외래교수

생산성본부 취업 컨설턴트

현) 한서대학교 항공관광학과 교수

관광경영학회 이사

한국관광레저학회 이사

한국관광산업학회 이사

한국문화산업학회 이사

항공객실업무론

1판 1쇄 인쇄 — 2021년 3월 5일
1판 1쇄 발행 — 2021년 3월 10일

저 자 - 김윤숙 정영미
발 행 인 - 강철원
발 행 처 - 양성원
주 소 - 경기도 파주시 검산로 173번길 29-20
전 화 - 031-946-3861(代)
팩 스 - 031-946-3864
이 메 일 - tnwpub@naver.com
홈페이지 - tnwpub.co.kr
출판등록 - 2015년 8월 31일 제 2015-000211 호

ISBN 979-11-6126-343-4

정가 20,000원